JN167794

明日《あした》の平和を さがす本

戦争と平和を考える 絵本からYAまで

300

［編著］宇野和美／さくまゆみこ／土居安子／西山利佳／野上 暁

岩崎書店

明日《あした》の平和を
さがす本

戦争と平和を考える 絵本からYAまで

300

[編著]
宇野和美
さくまゆみこ
土居安子
西山利佳
野上 暁

岩崎書店

装画　　いとうひろし
デザイン　鷹觜麻衣子

はじめに

日本は、１９４５年8月15日に、アメリカやイギリスなどの連合国を敵に回した戦争に負けて以来、一度も戦争をしていません。３１０万人ともいわれる、尊い犠牲者を出した反省から、憲法で戦争をしないと決めたからです。その後、世界の国々と友好関係を築き、平和が続いてきたことで経済も発展し、戦後の荒廃から立ち直り豊かな暮らしを実現できました。

ところが、それから70年以上もたつと、戦争の悲惨な記憶がうすれ、近隣の国々を侵略したことへの反省もなく、憲法の精神をないがしろにして、戦争ができる国に変えようとする力が強まってきています。世界の各地で、いまも戦争や紛争が起こっていますから、いつまた日本がそれに関わらないとも限りません。

子どもの本に関わる私たちは、将来にわたって戦争の悲劇を子どもたちに味わわせることを断じて避けたいと願います。そこで、全体を8章に分けて戦争と平和を考える本を３００冊以上紹介しました。これまでも戦争と平和をテーマにしたブックリストはたくさんありましたが、この本では、コラムを除き２０００年以降に発行された比較的新しい本を精選しています。この本をもとに、戦争のない平和な世界を作るには、どうすればいいか考えてもらえるとうれしいです。

野上　暁

contents

本書の使い方

読者対象年齢（グレード）

出版社からの情報を参考にしながら、ブックガイドのテーマの観点から検討し、記載しています。本を選ぶ際の目安にご活用ください。

…小学校低学年から（幼児を含む）

…小学校中学年から

…小学校高学年から

…中学・高校以上（YA）

書名と書誌データ

出版社からの情報をもとに記載しています。ページ数が明記されていない場合は、編集部で扉から奥付までを数えています。

ジャンル

本の内容を大きくわけたもの。

刊行年（原著刊行年）

時代背景

本の舞台となった場所（国）／時代

キーワード

本の記載の中から、ブックトークなどのヒントになりそうな言葉をあげています。また、人名、地名などの表記は紹介本の記載に合わせています。

表紙

見出し引用文

紹介本の本文や著者あとがき、献辞（文字なし絵本の場合）より、印象的なフレーズを引用しています。

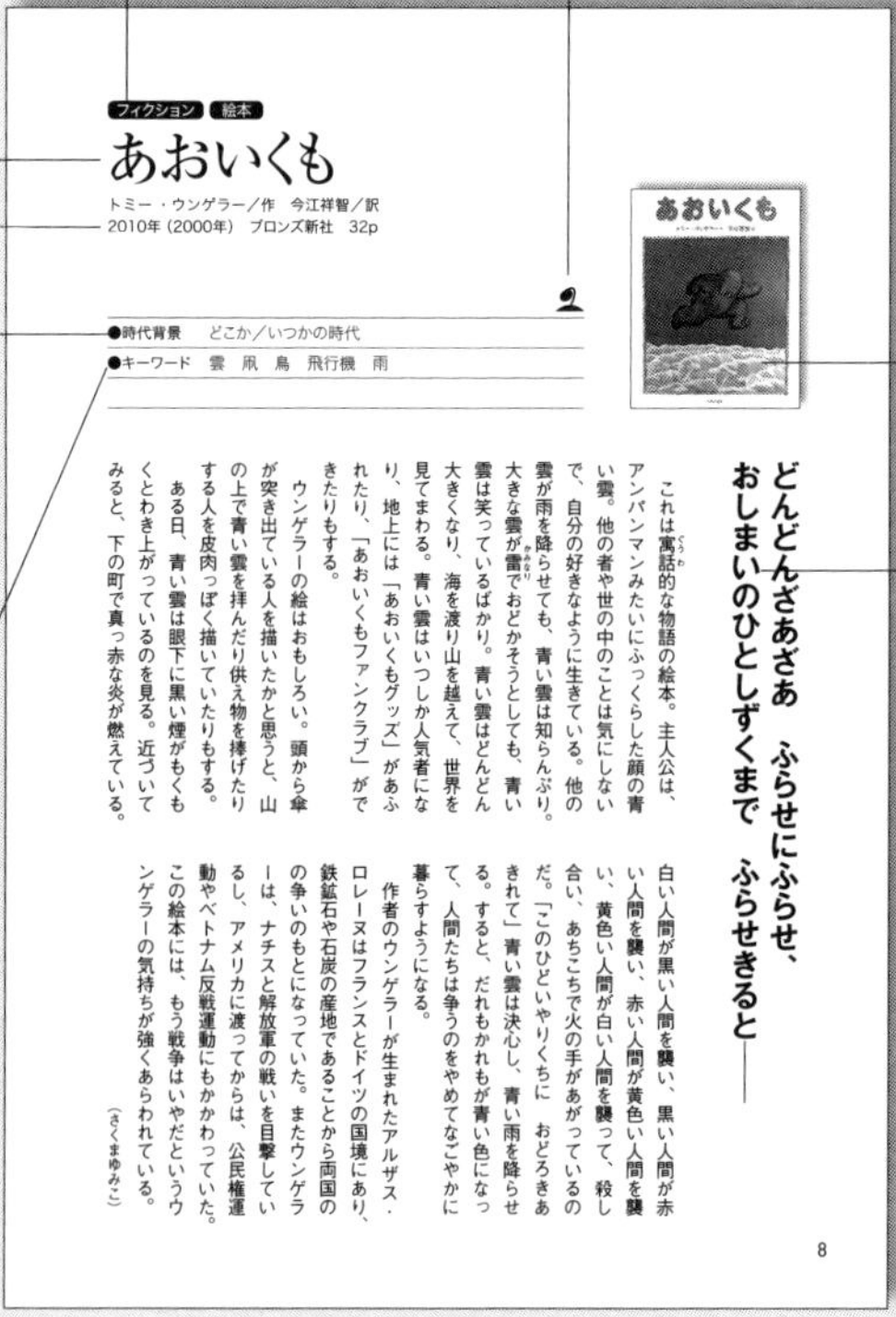

フィクション　絵本

あおいくも

トミー・ウンゲラー／作　今江祥智／訳

2010年（2000年）　ブロンズ新社　32p

●時代背景　どこか／いつかの時代

●キーワード　雲　凧　鳥　飛行機　雨

どんどんざあざあ　ふらせにふらせ、おしまいのひとしずくまで　ふらせきると――

これは寓話《ぐうわ》的な物語の絵本。主人公は、アンパンマンみたいにふっくらした顔の青い雲。他の者や世の中のことは気にしないで、自分の好きなように生きている。他の雲が雨を降らせても、青い雲は知らんぷり。大きな雲が雷《かみなり》でおどかそうとしても、青い雲は笑っているばかり。青い雲はどんどん大きくなり、海を渡り山を越えて、世界を見てまわる。青い雲はいつしか人気者になり、地上には「あおいくもグッズ」があふれたり、「あおいくもファンクラブ」ができたりもする。

ウンゲラーの絵はおもしろい。頭から傘が突き出ている人を描いたかと思うと、山の上で青い雲を拝んだり供え物を捧げたりする人を皮肉っぽく描いていたりもする。

ある日、青い雲は眼下に黒い煙がもくもくとわき上がっているのを見る。近づいてみると、下の町で真っ赤な炎が燃えている。白い人間が黒い人間を襲い、黒い人間が赤い人間を襲い、赤い人間が黄色い人間を襲い、黄色い人間が白い人間を襲って、殺し合い、あちこちで火の手があがっているのだ。「このひどいやりくちに　おどろきあきれて」青い雲は決心し、青い雨を降らせる。すると、だれもかれもが青い色になって、人間たちは争うのをやめてなごやかに暮らすようになる。

作者のウンゲラーが生まれたアルザス・ロレーヌはフランスとドイツの国境にあり、鉄鉱石や石炭の産地であることから両国の争いのもとになっていた。またウンゲラーは、ナチスと解放軍の戦いを目撃しているし、アメリカに渡ってからは、公民権運動やベトナム反戦運動にもかかわっていた。この絵本には、もう戦争はいやだというウンゲラーの気持ちが強くあらわれている。

（さくまゆみこ）

8

［本書について］

＊1章から8章までに紹介された本は、本書編集委員5名がセレクトしたものです。

＊収録された本の中には、品切れ重版未定・絶版となり、書店で入手困難なものも紹介されています。図書館などをご利用いただければと思います。

＊小社ホームページにて、キーワード索引をダウンロードすることができます。本選びにご活用ください。http://www.iwasakishoten.co.jp

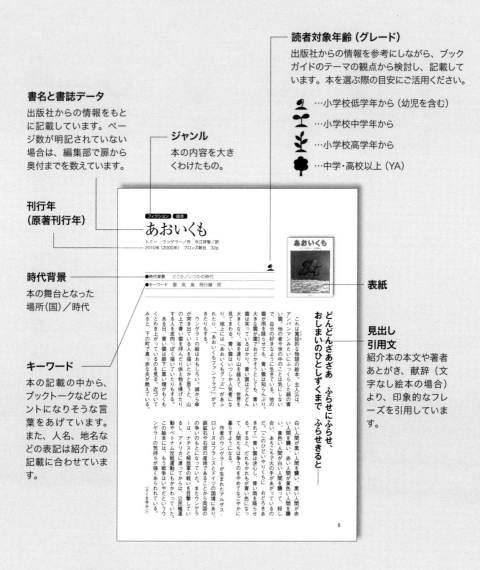

第1章

戦争ってなんだろう?

どうして戦争が起こるんだろう?
なぜ人は戦争を止められないのか。
歴史をひもとき、心をみつめる本 26

フィクション　絵本

あおいくも

トミー・ウンゲラー／作　今江祥智／訳
2010年（2000年）　ブロンズ新社　32p

●時代背景　どこか／いつかの時代
●キーワード　雲　凧　鳥　飛行機　雨

どんどんざあざあ　ふらせにふらせ、おしまいのひとしずくまで　ふらせきると——

　これは寓話《ぐうわ》的な物語の絵本。主人公は、アンパンマンみたいにふっくらした顔の青い雲。他の者や世の中のことは気にしないで、自分の好きなように生きている。他の雲が雨を降らせても、青い雲は知らんぷり。大きな雲が雷《かみなり》でおどかそうとしても、青い雲は笑っているばかり。青い雲はどんどん大きくなり、海を渡り山を越えて、世界を見てまわる。青い雲はいつしか人気者になり、地上には「あおいくもグッズ」があふれたり、「あおいくもファンクラブ」ができたりもする。

　ウンゲラーの絵はおもしろい。頭から傘が突き出ている人を描いたかと思うと、山の上で青い雲を拝んだり供え物を捧げたりする人を皮肉っぽく描いていたりもする。

　ある日、青い雲は眼下に黒い煙がもくもくとわき上がっているのを見る。近づいてみると、下の町で真っ赤な炎が燃えている。白い人間が黒い人間を襲い、黒い人間が赤い人間を襲い、赤い人間が黄色い人間を襲い、黄色い人間が白い人間を襲って、殺し合い、あちこちで火の手があがっているのだ。「このひどいやりくちに　おどろきあきれて」青い雲は決心し、青い雨を降らせる。すると、だれもかれもが青い色になって、人間たちは争うのをやめてなごやかに暮らすようになる。

　作者のウンゲラーが生まれたアルザス・ロレーヌはフランスとドイツの国境にあり、鉄鉱石や石炭の産地であることから両国の争いのもとになっていた。またウンゲラーは、ナチスと解放軍の戦いを目撃しているし、アメリカに渡ってからは、公民権運動やベトナム反戦運動にもかかわっていた。この絵本には、もう戦争はいやだというウンゲラーの気持ちが強くあらわれている。

（さくまゆみこ）

フィクション　絵本

せかいで いちばん つよい国

デビッド・マッキー／作　なかがわちひろ／訳
2005年（2004年）光村教育図書　30p

2

●時代背景　どこか／いつかの時代
●キーワード　大統領　勝ち負け　兵隊　侵略戦争　歌　遊び　料理

せかいを　すくう　せいぎのみかた！
大きな国は　つよい国！

表紙絵には、立派な兵隊を率いて軍の先頭を闊歩《かっぽ》する大統領。ページを開くと、そこは軍隊の出陣式場のようで、誇らしげな大統領と規則正しく行進する兵隊が群衆に称賛《しょうさん》されている。

「むかし、大きな国が　ありました。大きな国の　人びとは、じぶんたちの　くらしほど　すてきなものはないと、かたく　しんじていました」強い兵隊と大砲を持つ大きな国の大統領は、世界中の人びとが幸せに暮らせるように我々が世界中を征服すると言い、いろんな国へ戦争をしに行った。どの国も命がけで戦った。でも、みんな征服され、残りはある小さな国だけになった。

ところが攻め込んでみると、この小さな国には兵隊がいない。戦争ができなかったのだ。その上この国の人たちは大統領と兵隊を喜んで出迎えた。兵隊たちをあちこちの家に住まわせ、大統領には一番立派な家をくれた。やがて、おかしなことが起こった。兵隊たちが、小さな国の人びととの会話を楽しみ、伝統料理やめずらしい歌・遊びに夢中になり、家の仕事を手伝い始めた。つまり小さな国のやり方で幸せに暮らし始めたのだ。大統領は腹を立て、兵隊を本国に追い返したが、新しく来た兵隊も全く同じことに。結局、本国に帰った大統領までもが……。

この絵本を子どもに読むといろいろな声が飛び出してくる。「本当に強いのは、戦争をしない小さな国ってこと?」「大きな国は、小さな国に心が征服されたんだ」一国主義、侵略戦争をユーモラスな絵でシンプルに、シニカルに描きつつ、民俗文化や平和な日常の底力を伝える戦争寓話《ぐうわ》だ。

本書が出版されたのは2004年。ブッシュ大統領がイラク戦争を強行した2003年の翌年だ。

（代田知子）

フィクション　絵本

せんそうしない

谷川俊太郎／文　江頭路子／絵
2015年　講談社　25p

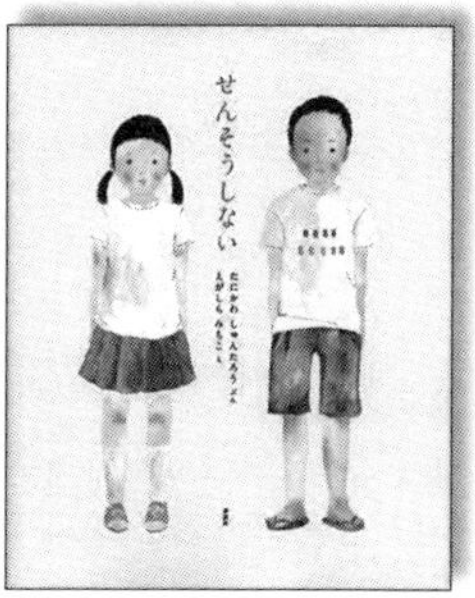

●時代背景　日本／いま

●キーワード　詩　夏　日常のくらし　反戦　人間

せんそうするのは　おとなとおとな

ページをひらくと、やわらかな水彩画の夏がひろがっています。ひまわり。きんぎょ。ちょうちょ。くじら。うみべではしゃぐにんげんのこども。日常の食卓。ちきゅうのうえで生きるすべての生きものは、だれもせんそうしません。ただ、にんげんのおとなだけ。にんげんのおとなだけが、どうしてせんそうするのでしょう。

「スイミー」や「にじいろのさかな」など、こどもたちが大好きでよく知っている絵本の訳者で詩人である谷川俊太郎さんが、こどもの目線、こどもの言葉で、シンプルに平和の大切さをかたります。

「せんそうしない」このみじかいフレーズが、心に染み入り、重くひびきます。「せんそうしない」と何度も繰り返していくうちに、それは決意となって、力強くひびきます。

現代は情報の洪水であふれています。普通のくらしのなかで、おとなもこどももいそがしい毎日。けれども、私たちのありふれた日常は、平和であってこそ続いていくのです。

「せんそうするのは　おとなとおとな」これは、いのちをないがしろにするすべての企てに対する強烈《きょうれつ》なアンチテーゼです。

どんなちいさないのちも、私たちにんげんの力では生み出すことができません。ちょうちょもひまわりも、にんげんも、かけがえのないたったひとつのいのちです。いのち以上に大切なものはありません。多くの地球上のいきもののなかで、言葉や知恵を与えられた唯一の存在であるにんげんのおとなとして、日常のなかの小さな行き違いや差別、矛盾にきちんと向き合うこと。その営みが明日をこどもたちに手渡すことができると、教えてくれます。（井樋桂子）

フィクション　絵本

そらいろ男爵

ジル・ボム／文　ティエリー・デデュー／絵　中島さおり／訳
2015年（2014年）　主婦の友社　40p

●時代背景　フランス／20世紀初め
●キーワード　飛行機　本　小説　空爆

そこで男爵《だんしゃく》も砲弾になるものをさがしました

自分でつくったそらいろの飛行機に乗って、鳥を見て楽しんでいたそらいろ男爵。だが、戦争が始まると、戦争に行くことになる。敵をやっつけるには、国じゅうでがんばらなければならないからだ。男爵も愛機を迷彩色に塗りかえて、いざ出発！

……ところが、男爵が飛行機から投げ落とすのは砲弾ではなく本だ。分厚い辞書や百科事典を落として、一人で橋を守りきる（ホントに？）。

あっぱれ、そらいろ男爵！　そして、ロシアの小説を敵の隊長めがけて落としたとき、本は思わぬ効果を発揮する。

本の威力を知った男爵が考えだした、戦争をやめさせる奥の手とは？

人間を戦争にかりたてる狂気の対極にある本の砲弾。本によってとりもどされるものは何か、本は何を象徴しているのか、考えさせられる。

集団での読み聞かせでは、そらいろ男爵が、砲弾のかわりに何を使ったか、最後に何を落としたかなど、考えさせてから読んでもおもしろそうだ。

ひねりのきいた笑いでしぶとく社会を風刺し、声をあげてきたフランスの伝統も感じられる一冊。

甘さのないしゃれた絵で、年齢が高い読者のほうがおもしろみがわかりそうな部分もある。中学高校の書棚にも置きたい。

本書は、第一次世界大戦の開戦から１００年目の２０１４年にフランスで出版され、サン＝テグジュペリ賞を受賞した。

第一次世界大戦のときに飛行機を赤く塗り、80機以上の敵機を撃墜《げきつい》したドイツのパイロット「レッドバロン（赤男爵）」との対比から、この主人公が生まれたとのこと。

（宇野和美）

フィクション　絵本

なぜあらそうの?

ニコライ・ポポフ／作
2000年（1995年）BL出版　40p

●時代背景　どこか／いつかの時代
●キーワード　カエル　ネズミ　野原　花　援軍　戦場

子どもたちだけでなく、大人にもあらそうことのおろかさをもう一度考えてほしい

絵だけで展開する、字のない絵本です。

みどりの原っぱで白い花を手にカエルが座っていると、すぐそばの地面の下からネズミが現れます。ネズミはいきなり飛びかかってきて、カエルが持っていた花を奪います。黙っていないのは仲間のカエルたち。2匹でネズミをとっちめると、ネズミも仲間を連れてきて、カエル対ネズミの戦争になります。

やったらやりかえし、戦いは激しくなるいっぽう。しまいに草も花も枯れはて、最後のページには、荒れ果てた土地に取り残されたカエルとネズミが描かれています。

なぜこんなことになってしまったのか、戦って何が残ったのか……。

ふんわりとしたやさしい景色が、すさんで暗くなっていくのが象徴的です。でも、この絵本でそれ以上に私の印象に残ったのは、戦いのときのカエルやネズミの表情です。憎悪や苦痛にゆがんでいるかと思いきや、平然と、まるでピクニックにでも行くように相手を攻撃しているのです。戦争がいったん始まってしまうと、みな自分の役割を淡々と果たしてしまうということでしょうか。個と個ではない、集団での行為の恐ろしさを感じます。

1938年にロシアで生まれたポポフは幼いころに、ドイツ軍の爆撃で町が破壊されるのを見ました。けれどもそれだけではなく、さまざまな文学作品を読んで戦争や暴力に反対するようになったそうです。「戦争が何の意味もないことや、人はくだらないあらそいの輪のなかにかんたんに巻きこまれてしまうことを知ってほしい」と、著者あとがきに書いてあります。

なぜあらそうのか——。絵を自由に読み取って、小さな子どもと一緒に戦争の本質を考えてみませんか。

（宇野和美）

フィクション　絵本

ぼくがラーメンたべてるとき

長谷川義史／作
2007年　教育画劇　32p

●時代背景　世界各地／いまも
●キーワード　平和を考える　貧困　内戦　猫　食べ物（ラーメン）児童労働

ぼくが　ラーメン　たべてるとき、となりで　ミケが　あくびした

男の子がラーメンを食べている、日常ののどかな風景。ページをめくるごとにあらわれるのは、となりの家の子、となり町の子、となりの国の子、そしてそのまたむこうの国の子ども。同じ時間、同じ世代の子どもたちが、ラーメンを食べたり、野球をしたり。国が変われば、牛を引いたり、パンを売ったり。豊かな国もあれば、貧しい国もある。私たちの暮らす日常と何ら変わることない風景の中にいた「となりの子」の「となりの子」をどんどんとたどっていく。最後の子は一人ぼっちでたおれている。

２００７年にこの絵本が出た当時、同時代の遠くに住む人たちを思ったとき、この地球上で、知らない何かが起こっていることを考えるのはとても重要なことだと思う反面、私自身、自分の境遇《きょうぐう》を幸せだとかみしめる部分が多かった。平和ボケしていたのだと思う。現実に起きていることを受け入れることが、どれだけできていただろうか。２０１１年3月11日。この絵本を開くと全く違った風景があった。となりの子もそのとなりの子も、しっかり顔が見える。もしかしたら、私たちかもしれない、あの子。

身近なものから、例えばラーメンを食べるような些細《ささい》な日常から、平和を願い、今に感謝する気持ちを持ってほしいと思っていた。それは今も変わらない。ただ、この絵本の中には現実がある。怖がらないで、きちんと向き合ってほしい。知らないということが一番恐ろしいことだ。その上で、まずは身近な人を思いやること。大人も子どもも、誰にでも簡単にできる平和への一歩。大丈夫。この絵本は、ちゃんと解決策も与えてくれているのだ。

同じ風が吹くとき、皆が健やかに暮らしている世界を願ってやまない。（兼森理恵）

フィクション　絵本

もっとおおきな たいほうを

二見正直／作
2009年（「こどものとも」2003年）　福音館書店　32p

●時代背景　どこか／いつかの時代
●キーワード　大砲　川　キツネ　王様

キツネのくせになまいきだ。たいほうでおっぱらってやる

先祖代々伝わるりっぱな大砲を持っている王様。キツネが川でかってに王様の好物のピンクの魚をとっていると聞いて腹をたて、自慢の大砲をぶっぱなします。キツネはおびえて退散したかのようでした。ところがどっこい、なんとキツネはもっと大きな大砲を持って戻ってきます。王様はあわててお城に逃げ帰り、もっと大きな大砲を用意して……。

　どんどんエスカレートしていく王様とキツネの大砲くらべ。最後はいったいどうなるの？

　コミカルに描かれた王様のようす、ページをめくるたびにどうなる、どうすると期待させられる展開に、大笑いしながら、ぐいぐいひきこまれるナンセンスな絵本です。

　絵本のお話だから、「ばっかじゃないの」「いばっちゃってさ」「こんなことしなきゃよかったのにね」と、自然と思えます。

　でも、この王様みたいな人って、案外近くにいませんか？　権力があれば、経済力があれば、武力があれば相手をてなずけられる、自分に都合よく事を運べる——そう考えている人、そう考えている集団が。こんな力関係で人の上に立ったり、人に従わされたりするのって楽しいのかな。

　読み聞かせると、言葉を耳で聞きながら絵をよーく見ている子どもたちは、争いの原因となったピンクの魚が、途中から姿を消していることに気づくかもしれません。

　ゆかいな絵とお話のなかに、戦争に向かう心理の本質が見え隠れしています。

　現実に対して、「なんかヘンだぞ」「そんなのやめておこうよ」と言えるくもりのない目を持っていたいものです。

（宇野和美）

ノンフィクション　絵本

なぜ戦争はよくないか

アリス・ウォーカー／文　ステファーノ・ヴィタール／絵　長田 弘／訳
2012年（2008年）　偕成社　31p

●時代背景　どこでも／いつでも

●キーワード　カエル　母親　ロバ　大切な時間　いのち　戦闘機　戦争　ミサイル

戦争は戦争の目でものを見るのよ

『カラー・パープル』でピューリッツァー賞と全米図書賞を受けたアメリカの女性作家アリス・ウォーカーが、戦争と平和について考えた絵本。

　たとえばこんなふう。

「窓のそばにいる／若い母親を／心に思いうかべてみて／子守歌をうたいながら／若い母親はうれしい／赤ん坊は／母親の黒い巻き毛を／指でくるくるまわしながら／おっぱいをのんでいる／こういう大切な時間なの／人が／なくしてはいけないものは」

　この絵本には、人間ばかりではなくカエルもピューマもインコもカメもヘビも登場する。アリス・ウォーカーは、人間もほかの生物も同じように、この地球に生きる権利を持っていると考えているからだ。

　原題はWhy War is Never a Good Idea. 原題からは、たとえどんな理由があったとしても（たとえ隣国が変な干渉《かんしょう》をしてきたとしても、たとえ政治家が平和のためだと言ったとしても、たとえこのままでは経済が成り立たないと思えたとしても、あるいはどこかの総理大臣が「普通の国になりたい」なんて言ったとしても……）、戦争を手段にするのは愚かなことだといっている。日本語の書名よりもっと強い表現だ。

　ヴィタールの絵もいい。広島の原爆ドームも登場させ、美しいものは美しく描き、そしてそれらをすべて壊してしまう醜悪《しゅうあく》で不気味なものも迫力をもって表現している。

　日本語版はカラフルな表紙を黒いカバーで隠している。象徴的な意味合いをこめたのはとてもよくわかるけれど、多くの人に手にとってもらえるかどうかはちょっと心配。ぜひ、手に取って中を見てほしい。

（さくまゆみこ）

ノンフィクション　絵本

戦争と平和を見つめる絵本

わたしの「やめて」

自由と平和のための京大有志の会／文　塚本やすし／絵
2015年　朝日新聞出版　32p

●時代背景　日本／まさに「いま」

●キーワード　子ども　お年寄り　こころ　学校　いのち　国　海　空　戦争　人殺し　基地

わたしのいのちは　わたしのもの

誰かが言う。「ぼくが　ころされないように　さきに　ころす」のが、戦争というものだ、と。

戦争がはじまると、誰にも止めることはできない。そして戦争は、始めることより終わらせるほうが、ずっとずっと難しい。それくらいのことなら、わかる。

だったら、戦争なんか始めなければいいのだ。誰にとっても、いいことなどひとつもない。それでも、戦争をしたがる大人がいるのは、なぜ？　戦争で、得するひとなんているの？　それは、どんなひと？

「わたしのこころは　わたしのもの」なのに。わたしのいのちも、当然！わたしのものなのに。

戦争は、そのわたしたちのこころを真っ黒に塗りつぶし、ひとつしかない、わたしのいのちを奪う。

だから、わたしたち子どもたちは、声の限りに叫ぶんだ。ありったけの思いをこめて、戦争を始めようとする大人たち（すべての大人がそうではないけれど）に、大きな声で言うんだ。

「やめて！」と。

子どもたちのこの声が聞こえますか？

２０１５年７月。京都大学の学生と教職員が中心となり、日本と世界の国々が平和で自由であるためには、どうすればいい？　そんな思いをひとつにした声明書から生まれた絵本。

原文には次のようなフレーズがある。

――学問は、戦争の武器ではない／学問は、商売の道具ではない／学問は、権力の下僕ではない。

「学問」を「わたしたちひとりひとり」と言いかえることもできるはず。（原文と各国語に翻訳されたそれぞれは、クレヨンハウスよりブックレットとして刊行されている）。

（落合恵子）

フィクション　絵本

ボクの穴、彼の穴。

デヴィッド・カリ+セルジュ・ブロック／著　松尾スズキ／訳
2008年（2007年）　千倉書房　60p

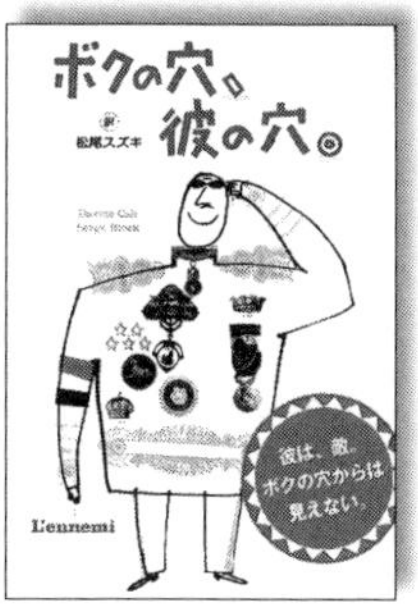

●時代背景　どこか／いつかの時代
●キーワード　兵士　敵　穴　モンスター　マニュアル

この戦争を終わらせたい。だけど、「どうしたらそれができるのかわからない！」

砂漠にあいた二つの穴。ボクの穴、彼の穴。ボクと彼は、戦う敵同士。

どちらも穴に取り残され、孤独でおなかがすいている。この二つがボクと彼の似ているところだ。

いや、違う。だって彼は血も涙もないモンスターなんだから。戦争が始まった日に渡された「戦争のしおり」にそう書いてあるから。

この穴に入ってずいぶんたつ。戦争を終わらせたいけれど、終わらせ方は、「戦争のしおり」には書いていない。

……だけど、ボクはとうとう行動を起こし、そこで気づく。「戦争のしおり」に書いてあることはうそっぱちだ。ボクと彼は、まったく同じだと！

砂漠の穴に取り残された、空腹で孤独な兵士のモノローグで、戦争の本質を鋭く突いた、フランスの寓話《ぐうわ》絵本。コラージュを使った、ちょっととぼけた味わいのある絵がしゃれていて、10代から大人まで気軽に手にとれそうだ。

白っぽいページが続いたあと、真ん中あたりに出てくる星空の場面がとてもいい。満天の星を見ながら主人公は思う。

「夜、穴の底から星のまたたきを見ながらボクは思う。この満点の星空を見たら、よっぽどひどい彼でも、こんな意味のない戦争は終わったほうがいいと思うんじゃないだろうか」

はてさて、ボクと彼はこのあとどうなる？

「戦争のしおり」をうのみにして、ひたすら戦おうとするボクの姿は、滑稽《こっけい》で悲しくせつない。

穴の中からボクは語りかけてくる。自分の目で見ろ、自分の頭で考えろと。

（宇野和美）

ノンフィクション　写真絵本

これから戦場に向かいます

山本美香／写真と文
2016年　ポプラ社　49p

●時代背景　アフガニスタン　シリア　イラクなど／アフガン紛争　1995年〜
●キーワード　ジャーナリスト　ロケット　拷問　戦争孤児
イラク戦争　バグダッド　ミサイル　コソボ

一度動きだした戦争の歯車は、簡単にはとめられません

戦場ジャーナリストとして17年間活動を続け、2012年シリアのアレッポで取材中に政府軍に撃たれて亡くなった山本美香さんによる写真絵本。残された写真や文章をまとめ、パートナーだった佐藤和孝さんが、人となりや最後の瞬間を伝えている。危険を承知のうえで、世界の戦場をとびまわっていた山本さんは、私たちに何を伝えたかったのだろう？　どんなメッセージを残してくれたのだろう？

写真に登場するのは、ほとんどが子どもたち。笑っていたり、松葉杖《づえ》をついていたり、義足をつけていたり、両足と記憶を失っていたり、肩を組んでいたり、パンを持っていたり、はずかしそうにのぞいていたりする。日本の子どもたちと同じ様子の写真もあれば、そうでないのもある。

書かれている言葉は少ない。でも、重みがあるのは、机にすわって考えたことではなく、実際に戦場で見聞きしたことを伝えてくれているからだ。こんな言葉もある。「力でねじふせるやり方は、即効性があって、表面的には効果があるように見える。しかし、人間の心にきざみこまれた憎しみは、何かのひょうしに爆発し、暴走するだろう」。憎しみの種をまきちらすのではなく何か別の方法で平和をつくらなくてはいけないと、山本さんは考えていた。

読者対象が少し上の『**戦争を取材する：子どもたちは何を体験したのか**』（講談社　2011）では、山本さんは「ジャーナリストの仕事は、すぐには人を助けられないけれど、紛争という病魔をじっくり退治する底力をもっているはず」とも語っていた。

見ていてつらくなる写真も中にはあるが、命をかけて伝えてくれたメッセージをきちんと受け止めたい。

（さくまゆみこ）

ノンフィクション **写真絵本**

世界中の息子たちへ

堤 江美／詩　高橋邦典／写真
2004年　ポプラ社　44p

●時代背景　世界／イラク戦争・内戦1994年～2004年
●キーワード　子ども　海　赤ちゃん　恋人　星　水　緑　地球　少年兵士　銃　爆弾　詩

私はあなたが殺されるのを見たくはない

戦場で死と向き合う若者たちや、世界中の子どもたちに語りかける、平和への願いをこめた詩と、戦場の少年兵士や世界各地の子どもたちの写真で構成した絵本だ。「たとえ　どんな大義があろうとも　私はあなたが殺されるのを見たくはない」と、詩は語り始める。その後に、「私はあなたが殺すのを見たくない」と続く。その左ページいっぱいに、右手で銃を持つ若い兵士の笑顔がアップで添えられている。

ページをめくると、満面の笑みを浮かべた少年の写真。「あなたは　そんなにも輝く笑顔で　まっすぐに私を見る」と、二作目の「写真」というタイトルの詩が始まる。中ほどで、「でも　あの日　一瞬のうちに　あなたのお母さんとお父さんを　あなたの妹や弟たちを　炸裂《さくれつ》する爆弾で奪い取ったのは　この私です」と続く。なぜ「この私」なのかと思いながら読み進めると、その後に「安全な場所に守られながら　遠い国の恐ろしいできごとを　ただぼんやりと傍観《ぼうかん》していた　この私です」とあって、ドキリとさせられる。見つめる少年の目が、遠くの戦争に無関心な「私」をとまどわせる。

戦火を必死で逃れる少年、頭にスカーフを巻き、銃を持ってトラックに乗った少年兵士たち。目に大粒の涙を浮かべた幼児の顔のアップに、「尊い光景」という詩が添えられている。

「あなたにできること」という詩は、「世界中がやさしいまなざしでいっぱいになれば　きっときっと　世界中にたくさんの花が咲きます」としめくくられる。『**ぼくの見た戦争：2003年イラク**』（P22）の著者がイラクや南アフリカやリベリアなどで撮影した、兵士や屈託《くったく》のない子どもたちの写真と詩がみごとにコラボしており、深く心に残る。

（野上　暁）

フィクション　絵本

新・戦争のつくりかた

りぼん・ぷろじぇくと／文　井上ヤスミチ／絵
2014年　マガジンハウス　60p

●時代背景　日本／2014年以降（今、現在）

●キーワード　憲法　自衛隊　法律

わたしたちは、未来をつくりだすことができます

本を開くと、憲法九条を持ち「戦争をしない」と決めた日本でも「戦争できる国」になるという衝撃的な文章が、目に飛びこんで来る。そして、国のしくみやきまりを少しずつ変えていき、「戦争したい人たちにとってつごうのわるいきまり」である憲法を変える「憲法改正」へ……あれ？　最近、ニュースでちょっとだけ話題になっていたことばかり。とくに、憲法改正は、２０１６年の参議院選挙が終わるやいなや安倍首相が言い出した。自民党のホームページには憲法改正草案がアップされており、彼らがどう憲法を変えたいのかは一目瞭然《いちもくりょうぜん》。

改定前の『戦争のつくりかた』（２００４）の帯には、「これは空想にもとづく作り話ではありません」と書いてあった。空想どころか、まさに、十数年後の今の話である。「戦争」が、国民には耳触りのいい言葉を振りまきながら、少しずつ、でも着実につくられていく様子がリアルに書かれている。「戦争なんてあるわけないでしょ」と思う人は、ぜひ、読んでほしい。そして、巻末の資料を見て、ここ数年の日本の政治を思い起こしてみてほしい。戦争のできる国にむかっていることがわかるから。

まさに今着々と進んでいる「戦争できる国」づくりを止めようと、２０１５年８月31日、学生、学者、働く者、子育て中の母親・父親など10万人を超える市民が国会前に集まって、つながり、声をあげた。この市民パワーを、私たちの未来をつくりだすパワーにしよう。そして、大切な人とのなにげない日常を大事にする未来を、一人ひとりの存在を尊重する未来を、私たちの手で創ろう。この絵本を手にして。

——わたしたちは、未来をつくりだすことができます。戦争しない方法を、えらびとることも。

（長尾詩子）

ノンフィクション　絵本

なぜ、おきたのか?

ホロコーストのはなし

クライヴ・A・ロートン／作　大塚信／監修・訳　石岡史子／訳
2000年（1999年）　岩崎書店　52p

●時代背景　ドイツ／第一次世界大戦後1918〜46年

●キーワード　ユダヤ人　ナチス　強制収容所　ゲットー　杉原千畝

一方、多くのドイツ人は、指導者としてのヒトラーを支持していました

ホロコーストとは、ドイツのナチス党が第二次世界大戦中、主に1940年代前半に行った大量虐殺《ぎゃくさつ》のこと。本書に「1千万人以上の人びとが、ナチスによって殺され」「その中に、600万人のユダヤ人がいた」とある。

なんという数字だろう。すべて人間の手でなされたことだと思うと、その途方もなさに茫然《ぼうぜん》とする。いったい何があったのか。その概要を知りたいときに役立つのが本書だ。ホロコーストを背景とした物語の予備知識にもなる。

歴史的にもヨーロッパで差別の対象となってきたユダヤ人。彼らは、第一次世界大戦で敗戦国となって不況に陥ったドイツで支持を広げたナチス党に、どのように悪者にされ迫害されていったのか。ヒトラーはそのために、どのような法律を作り、ユダヤ人はそれによってどのような状況に追い込まれたのかが簡潔に説明されている。

強制収容所やゲットーなどについての、多数の写真や当時のポスター、地図もついている。

「政府に失望して考え方をかえたり、なげやりな生活をおくるドイツ人もいました。そこで、多くのドイツ人は、つよい力をもった指導者をもとめ、ドイツの誇りをとりもどしたいと考えました」と、本書にある。不況になると強い指導者を求めたがるというのは、いつの世もどの国も同じなのだ。だが、なぜ、それがホロコーストにまでいたったのか。なぜ後戻りができなくなったのか。

規模こそちがえ、なぜ似たようなことが世界で今も繰り返されているのか。「なぜ、おきたのか」とともに、考え続けたい。

（宇野和美）

ノンフィクション　写真絵本

ぼくの見た戦争

2003年イラク

高橋邦典／写真・文
2003年　ポプラ社　56p

●時代背景　イラク／イラク戦争2003年
●キーワード　語り継ぐ　戦場　アメリカ　報道写真家

殺し合うことになんの意味があるんだ

2003年3月。報道カメラマンの高橋さんは、アメリカ軍に同行しイラク戦争の現場に入っていきます。「しかし、兵士たちはいったい誰のために、なんのために、戦わなくてはならないのだろうか？」という根本的な疑問を抱きながら、高橋さんはアメリカ兵たちと生活を共にします。一方若い兵士たちはそうした疑問を持ってはいません。彼らにとって命令は絶対であり、それに従うことだけが求められているからです。だからといって兵士たちはロボットのような存在ではありません。彼らにも家族はあり、こんな戦場から早く故郷へ帰りたいのです。

過酷な訓練と行軍。それは人を殺す目的のために行われています。

そして戦争が始まる。

高橋さんのカメラは、戦争の非情さを次々と写し撮って行きます。路上に横たわる殺された兵士。傷ついた子ども。家を奪われた家族。「戦争というものは人間同士が殺しあうものであり、社会や、家族を破壊します。しかし、戦うもの同士はおたがい自分たちが正しいと思ってやっているので物事の白黒をつけるのはそう簡単なことでは」ないのです。

ですから戦場には、戦争の正当性など何も見つかりません。犠牲者が生まれ続けているだけです。そこにいる人は誰も勝利を得ることなどありません。勝利者はいつも、戦場の外でその結果を眺めています。

読むのがとても辛い絵本ですけれど、どうぞ目をそらさずにそこにある事実を記憶にとどめてください。

高橋さんは断言します。「人間同士が殺しあわなくてはならない戦争は、『絶対なる悪』だと思います」

その通りです。

（ひこ・田中）

フィクション　読物

りっぱな兵士になりたかった男の話

グイード・スガルドリ／著　杉本あり／訳
2012年（2007年）　講談社　166p

●時代背景　架空の時代　町
●キーワード　友だち　おじいさん　牛　ネズミ　水車小屋　命令　兵士　見張り　武器　兵器　銃　爆弾

クルド大佐は、偉大な大佐です。いつだって正しいことしかいいません

カスパールは、「りっぱな兵士であるための9か条」を何よりも大切に思っている兵士。「1　どんなときでも命令第一」を守り、一人で山の上の水車小屋の見張りにつく。そして、「4　軍服のボタンとブーツを、いつでもピカピカにみがいておくこと」「9　いつでも銃の手入れを欠かさないこと」を心がけている。

着任早々、一人のおじいさんと、彼の牛のももちゃんがやって来るが、「9か条」を実践する時とばかりに、ももちゃんを銃で追い払う。また、おじいさんが持って来てくれるミルクや食べ物も、毒入りかと疑い、水車小屋をうろうろしているネズミに毒味をさせる。カスパールはおじいさんが何を聞いても、「5　疑問をもってはならない」に従っているのみと答え、命令を下した大佐を全面的に信頼している。

まじめに「ど」が付くカスパールだったが、彼の心を揺さぶる出来事が次々と起こる。まずは、敵が街を襲撃し、破壊し、乗っ取ってしまう。カスパールは戦いに行きたいと思いつつ、命令を守って水車小屋に留まり、おじいさんは戦うために山を下りる。カスパールは、ももちゃんの面倒《めんどう》を見ながらおじいさんの帰りを待つ。

そして、何の命令もないまま、1年が経つ。一年の間には、砦《とりで》にしている木箱が山をすべり落ちてしまったり、おじいさんにクリスマスプレゼントとして登山用ブーツをもらったり、ネズミを相棒のように思うようになったりする。

だんだん年を取るおじいさんとの関係はどうなるのか、カスパールが監視の命令から解かれる日は来るのか。水車小屋の中にあった木箱の中には何が入っているのか。

にやりと笑いながら、結末を知ってゾクッとするイタリアの寓話《ぐうわ》的作品。（土居安子）

ノンフィクション　読物

おじいちゃんが孫に語る戦争

田原総一朗／作　下平けーすけ／絵
2015年　講談社　173p

●時代背景　日本／太平洋戦争　日中戦争1940〜50年代
●キーワード　孫　おじいちゃん　お話　帝国主義　ポツダム宣言　日本国憲法　ジャーナリスト

戦争で死ぬのが将来の夢だなんて、きみたちはどう思いますか？

日本はなぜ戦争をはじめ、どうして負けたのか？　終戦を迎えたとき小学校5年生だったジャーナリストの田原総一朗が、小学校5年生の二人の孫に語りかける口調でまとめた本。

「戦前の状況と、今の状況は比べてみるとよく似ている」という声を耳にすることがあるが、実際どうだったのか。

大戦前後の歴史を知ろう、おさらいしようという人に勧めたい一冊だ。

関東軍、満州国、柳条湖事件、リットン調査団、国際連盟脱退、二・二六事件、盧溝橋事件、日中戦争、大東亜共栄圏、東条英機、ミッドウェー海戦、大本営発表、玉砕、ポツダム宣言など、歴史の本で羅列されていると投げてしまいたくなりそうだが、わかりやすい言葉を選んで、整理して語られているので、どんなふうに日本が戦争に向かっていったのかが、すっと頭に入ってくる。

歴史的な説明のほかに、著者の子ども時代の体験――出征兵士の万歳《ばんざい》の輪の外で涙をこらえていた奥さんの姿、戦後、教科書に墨を塗ったこと、先生の態度が180度変わったこと等――も盛り込まれている。

最後の章「戦争に負けたけれどすばらしい憲法が生まれた」では、日本国憲法誕生のいきさつも語られる。

「子どものころの経験から、『正義のための戦争』ということばほど信用できないものはないと思っています」

「戦争をまったく知らないきみたちが、平和というものを真剣に考えるための手助けとして、過去の歴史を学ぶのは、とても意味のあることだと思います」と、著者は結んでいる。

（宇野和美）

ノンフィクション　読物

おじいちゃん、戦争の話を聞かせてください。

五年一組　八木湧太郎

八木湧太郎＋編集企画室群／著
2015年　ぐんBOOKS　64p

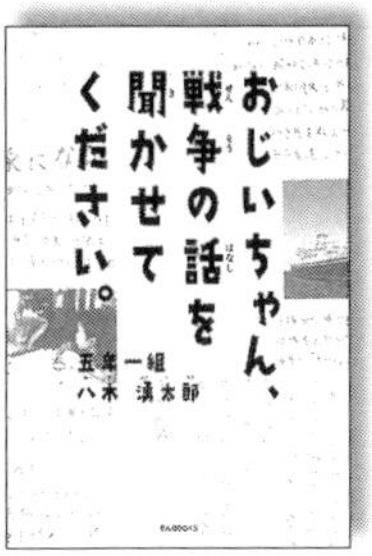
おじいちゃん、戦争の話を聞かせてください。
五年一組
八木湧太郎

●時代背景　フィリピン／太平洋戦争1940年代

●キーワード　おじいちゃん　孫　自由研究　玉砕　千人針　日の丸　タコツボ　ルソン島　聞き書き

戦争はぜったい、しないことです。
戦争をしないで、上手に解決することが一番いい

小学5年生の八木湧太郎くんのおじいちゃんは90歳。太平洋戦争のとき、兵隊としてフィリピンで戦った。このおじいちゃんの戦争体験を、孫の湧太郎くんが聞いてまとめた夏休みの自由研究が、愛知県名古屋市の「戦争と平和の資料館ピースあいち」で話題になり、本書となった。

何よりユニークなのは、湧太郎くんが自分の言葉で質問を投げかけ、おじいちゃんが、湧太郎くんにもわかるように答えていること。「おじいちゃんは、どうやって軍隊に入ったの?」「軍隊はこわいところだった?」「食べ物もなくて、大変な目をしながらジャングルで何を目標にがんばれたの?」と、湧太郎くんにたずねられるまま、おじいちゃんは、徴《ちょう》兵《へい》検査で合格して兵隊になり、フィリピンの飛行場の気象班で働き始めたこと、昭和20年にルソン島で前線に加えられ、終戦になったことも知らず山中で生き延びた壮絶な体験を語っていく。

挿入されている、おじいちゃんの戦友が描いた絵もいい。タコツボがどういうものか、虫眼鏡でどうやって火をおこすか、食べたもの、襲ってきた虫など、具体的にわかる。

体験談の裏には、日本兵の残虐《ざんぎゃく》な姿が垣間見える箇所もあるが、「おじいちゃんは笑って話してくれたけれど、本当は何か話していないところがあると思います」という湧太郎くんのまとめの言葉には、20代前半で極限状態を体験したおじいちゃんへの思いやりが感じられる。

後半には「おじいちゃんが兵隊だった時代」として、歴史的な背景をまとめた解説がついていて、わかりやすい。

小学校5、6年生は、特に興味を持って読めるだろう。「戦争」や「玉砕《ぎょくさい》」の真の姿に目を向けるきっかけを与えてくれる貴重な証言だ。

（宇野和美）

ノンフィクション　読物

なぜ世界には戦争があるんだろう。どうして人はあらそうの？

ミリアム・ルヴォー・ダロンヌ／文
ジョシェン・ギャルネール／絵　伏見 操／訳
2011年（2006年）　岩崎書店　66p

なぜ世界には
戦争があるんだろう。
どうして人は
あらそうの？

●時代背景　　フランス／古代〜

●キーワード　哲学　社会　問い

人間対人間の戦争はない。戦争はつねに国対国だ。——ルソー

「戦争とは何か？」この問いは簡単に答えられるようで、言葉にしてみると難しい。「けんか」とどう違うのか。誰もが「戦争は悪いことだ」とわかっているはずなのに、なぜ世界からなくならないのか。この本は、簡潔な言葉で「戦争」に対する深い思考を促している。

第1章では戦争を「戦争中、兵士は敵の命をうばうことがゆるされる。平和なときにはけっしてゆるされない殺人が、ゆるされてしまうのである。」と特徴をとらえ、「なぜ、人は戦争をするのか」を考えるには、哲学的思考の方法として、質問の仕方を変えて問いを投げかけることが必要だと説く。

そこで、第2章ではその質問を「人間とは生まれつき暴力的で、攻撃的なのか」から始め、動物や原人は、生き残るために暴力的であったり、攻撃的になったりすることが確認される。そして、その「暴力的な接触」が戦争と呼ばれるためには「きちんと組織された社会と軍隊によっておこなわれるもの」という結論が導かれる。

第3章では、文明や科学が発達すれば、人々は幸せになり、戦争から遠ざかるはずなのに、どうしてそうならないのかという問いが議論される。そして、一見何でもありのように見える戦争にも規則があると説明される。

第4章では、戦争の種類と「正しい戦争」があるかが議論される。例えば、「ドイツのヒトラー政権をとめるために起こした戦争は正しいか」という問いである。

随所にギリシア人の歴史家ヘロドトス、イギリスの哲学者トマス・ホッブズ、ドイツの哲学者カント、フランスの哲学者シモーヌ・ヴェイユなどの言葉が挟まれ、戦争の定義を言葉化し、思考を深めることの大切さが実感できる。

（土居安子）

ノンフィクション　読物

あたらしい戦争ってなんだろう？

山中 恒＋山中典子／著
2003年　理論社　134p

●時代背景　日本　世界／日露戦争1904年〜現代
●キーワード　アメリカ　イラク　アフガニスタン　トルコ　ニューヨーク　ブッシュ大統領　国家　国連

日本が戦争を始めるようになることだけは、絶対にさけたい

山中恒は、テレビドラマになった『あばれはっちゃく』や、『転校生』のタイトルで映画にもなった『おれがあいつであいつがおれで』などで親しまれる読み物作家だ。

子どもの頃、お国のために戦争で死ぬのが素晴らしいと教えられ、それを信じさせられたのはなぜかを、くわしく調べてたくさんの本に残している。

その山中が、イラク戦争が始まったときに、日本の女性と子どもたちが二度と戦争に巻き込まれないようにという願いを込めて、奥さんとともに書いたのがこの本だ。

まず、「新しい戦争」とは何か。2001年9月11日にアメリカで起こった同時多発テロへの仕返しに、当時のブッシュ大統領がアフガニスタンを武力攻撃したとき、これは「新しい戦争」だと主張した。戦争は、国と国との戦いだけど、アフガニスタンを攻撃したのは、テロ事件を起こしたとみられる組織アルカイダをつぶすのが目的だから、本来の戦争とは意味が違うというのだ。

その後、ブッシュのアメリカは、イラクがテロリストを支援していると攻撃の対象にし、その正当性を世界に納得させるため、イラクのフセイン政権は大量破壊兵器を隠し持っていると主張し、証拠もないままに政権を武力で攻め倒す。これは、「なぐられる前になぐっておこう」という、国際法でも認められない考え方だと著者はいう。

「テロとの戦い」を口実にした「新しい戦争」はますます広がり、日本も戦争に巻き込まれかねない現在である。戦争で死ねば神として靖国神社に祀られると信じ込ませた、戦前の教科書や子どもの本の責任を問う、『**靖国の子**』（山中恒著　大月書店　2014）も、一緒に読んでほしい。（野上　暁）

ノンフィクション　読物

オリバー・ストーンの告発 語られなかったアメリカ史

2　なぜ原爆は投下されたのか?

オリバー・ストーン＋ピーター・カズニック／著
スーザン・キャンベル・バートレッティ／編著　鳥見真生／訳
2016年（2012年）　あすなろ書房　213p

●時代背景　アメリカ　日本／第二次世界大戦1931〜45年

●キーワード　歴史　アメリカ　ローズヴェルト　ヘンリー・ウォレス　チャーチル　原爆　広島　長崎　マンハッタン計画

彼は和平を望んではいた。しかし、まずは原爆を使ってみたかったのだ

第二次世界大戦が始まってから、広島と長崎に核爆弾を落とすまでのアメリカの歴史を、他とは違う角度から描いている。

アメリカでは、原爆投下は戦争を早く終わらせるために必要だったと言われているが、それは事実ではないとこの本は語る。当時の政治家たちは、原爆など落とさなくても日本が降伏することを充分に知っていたし、日本の降伏宣言を引き出したのはソ連の参戦だったのだ、と。

では、なぜ？　ソ連を牽制《けんせい》して戦後アメリカが主導権をにぎるため、トルーマン大統領が原爆を実際に使ってみたかったため、重慶爆撃、南京虐殺、真珠湾奇襲攻撃、バターン死の行進など日本軍による蛮行を知っていたアメリカ国民が日本人を無知無学な劣った民族とみなして殲滅《せんめつ》を望んでいたため、日本がすぐに降伏しなかったためなど、様々な理由があがっている。

当時の大統領が、凡庸《ぼんよう》なトルーマンだったことも、災いに拍車をかけた。もしリベラルな副大統領だったウォレスが失脚させられていなかったら、原爆投下も、その後の冷戦もなかっただろうとこの本は述べている。ウォレス失脚に関しては、イギリス首相チャーチルにスパイ活動を命じられてウォレスの論文を盗み出した人物としてロアルド・ダールも登場している。

オリバー・ストーンは、ベトナム戦争従軍後に映画制作にたずさわるようになり、これまでに二度アカデミー賞監督賞を受賞している。本書の基になったドキュメンタリー映画「オリバー・ストーンが語るもうひとつのアメリカ史」は日本でも放映されて見た人も多かった。この本は、それを若い人にもわかるようにまとめている。大学教授カズニックもかかわって事実の検証もされている。

（さくまゆみこ）

ノンフィクション　読物

14歳からの戦争のリアル

雨宮処凛／著
2015年　河出書房新社　248p

●時代背景　日本　イラク　韓国　フランス／1941年以降
●キーワード　海兵隊　太平洋戦争　イラク　紛争解決　徴兵拒否　自衛官　戦地慰問　伝える　インタビュー

誰が死んで、誰が得をするというのか

　これまでは戦争に無関心でも生きてこられたけど、もうそういうわけにはいかなくなってきた。愚かな政治家と、私を含めだまされやすい民のせいで、「戦争をしない」という先人の決断が反故《ほご》にされようとしているからだ。戦争はいけないと呪文のように言われたけれど、「学校で習う『戦争』の話は、ひたすらに暗く、怖く、そして時に説教臭《くさ》かった。『平和な時代』に生まれたことを、なんだか責められているような気になった」と著者は書く。うん、そうだろうな、と私も思う。

　でも、戦争って、本当はどんなものなのか？　誰が死んで誰が得をするのか？　著者は「戦争」に深くかかわった人たちにインタビューして疑問をぶつけ、戦争の本当のリアリティーに迫ろうとする。

　インタビューに登場するのは、イラク戦争に米海兵隊員として従軍したロス・カプーティさん、太平洋戦争でトラック島に攻め込んだ俳人の金子兜太《とうた》さん、イラクでボランティアを続ける高遠菜穂子さん、紛争解決請負人と呼ばれる伊勢崎賢治さん、戦場出稼ぎ労働者からジャーナリストになった安田純平さん、徴兵拒否してフランスに亡命した韓国人のイ・イェダさん、元自衛官の泥憲和さん、女優として戦地を慰問《いもん》した体験を持つ赤木春恵さんの8人。最前線で戦争を体験したこの8人の話からは、図式的ではないそれぞれの戦争現場でのリアルが浮かび上がってくる。戦争になると、情報が手に入らないので自分で考えることができなくなる、ということも。

　政治家や学者とは違って、生身で戦争のリアルと向き合った人たちの話は、ふだんメディアには流れない。だからこそ読んでもらいたい。戦争はゲームとは違うのだ。

（さくまゆみこ）

ノンフィクション　読物

人権は国境を越えて

伊藤和子／著
2013年　岩波ジュニア新書　202p

●時代背景　アフガニスタン　ミャンマー　イラク　日本／現代
●キーワード　人権　NGO　国際協力　難民キャンプ　内戦　虐殺　女性会議　フィリピン　カンボジア

被害者が無力な状態におかれ、人々が無関心でいると…

岩波ジュニア新書というと、「正しいテーマで、文章もまじめな本が多いよね」という人がいる。たしかにそのとおり。でもね、今は正しいことをまともに言わなければいけない人（たとえば大臣や学者）からウソやごまかしの言葉しか聞けないことも多く、ウソだと気づかずにまんまとだまされてしまう人も多い時代。だまされないためにも、何がまともかを知っておかないと。

女性弁護士である著者は世界の現実を知って、「人々が困っているおおもとにある問題を解決するために」国際人権NGO「ヒューマンライツ・ナウ」を立ち上げ、世界各地で人権を守ろうとしている人たちとつながりながら、よりよい社会を作ろうと努力してきた。本書はその記録。

読んでいくと、戦争が最大の人権侵害をもたらすことがよくわかる。「人が一人殺されてしまうこと、女性がレイプ被害にあうこと、それ自体許しがたい出来事です。しかし、ひとたび戦争が起きればそのような悲劇は日常茶飯事になるのです。そして『戦争だから』ということでほとんど顧みられることもなく、繰り返されていくのです」（プロローグより）。

また読んでいくと、著者が憤慨《ふんがい》するような実態があっちにもこっちにも山積していることに気づく。アジアの貧しい地域では、人間らしく生きる権利はだれもが持っていることを知らない人たちも多く、それにつけこんで人権が踏みにじられている。アメリカなど超大国は、ほかの国を侵略して大勢の命を犠牲にしても、罪を問われないですんでしまう。そして、東日本大震災の被害者や福島の原発事故被害者に対しても、重大な人権侵害が行われている。具体的な事例がたくさん載っているので、わかりやすい。

（さくまゆみこ）

ノンフィクション　読物

戦争するってどんなこと?

C・ダグラス・ラミス／著　市川はるみ／構成・編集
2014年　平凡社　223p

●時代背景　沖縄／現在
●キーワード　アメリカ　インタビュー　海兵隊　自衛隊　米軍基地　沖縄　辺野古

兵士の仕事は敵を殺すことです。

1936年サンフランシスコ生まれのC・ダグラス・ラミスは、元米軍の海兵隊員で、1960年から1年間、沖縄に駐留していた。現在は沖縄在住の政治学者だ。

本書はインタビューを元に質問に答える形式をとっているので、とても読みやすい。そして、おどろくほどストレートな応《こた》えに、はっとさせられることしきりである。

例えば、日本国憲法第九条の第二項で「認めない」と書かれている「国の交戦権」だが、それはそもそも、「国が戦場で人を殺し、財産を破壊する」「世界的に認められている権利です」と説明する。見出し引用文も、しかり。「戦争に行ったら兵士はどんなことするの?」という質問にまず、右記のように応えているのだ。正義とか、愛国心とか戦争を美化する情緒的な言葉を寄せ付けない率直さである。なぜ戦争がなくならないのかという問いには、宗教や経済の問題まで簡潔に解いていく。

本書はさらに「日本が戦争できる国になったらどうなるの?」という章、沖縄から考える章が続き、まさに今の日本の問題として、展開していく。そして、ベトナム戦争の脱走兵の例を挙げた上で、「もし、日本が戦争できる国になって、もし徴兵制《ちょうへいせい》が導入されて、もしあなたに召集が来たとしても、戦争に行きたくなければ、断る選択肢《し》があるということは覚えておいてください」とまで書いている。ここに至って、この本が寄せ付けないのは、情緒的な戦争肯定だけでなく、情緒的なだけの反戦思想もまた一蹴されているのだと気づく。

この本が書かれてから2年経ち、状況は悪い方に加速している。しかし、本書を通して戦争の本性を見据え、示されるたくさんの抵抗の事例に私たちは連なっていかねばならないだろう。

（西山利佳）

ノンフィクション　読物

それでも、日本人は「戦争」を選んだ

加藤陽子／著
2009年　朝日出版社　414p　(2016年　新潮文庫)

●時代背景　日本／日清戦争1894年～太平洋戦争1945年
●キーワード　日本近現代史　憲法　日清戦争　日露戦争　第一次世界大戦　満州事変　日中戦争　太平洋戦争

（歴史的なものの見方というのは）悩める人間が苦しんで発する「問い」の切実さによって導かれてくるもの

東京大学で日本近現代史を教える著者が、歴史の好きな中学1年生から高校2年生までの生徒を対象に行った5日間の講義録。歴史は暗記もの、というイメージを払拭し、歴史的なものの見方について学び、歴史への興味を深める内容となっている。

日本が参戦した日清戦争から太平洋戦争までの戦争を題材に、日本はどうして戦争に向かったのか、その結果何を得て何を失ったのか、といった何度も繰り返されてきた「問い」を一つひとつていねいに解き明かしていく。その「問い」は生徒たちにも投げかけられ、彼らの鋭い答えや予想外の答えが講義を盛り上げていく。「講義の間だけ戦争を生きてもらう」ため、当時の政治家、歴史家、思想家の考えや言葉を紹介し、実際にその場にいた人から話を聴いているような臨場感を生み出している。読者は自分も一緒に講義を受けているかのように読み進めることができるだろう。

また、最新の研究成果も提示し、歴史＝過去の事実ではなく、新しい資料が見つかることで新たな事実がわかり、解釈が変わっていく歴史という学問のおもしろさを伝えている。

タイトルに「日本」ではなく「日本人」とある点を深く意識したい。人々は歴史上の様々な局面で重大な決定や判断を下す際、自分が知る過去の教訓や事例を引き出している。若い人々には、歴史的な事例を真実に近い解釈に関連づけて頭の中に数多く蓄積してほしい、という願いが講義に込められている。

講義の中で登場する人物の似顔絵やポイントとなる言葉がイラストで挿入され、親しみやすい。続編『戦争まで：歴史を決めた交渉と日本の失敗』（朝日出版社、２０１６）も刊行されている。

（佐川祐子）

ノンフィクション　読物

増補改訂　日本という国

小熊英二／著
2011年　イースト・プレス　200p

●時代背景　日本／明治時代　第二次世界大戦後1945年〜
●キーワード　歴史　日本　アメリカ合衆国　福沢諭吉　日清戦争　太平洋戦争　憲法9条　自衛隊　在日米軍

つまり当時は、第九条をはじめとする日本国憲法は「日本の誇り」とされていたといっていい。

「学校めんどくさいなぁ」そんな愚痴《ぐち》をこぼしつつみんな毎日学校へ通う。「いつか役に立つんだから我慢《がまん》しよう」でもそれって本当だろうか。そんな素朴《そぼく》な疑問から今テレビで流れているニュースまで、歴史をひも解いて教えてくれるのが本書である。

明治初期、海外ではヨーロッパの国々がアジアやアフリカをどんどん植民地にしていた。そんな中、日本の政治家や知識人は日本も植民地にされてしまうのではないかと恐れていた。「いっそ侵略されるくらいなら侵略する側になってしまおう」そして侵略するには大勢の兵隊が必要だ。しかし戦場で弾の数が数えられなかったり、命令文が読めなかったりするのでは困る。愛国心がなくて逃げだしてしまうのはもっと困る。だから政府は国民を「教育」する必要があったのだ。学校に行くこと、それは侵略する側の国になるのに役に立つということだった。

さてその後、日本はどうなったか。端的《たんてき》に言ってしまえば戦争に負けた。つまり侵略する側の国としては失敗したわけだ。では侵略される側になってしまったのだろうか。これは議論の分かれるところだろう。戦後、日本はひたすらアメリカに媚《こ》びへつらうことでその存立を保ってきた。そうした宙づり状態の中、私たちは再び問われているのかもしれない。「侵略する側」になるのか「侵略される側」になるのか、を。

しかし、明治にはなくて現在あるものがある。憲法九条だ。侵略するか侵略されるかの二者択一の下で差し込んできた一筋の光、それこそが九条なのだ。

歴史社会学者の目で読み解かれた「日本という国」は、袋小路に陥《おちい》ってしまったかに見える。だからこそ新たな道があることも本書は教えてくれる。

（羽鳥　涼）

戦争や平和の本を子どもに手わたすときに

さくまゆみこ

戦争が出てくる子どもの本を、子どもと本をつなぐ方たちに紹介したり推薦したりすると、みなさん、こうおっしゃる。「だけど朝読向きじゃないよね」「重苦しいしつらいから、子どもに嫌がられそう」。

確かにね、そのとおり。だけど片方で私は思う。もうそんなこと言っていられないんじゃないかな。小学校中学年くらいになったら、子どもにも戦争の醜さ、怖さをどこかで少しずつ伝えておいたほうがいいんじゃないかな。でも、それにはやり方ってものも、ありそうだ。そこを少し考えてみたい。

読み聞かせ

読み聞かせという言葉に私はいつまでも慣れることができない。なんだか「いいことしてるんだから、静かに聞け」と言っているような気がするのだ。なので、私と同じように言葉にこだわる方は、絵本読みでもいいし、読み語りでもいいし、自分の好きな言葉に置き換えて、ここを読んでほしい。

いちばん大事なのは読み手も興味がもてる本を選ぶこと。それさえあれば、読み間違えたって、つっかえたって、子どもは許してくれる。自分が好きな人が好きな本を読んでくれていれば、その時間はうれしい大切な時間になるからだ。

戦争を伝えていても、明るいトーンの絵本もある。暗いのがだめなら、そういうのを選んでほしい（たとえば、このブックガイドでも紹介しているユリ・シュルヴィッツの『**おとうさんのちず**』とか、マイケル・フォアマンの『**少年の木**』とか、イ・オクベの『**非武装地帯に春がくると**』なんかはどうだろう）。それと、怖いところはおどろおどろしく読まないほうがいい。淡々と読んだ方が心に残る場合だってある。

もう一つ大事なのは、怖い場面のある本は、子どもが「安心できる」環境を整えたうえで読むことだ。そういう意味では、すごく怖い本を、不特定多数の子どもを対象に読むのは、あまりおすすめできない。

ブックトーク

小学生以上になると、絵本の読み聞かせばかりではなく、共通項をもつ本を何冊か一緒に紹介して子どもが手にとってもらうきっかけを作るのもいい。

ブックトークについては、『**キラキラ応援ブックトーク**』や『**ブックトークのきほん**』などで、基本的なやり方を知ってほしい。こうした本にはブックトークの組み立て方の実例も載っているので、それを参考にして自分なりのテーマを考えたうえで、取り上げる本を選んでほしい。

何も「戦争」とか「平和」というテーマでブックトークをしなくてもいい。たとえば小林豊の『**せかいいちうつくしいぼくの村**』は、戦争を伝える本でもあるけれど、お父さんと子どもが市場へサクランボを売りにいく絵本でもある。だから、「サクランボ」とか「果物」というテーマの時にこの絵本を入れてもいいし、「お父さん」というテーマの時に入れてもいい。

大塚敦子の『**平和の種をまく**』なら、「野菜作り」とか、「畑」、「友だち」なんていうテーマの時に紹介してもいいだろう。同じ作者の『**地雷のない世界へ**』は地雷探知犬の話なので「働く犬」というテーマのときに入れてもいい。

カレン・ヘスの『**リフカの旅**』なら、「船」とか「詩」というテーマがいいかもしれない。ジャッキー・フレンチの『**ヒットラーのむすめ**』なら、「バス停」とか「おはなし」というキーワードでまとめることもできる。

『キラキラ応援ブックトーク：子どもに本をすすめる33のシナリオ』キラキラ読書クラブ著 2009 岩崎書店

『ブックトークのきほん：21の事例つき』2016 東京子ども図書館

『多文化に出会うブックガイド』世界とつながる子どもの本棚プロジェクト編 2011 読書工房

一つの地域にかかわる本をまとめて紹介するブックトークも、ありだ。たとえば西アフリカだったら、イフェオマ・オニェフルの『おばあちゃんにおみやげを』（偕成社）とか、沢田としきの『アフリカの音』（講談社）など楽しい本を紹介する中に、高橋邦典の『**戦争が終わっても**』を一冊入れてもいいかもしれない。そういう時は『**多文化に出会うブックガイド**』も参考にしてほしい。

それにブックトークは、実際に子どもの手がのびるように、おもしろいところを紹介するのが目的だ。だから、子どもの年齢によっては怖いところは省いてもいい。子どもが手に取ってやっぱりそこは読みたくなければ飛ばしたっていい。どのページも怖い『絵本地獄』（風涛社）などをしつけに使うほうが、よっぽど子どもには有害だ。子どもの本はしつけのために存在するのではない。子どもの本は、新たな世界をのぞくことのできる窓なのだ。

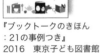

Book Shelf

繰り返し語られるアンネ・フランクの本

宇野和美

ナチスのホロコーストで命を落としたユダヤ人の少女アンネ・フランクが残した「アンネの日記」は、1947年にオランダで刊行され、世界各国で翻訳出版されてきた。日本で最初の翻訳が出たのは1952年。**『アンネの日記　増補新訂版』**（深町真理子訳　文春文庫　2003）が読みつがれ、アンネをめぐる本は今も続々出版されている。

三人の女性が並んだ表紙が目をひく**『絵本アンネ・フランク』**は、「アンネの日記」の背景や概要を解説した絵本だ。ユダヤ人がドイツでどうして迫害されるようになり、どんな目にあったのか。また、アンネはどんな家庭で育ち、ドイツからオランダはアムステルダムに移った一家は、なぜ隠れ家に移り、そこでどんなふうに過ごしたのか、検挙されアウシュヴィッツ強制収容所に送られたあと、アンネはどうなったのか、一人生き延びた父オットーにアンネの日記はどうやって手渡されたかなどが、印象深い絵とともに説明されている。「アンネの日記」の導入にもよいし、日記を読んだあとで背景を知るにもよい。

『絵本アンネ・フランク』
ジョゼフィーン・プール文
アンジェラ・バレット絵
片岡しのぶ訳　2005(2005)
あすなろ書房

誕生、隠れ家に移る前の幼少時代から、15歳で亡くなるまでの、アンネの短い生涯を追った伝記絵本としては、**『アンネ・フランク：短い生涯を日記に残した少女』**（アン・クレイマー著　小木曽絢子訳　BL出版　2008）もある。

また、**『アンネ・フランク：平和を願いつづけた悲劇の少女』**（大塚信監修　よしまさこ漫画　和田奈津子シナリオ　集英社　2015）は、アンネの生涯にスポットをあてた伝記マンガ。適宜《てきぎ》資料をさしはさみ、巻末にはナチスのユダヤ人迫害についての簡潔な解説がある。親しみやすく、長い文章が苦手な子どもにも手渡しやすい。

13歳、14歳という多感な時期を、常に恐怖におびえ足音をひそめて、狭い空間に閉じ込められて暮らしたアンネ。閉塞感のなかで、季節のうつろいを唯一教えてくれたのが、窓越しに見える裏庭のマロニエの木だった。絵本**『アンネの木』**は、マロニエの木が語るかっこうで、窓際で自分を見ていた少女アンネを描く。植物や木をテーマとするブックトークでとりあげてもおもし

『アンネの木』
イレーヌ・コーエン＝ジャンカ作　マウリツィオ・A.C・クゥアレーロ絵
石津ちひろ訳　2010(2009)
くもん出版

ろそうだ。

「いま、わたしたちのマロニエの木は、上から下まで全身が花ざかり。葉っぱもみごとにしげっていて、去年よりもずっときれいです」など、日記から引用された文章の断片から、アンネのまなざしが伝わってくる。

『庭のマロニエ：アンネ・フランクを見つめた木』（ジェフ・ゴッテスフェルド文　ピーター・マッカーティ絵　松川真弓訳　評論社　2016）も、このマロニエに焦点をあてた絵本だ。この木は2010年に嵐で倒れてしまったが、隠れ家を見守ってきた平和と自由の象徴として、その種や苗木が世界じゅうに送られたことも説明されている。日本でも現在3カ所で、育てられているそうだ。

隠れ家で暮らした実在の人物から生まれたフィクションもある。**『隠れ家：アンネ・フランクと過ごした少年』**（シャロン・ドガー作　野沢佳織訳　岩崎書店　2011）は、同じ隠れ家の住人で、アンネが一時心を寄せたひとつ年上のペーターの視点で書かれたフィクションだ。脇役のペーターの喜びや苦悩を描き、一人ひとりに物語があったことを思い出させてくれる。

『アノネ＝anone』は、オランダを那照国（ネーデルランド）、ユダヤ人を東方系、アンネを人気もので女優に憧れる愛らしい花子に置きかえ、日本とそっくりの架空の世界を舞台にホロコーストと今をつなぐ異色のコミックだ。ねじれた恋愛関係から、アンネ像、独裁者ヒトラー像が浮かび上がる。花子と同年代の読者が読めば、さまざまなことを考えさせられるだろう。

『アノネ＝anone（上・下）』
今日マチ子著　2013
秋田書店

『アンネ・フランクをたずねて』（小川洋子作　吉野朔実絵　角川つばさ文庫　2011）は、『アンネ・フランクの記憶』（角川書店）を子ども向けに編み直したもの。中学一年のときからアンネを本当の友だちだと思ってきたという作者である小説家、小川洋子の深い思いが伝わってくる、アムステルダムとアウシュヴィッツの紀行文だ。

明るく生命力にあふれる少女アンネは、犠牲者一人ひとりにそれぞれの命があったことを伝える。アンネは繰り返し語られながら、ホロコーストのようなことが、いつの世にも、どの場所でも二度とないようにという平和への願いを今もつないでいる。

読みつぎたい

戦争と平和の絵本〈日本編〉

ほそえさちよ

毎年、夏になると子どもへの読み聞かせやブックトークにも「平和」「戦争」などのテーマがとりあげられ、さまざまな絵本が紹介される。新しいものに目が向きがちだが、2000年以前に刊行された絵本には、作家や画家の体験が形になったものが多い。

そのなかでとくに印象深いのは『**ちいちゃんのかげおくり**』（あまんきみこ作　上野紀子絵　あかね書房　1982）だ。絵本にしては56ページと文章量も多いのだが、「かげおくり」という遊びの魅力と幼い子の視点で見る戦争の姿が描かれているからだろうか。抑えたタッチの絵が悲惨さよりも悲しさ、やるせなさを伝えている。

スタイリッシュな佇まいの『**あのこ**』は、高い空にきれいな鳥みたいな戦闘機が飛んでいく描写から、戦争中の話であることがうっすらと読み取れる。時代を感じさせない幻想的なイラストが4枚挟み込まれただけのこの絵本は、限定版、普及版と何度か版を変えたのち、黒い紙に白いインクで印刷するという大きなデザインの変更を経て、新たに復刊された。疎開体験を持つ作家と画家が、ボーイ・ミーツ・ガールの物語に昇華させることで、戦争という時代の空気に囚《とら》われてしまう人間の性《さが》を深く描きだしている。

水爆実験で死の灰を浴びた第五福竜丸の事件を受けて、いち早く発表された幼年童話『**トビウオのぼうやはびょうきです**』は、1982年に絵本化された。「だれか　トビウオの　小さい　ぼうやを　たすけて　やれる　ひとは　いないでしょうか」という問いかけに、私たちは今もって答えることはできていない。いぬいは絵本のあとがきに、広島の原爆投下の閃光を山口県柳井市で見たものの、その実態を知るのは5年も経ってからだったこと、この本が広島・長崎の「反核」に共鳴するものであることを記している。

その原爆の実態を描いたのが『ピカ

『あのこ』
今江祥智文　宇野亜喜良絵
1966　理論社
(BL出版　2015)

『トビウオのぼうやは
びょうきです』
いぬいとみこ作
津田櫓冬絵　1982
金の星社

ドン』（丸木位里・赤松俊子　絵・文）だ。1950年にポツダム書店から刊行された60ページほどのモノクロの絵本は、当時のGHQ（連合国軍最高司令官総司令部）による検閲《けんえつ》で発行禁止となった。今、当時のままの形で見られる冊子（1975年　ろばのみみ　復刻）には、英語、スペイン語が併記されている。「原爆の図」の第一部を完成させた年に作られた本書には、位里の母が見聞きしたことが時系列に沿ってまとめてあり、そのエピソードは**『ひろしまのピカ』**にも引き継がれている。30年の月日を経て描かれたこの絵本では、7歳で被爆したみいちゃんの目であの日の広島が映し出され、35年が過ぎても終わらない悲劇が綴《つづ》られている。また、被害が日本人だけではなく、強制労働で来ていた朝鮮人などの外国人にまで及んでいたことを記しているのも心に留めておきたい。

『ひろしまのピカ』
丸木 俊文・絵
1980　小峰書店

『絵で読む　広島の原爆』
那須正幹文　西村繁男絵
1995　福音館書店

　松谷みよ子は1968年ごろ、伝説を各地にたずねている時に聞いた話をもとに**『まちんと』**（司　修絵　偕成社　1978）を絵本にした。原爆投下後、一口含ませたトマトを「まちんと（もうちょっと）」と欲しがりながら死んでしまった子が、鳥となって「まちんと」と鳴きながら飛んでいくラストは、忘れがたい。言葉の少ない絵本だが、5年後に改訂された際、「ほら　そこに」「いまも――」という現代につながる2場面が加えられ、より深く読まれることとなった。

『絵で読む　広島の原爆』は生存者の証言をもとに原爆投下前の街の様子を復元し、それがたった一発の爆発でどのように変わってしまったかを描き出すとともに、放射線や被爆の被害、核をめぐる様々な活動や問題について詳細に記した資料ページを組み合わせた一冊。巻末の復元図絵解きまでしっかりと読み込みたい。同じく、西村繁男の絵で、一つの土地の変遷《へんせん》が描かれる**『はらっぱ　戦争・大空襲・戦後…いま』**（神戸光男構成／文　童心社　1997）は、過去の体験を現代へとつなぐ絵本。解説と合わせて絵を読むと、戦争の時代であっても日常の生活が変わりなく続いていた様子が描かれ、怖くなる。

　沖縄を舞台に描かれたのが**『てっぽうをもったキジムナー』**だ。沖縄戦とその後を生き抜いたさっちゃんを通して、戦争の理不尽《りふじん》さを描いている。大

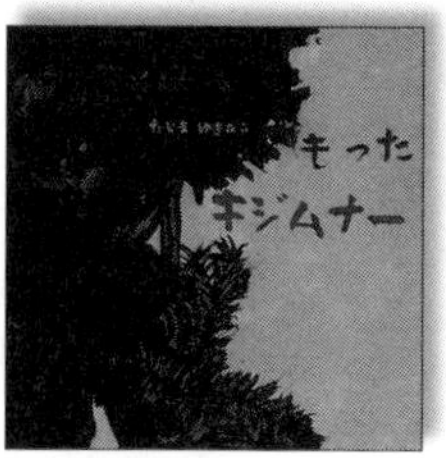

『てっぽうをもった
キジムナー』
たじまゆきひこ作
1996　童心社

きなガジュマルの木に隠れ、一人ぼっちだったさっちゃんを助けてくれた日本兵。基地を作るために畑を潰《つぶ》すアメリカ兵。型染めの大胆な色彩と抽象性が沖縄の風土をよく伝えている。『**おきなわ　島のこえ**』（丸木俊　丸木位里　小峰書店　１９８４）もまた、生存者からの証言を絵本にまとめたもの。集団自決やガマでの様子など、この悲惨《ひさん》さから目をそらしてはならない。

　ベトナム戦争末期に描き始められた『**戦火のなかの子どもたち**』（岩崎ちひろ作　岩崎書店　１９７３）は、子ども時代の太平洋戦争と現在進行形であったベトナム戦争とを重ね合わせ、セピア色の中に戦時下の子どもの悲しみや怒り、明日への気持ちを描き出す。子どものつぶやきのような言葉と絵の余白をつなぐ共感が、読者に問われる。

　戦争とはなんなのか、詩人の目で問いかけるのは『**せんそうごっこ**』。米ソ冷戦時代を舞台に描かれ、「かったほうが　いいほう、まけたほうは　わるいほう」と喜んで遊んでいた男の子が、自分以外、みんな死に絶えた世界を想像して「こわい！」と叫ぶ。二度めの復刊で手に取りやすくなった。

　砂漠の真ん中で一匹の獲物をとりあい、大きな戦いを始めてしまう人たち。「サルビ」「ビルサ」という意味をなさない言葉を発する２つの集団は、見かけは違うけれど、本当に相容れないものなのか？　『**サルビルサ**』（スズキコージ作　架空社　１９９６）の野放図な戦いとその結末には、人間に対する作家のシニカルな目を感じる。絵本らしい表現が幅広い読者を誘い込む。

　南の国と北の国の兵士が長い冬の間、ざんごうの中で笛を作って故郷を懐かしむ『**土のふえ**』。音楽が人の心を動かし、戦いが終わるこの寓話《ぐうわ》を説得力のある絵で描き出した。自らの体験から戦争児童文学を多く残した今西祐行の絵本の中でも、平和への思いが強く伝わる一冊。

　先人の体験や思いをやわらかな心にうまく伝え、感じ、考えるきっかけとなる絵本を手渡していきたい。

『土のふえ』
今西祐行作　沢田としき絵
岩崎書店　1998

『せんそうごっこ』
谷川俊太郎文　三輪滋絵
1982　ばるん舎
（いそっぷ社　2015）

第2章

生きるための冒険

走る。隠れる。逃げる。立ち向かう。
ふるさとから遠くはなれても、家族と別れてしまっても
生きていく　力強い本 26

フィクション　絵本

かあさんはどこ?

クロード・K・デュボワ／作　落合恵子／訳
2013年（2012年）　ブロンズ新社　96p

●時代背景　フランス／第二次世界大戦頃
●キーワード　お母さん　難民　爆撃　避難所

まもってくれる ひとはなく、おびえだけが こころに

戦争で母親とはぐれた幼い子どもを描くフランスの絵本。色をおさえたスケッチ風の絵なので、かえって読者は想像力をふくらませることができる。

戦争から遠いはずの町で子どもたちが遊んでいると、上空に飛行機が現れる。そしてすぐ近くに爆弾が落ちてくる。人々が逃げ出す。幼い子がひとり、親からはぐれてしまう。その子は、家にもどってみるが、家は爆撃で壊され、道具や家具がめちゃめちゃに散乱している。呆然《ぼうぜん》としているとだれかの大きな手につかまれ、引っ張られて一緒に逃げる。でも、そのうちその大きな手とも離れてしまう。

まわりは知らない人ばかりだ。この子はどんなにか心細いことだろう。

作家のデュボワはベルギー生まれ。母親の子ども時代の体験を下敷きにしてこの絵本をつくった。デュボワの母親は、5歳のとき両親（デュボワの祖父母）がレジスタンス運動にかかわったという理由で連行されてしまい、子どもたちだけで取り残された。その時は、近所のおばさんが4年間も子どもたちの面倒をみてくれたという。

この絵本にも、不安と恐怖にさいなまれている幼い子どもに手を差し伸べる人たちが描かれている。ただし、避難所で安心と安全が確保されたとしても、幼い子どもにはまだ充分ではない。主人公の子どもがようやくホッとするのは、お母さんに会えたときだ。デュボワの祖父母も4年後にもどってきた。それでも、幼かった母親は、死ぬまで悪夢に悩まされていたという。

今、世界中で大勢が難民になっている。その中には親からはぐれたり孤児になったりしたたくさんの子どももいる。この絵本は、その子たちと私たちの間に橋を架《か》けてくれるだろう。

（さくまゆみこ）

フィクション　絵本

ぼくは弟とあるいた

小林 豊／作
2002年　岩崎書店　36p

●時代背景　黒海沿岸／1980年代
●キーワード　バス　アンズ　赤ちゃん　遊び　お父さん　お母さん　兄弟　おじいちゃん　砂漠　遺跡　サーカス

おにいちゃん、これ、お母さんのにおいがするね

北の町で始まった戦争が近づいてきたので、「ぼく」は弟のエルタンと二人、子どもだけで、南の町に住むおじいちゃんの家に避難することになる。最初は、避難民でぎゅうぎゅう詰めのバスに乗る。ところが砂漠の真ん中でバスが故障してしまう。日も暮れてきて子どもたちはどうにも心細くなるが、お母さんが渡してくれた干しアンズを食べて不安を押しのける。遺跡で星を見ながら野宿してほかの乗客達と一緒に夜を明かすと、翌朝、旅芸人たち（別の絵本シリーズに登場するミラドーのサーカスかな？）が助けにやってくる。

故障が直ってバスはまた走り出す。こんどは、途中の村でおりたおばあさんが家にみんなを招待し、乗客たちはちょうど生まれた赤ちゃんのお祝いに立ち会う。

バスはようやく南の町につき、子どもたちは夜の通りを歩いて、おじいちゃんの家へ。おじいちゃんの姿は描かれていないが、暗い通りに少し開いた戸口からもれるあたたかい光が、子どもたちのホッとする気持ちを表している。

この絵本はシリーズの二巻目。時系列だと最初の**『ぼくの家から海がみえた』**（2005）では、長い旅をしてきた「ぼく」の両親が家を建てて、ぼくにも友だちができる。三巻目の**『ぼくと弟はあるきつづける』**（2007）では、おじいちゃんが亡くなり、少し大きくなった子どもたちは親が迎えにくるのを待つのだが、人のつながりの中で助けられながら、生きのびる方法を工夫していく。

どの巻でも、子どもたちは不安な思いを抱えながらも、たくましく生きている。このシリーズは黒海沿岸が舞台だが、現地をよく知る作者ならではの風景や人々の暮らしがリアルで美しい。

（さくまゆみこ）

フィクション　絵本

ピートのスケートレース

第二次世界大戦下のオランダで

ルイーズ・ボーデン／作　ニキ・ダリー／絵　ふなとよし子／訳
2011年（2004年）　福音館書店　40p

●時代背景　オランダ／第二次世界大戦1942年
●キーワード　スケート　運河　友だち　ドイツ　占領軍　スパイ　兵士

ピートは今日、最高のスケーターになる

オランダ南部の町に住むピートは、スケートが大好きな10歳の男の子。父さんもじいちゃんもスケート作りの仕事をしている。オランダでは冬に運河が凍り、子どもたちは小さいころからスケートを教えてもらう。ピートの夢は、11の町をむすぶ運河や水路をめぐり、全長200キロを一日ですべる有名なスケートレースに出ることだった。

だが、第二次世界大戦が始まり、オランダはドイツに占領され、父さんは兵士として出征した。スケート作りはできなくなったが、じいちゃんと母さんは、困っている人たちに食料やお金など様々な支援をしていた。

1942年1月、同じ学校に通う女の子ヨハンナの父さんがドイツ兵に連行された。そこで、じいちゃんはピートに、運河を16キロすべり、ヨハンナと弟をベルギーのおばさんの家へ送り届けるよう言いつける。遊んでいるふりをしながら、ドイツ兵の目をぬすんで国境を越えるのだ。

三人は出発し、歌をうたいながらすべっていく。国境ではドイツ兵にスパイの疑いをかけられたが、何とか切り抜け、ピートはとうとうおばさんの家に二人を送り届けることに成功する。

ドイツ占領下のオランダで、二人の子どもたちを助けるため、危険をかえりみず長い距離をすべることになった少年の知恵と勇気あふれる物語。横開きの画面を広く使い、茶色を基調にして戦時下の暗い雰囲気や冬のオランダの風景、運河をすべる子どもたちの姿が描かれている。

当時のヨーロッパの地図やスケートの歴史についての解説もあり、日本の子どもたちにもわかりやすい。戦時下を生き抜くために人々が助け合う、緊張感のあるドラマが絵本の形で表現され、まるで短編映画を見ているように感じられる一冊である。

（佐川祐子）

フィクション　読物

ナム・フォンの風

ダイアナ・キッド／作　もりうちすみこ／訳　佐藤真紀子／絵
2003年（1989年）　あかね書房　99p

●時代背景　ベトナム　オーストラリア／ベトナム戦争1970～80年代
●キーワード　家族　友だち　孤児　先生　犬　手紙　難民　ボートピープル

どこかで、わたしの母さんと父さん、見なかった？

オーストラリアのベトナム料理店で暮らす少女ナム・フォンは、料理店を営むおばさんに引き取られ、コックのチュー・ミンと3人暮らし。おばさんと言っても血のつながりはないが、ナム・フォンのことも若いチュー・ミンのこともかわいがっている。

けれどもナム・フォンは、心に傷を負い、学校で活発に遊ぶことも、話すこともできない。ただ、ベトナムにいた「黄色いカナリアさん」や「雲のように白い羽根のアヒルさん」に手紙を書き続け、そこで、ベトナムで体験したことを少しずつ明かしていく。そして、手紙の最後をいつも、「どこかで、わたしの母さんと父さん、見なかった？」と結ぶ。

ナム・フォンは担任のリリー先生にあこがれており、先生が病気になった時、何度もお見舞いに行く。そして、先生が入院した時には、先生の犬の散歩を引き受ける。

おばさんとチュー・ミン、リリー先生、先生の隣人、クラスメイトなど、多くの人と関わる中で、ナム・フォンは少しずつ過去を見つめることができるようになり、先生の犬が逃げて海の中へ入ったことから、祖父とともにボートピープルとしてオーストラリアにやってきた最も悲しかった記憶を一気に思い出す。

原題はOnion Tears. レストランの手伝いのために、玉ねぎを切って大量に涙を流せても、悲しい気持ちを封印しているために、本当の涙を流せないナム・フォンの苦しさを表現している。日本語のタイトルはナム・フォンの名前の由来が「香り高い南風」であり、結末近くで木登りをして風を感じる印象的なシーンによる。

10歳ぐらいの子どもから理解できる言葉でナム・フォンの気持ちの変化を描いた秀作。

（土居安子）

フィクション　読物

生きのびるために

デボラ・エリス／作　もりうちすみこ／訳
2002年（2000年）　さ・え・ら書房　167p

●時代背景　アフガニスタン／アフガニスタン内戦1996年頃
●キーワード　市場　家族　友だち　手紙　識字
女性差別　自由　内戦　タリバン

わたしを男の子だって思う人がいると思う?

もし、今、日本で女性は男性の同伴がなければ外へ出られなくなり、学ぶ権利もはく奪《だつ》されてしまったら……。『生きのびるために』は11歳のパヴァーナの身に起こった出来事を描いて、1996年に起こったタリバンがアフガニスタンの首都カブールを制圧した様子をリアルに伝える。

両親とも高学歴で裕福な暮らしをしていたパヴァーナ一家は爆弾によって一部屋に5人で暮らすことを余儀《よぎ》なくされ、パヴァーナは父親が市場で手紙を代読・代筆する仕事に付き添う毎日。ある日、タリバン兵士が父親を思想犯として捕え、母とパヴァーナは父に会いに刑務所へ行って殴《なぐ》られて帰り、母は寝込んでしまう。

稼ぎ手を失くした一家は、パヴァーナを男の子に変装させ、市場で働かせることを考えつく。最初は、「わたしを男の子だって思う人がいると思う?」と抵抗していたパヴァーナだったが、髪を切り、爆弾で亡くなった兄の服を着て外に出ると自由を取り戻す。

市場で男の子に変装しているかつての同級生ショーツィアに出会い、一緒に人間の骨を掘り出して売ったり、たばこや果物を売り歩いたりしながら、現在の問題や将来について語り合う。パヴァーナ一家にとって助けになるのが、ウィーラ夫人。夫人は、秘密の学校を作ったり、意気消沈している母親と雑誌を作ったりと、どんな苦難にも屈せず戦い続ける。

父は帰ってくるのか、姉の結婚式に行った母と妹たちはタリバンに襲われなかったか、パヴァーナとショーツィアはどうなるのか。『さすらいの旅』『泥かべの町』『希望の学校』（いずれも　もりうちすみこ訳　さ・え・ら書房）と読み進めていくと、彼らの運命をたどることができる。（土居安子）

フィクション　読物

風に向かっての旅

ペーター・ヘルトリング／作　上田真而子／訳
2003年（2000年）　偕成社　206p

●時代背景　チェコ　オーストリア／第二次世界大戦1945年～戦後

●キーワード　家族　おばさん　友だち　犯罪者　孤児　犬　旅　列車　逃亡　兵士　引揚げ　銃　ナチス

「あの人、ぼく、すてきだとおもうな。」「わたしは反対よ。」

これは、カルラおばさんと孤児になったベルントがマイヤーさんについて語った会話。ドイツの敗戦によって、チェコのブルノから追い出された二人は、徒歩で国境を越えてオーストリアのラーという町にたどり着き、ウィーンに向かう列車に乗るため、町に滞在する。ベルントは12歳で、おばさんは「背が高くて、やせていて、まっすぐなみじかい黒い髪」「声は低いかすれ声。いつもズボンにジャケット」という、たくましいけれど、べったり甘やかしてはくれない存在。

町の近くにはソ連兵のいる地区があり、国境につながる森には密《ひそ》かに殺されたスパイたちの死体がある。爆撃で屋根のない家もある中で、地元の人たちは列車を待つ避難民たちに高価な宝石類と交換に食事や寝る場所を提供している。

そんな暮らしの中に、「すらりと背が高く、上等の黒の背広に、ピカピカの黒い靴」をはいた、まるで別世界から来たようなマイヤーさんが現れる。マイヤーさんは、ベルントとその友だちである地元の二人の子どもに、線路上を人力で走るドゥライジーネに乗せてくれ、皆は束《つか》の間の自由と冒険を満喫《まんきつ》する。また、マイヤーさんは、最初に来た列車におばさんが乗り遅れた時、列車を止めてベルントを列車からおろしてくれる。しかしながら、マイヤーさんの周りは秘密だらけで、ベルントは死と隣り合わせの気配を感じる。

次の列車は来るのか。マイヤーさんの正体は？　ベルントとおばさんの仮暮らしの中に「戦争」の陰が幾重《いくえ》にも感じられる作品。『ヒルベルという子がいた』や『ヨーンじいちゃん』（ともに偕成社）を書いたヘルトリングの少年時代が投影されている。

（土居安子）

フィクション　読物

カンボジアの大地に生きて

ミンフォン・ホー／作　もりうちすみこ／訳
2014年（1991年）　さ･え･ら書房　255p

●時代背景　カンボジア／カンボジア内戦1980年頃

●キーワード　家族　友だち　内戦　兵士　難民　難民キャンプ　ポルポト政権

ダラ、今あんたに、もう一個、魔法の玉をつくってやるよ

カンボジア国内で内戦が続き、父親を虐《ぎゃく》殺《さつ》された12歳の少女ダラの一家は、食べ物と田んぼに植える種もみを得るためにタイとの国境の難民キャンプに向かう。ダラたちはたどり着いたキャンプで18歳ぐらいの女性、ニアの家族と知り合いになり、共に生活を始める。

ニアのいとこで13歳のジャントゥは、両親を兵士に殺され、赤ん坊の世話をしながらニアたちと暮らしている。ダラとジャントゥは仲良くなり、二人は身近なもので人形を作り、ダラの兄とニアの結婚を夢見ながら村を作ってごっこ遊びをする。

けれども、平和な日々は仮の暮らしでしかなかった。キャンプに兵士が攻めてきて、一家はキャンプ地を後にして逃げまどう。そして、ダラとジャントゥは他の家族と離ればなれになり、ジャントゥはけがをした赤ちゃんと病院へ行くため、ダラに家族探しを託す。その際、ジャントゥがダラにプレゼントしたのが、粘土で出来た魔法の玉だった。ジャントゥは、ダラに「これは、あんたを強くする。勇敢で、しんぼう強くする。」と言い、ダラは、玉を握りしめながら旅に出る。魔法の玉は、ジャントゥの予言通り、ダラに勇気を与えてくれる。

内戦の恐ろしさは、自分や家族の命の危険だけではないことが描かれている点がこの作品の深さにつながっている。ダラが再会した兄は、種もみを得るためにキャンプに来たことも忘れ、クメール・セライの軍隊に入り、洗脳されていた。そして、そのことがダラの家族にとんでもない悲劇をもたらす。

ダラが家族を探している時に手助けしてくれる孤児で暴れん坊のチュネイの存在も、内戦が作りだす別の問題を示している。

（土居安子）

フィクション　読物

戦場のオレンジ

エリザベス・レアード／作　石谷尚子／訳
2012年（2006年）　評論社　124p

●時代背景　レバノン（ベイルート）／レバノン内戦1975年〜
●キーワード　オレンジ　おばあさん　薬　医者　グリーンライン　内戦

台から落ちたオレンジが、まだ道を転がっていた

舞台は内戦下のレバノンの首都ベイルート。分断されて、東のキリスト教地区と西のイスラム教地区の間にはグリーンラインと呼ばれる境界地帯があり、行き来ができない。

　主人公は10歳の少女アイーシャ。父親は外国に出稼ぎに行って留守で、母親は家に爆弾が落ちて以来行方不明。アイーシャたち三人の子どもは、おばあさんを頼りに暮らしている。そのおばあさんの薬がなくなり、このままでは死んでしまう。アイーシャは、グリーンラインを越えて敵の領域まで侵入し、お医者さんに薬をもらいにいく決心をする。

　物語の中には、このお医者さんをはじめ、道に迷ったアイーシャにオレンジをくれる少年など、やわらかい心を持った人たちが登場してくる。しかし、戦争という状況は、そのやわらかい心がのびやかに息づくのを許してはくれない。戦争によって強《し》いられる分断や不条理が、一人の少女の目をとおして浮かび上がる。

「悪夢にまきこまれているのは、アイーシャやサマルのような子どもたちです。そういう子どもたちの命を政治の指導者たちは、いともかんたんに投げ捨てています」とベイルートで暮らしていた著者は前書きで述べる。

　ポケモンGOに熱中する人たちを見て、沖縄で基地建設反対のためにすわりこんでいる人たちが「おれたちは今、本物のモンスターと向き合っている」と語っていたのが、私にはとても印象的だった。戦後何年もたつと、爆撃も殺戮《さつりく》も多くの人にとってバーチャル世界の出来事となり、実感がもてなくなる。戦争で儲《もう》けたいと考える人たちはそこに乗じてやってくる。これからは、戦争のリアルを伝えていく本がこれまで以上に必要になってくるだろう。この本もそんな一冊。

（さくまゆみこ）

フィクション **読物**

茶畑のジャヤ

中川なをみ／作
2015年　鈴木出版　213p

●時代背景　スリランカ／2014年（現代）
●キーワード　いじめ　異文化交流　旅　家族　内戦　民族問題　植民地

ちがうこと、悪くないし、ちがうこと、きらったら、だめ

シンハラ語で「光りかがやく島」の意味を持つ国スリランカでは民族問題による内戦が2009年まで続き、26年間で7万人以上の死者が出た。本書は紅茶の産地という知識しか持たない11歳の日本の少年がひょんなきっかけでこの国を訪れ、内戦の爪痕や和解に向けて歩む人々に接しながら、自分や周囲を見つめ直していく姿を描いている。

学業優秀で運動が苦手な辻原周は、クラスを牛耳る健一郎から疎《うと》まれていた。言いなりにならないよう頑張《がんば》る周だが、親友の洋介までもが健一郎と行動を共にするようになり、ついに孤立してしまう。「学校に行けなくなりそう」とのSOSをキャッチした祖父は、開発援助の仕事で行き来しているスリランカへと周を誘う。ここで周が出会うことになるのが同世代のジャヤという少女。このジャヤと父親のセナが案内役となり、周はスリランカの歴史を知る。スリランカは植民地としてヨーロッパに支配された時代が長く、英国統治下ではタミル人が優遇され、独立後は逆にシンハラ人が台頭した。言語も宗教も異なる両民族の確執は根深く、現在も人々の生活に大きな影を落としている。例えば祖父の宿舎で働くシンハラ人のコックは「タミルはだめ。乱暴でびんぼう」とタミル人をひとくくりにして差別する。

シンハラ人の母とタミル人の父を持つジャヤは、民族融和の象徴的な存在と言える。そして「ひとり、だいじょうぶ。ひとりだけ、オーケーよ、シュー。さびしくない。自分、強くする」と集団ではなく個の立場で状況に向き合う大切さを周に語る。価値観を異にする者同士がいかに共存していくかというテーマを、遠近双方《そうほう》の視座から考えるきっかけとなる一冊である。（酒井晶代）

フィクション　読物

はじまりのとき

ティン=ハ・ライ／作　代田亜香子／訳
2014年（2011年）　鈴木出版　284p

●時代背景　ベトナム　アメリカ／ベトナム戦争後1975〜1976年
●キーワード　難民　マンゴー　テト（お正月）　カウボーイ　グァム　家族　日記

そのあいだずっと、からだの奥からわきあがっていたのは、炎、痛み

　1975年ベトナム戦争の終結後、母親と三人の兄とともに船で海を渡り、グァムを経て、難民としてアメリカのアラバマの一家のもとに身を寄せることになった10歳の少女の物語。日記形式で主人公の気持ちが素直にまっすぐ綴《つづ》られているため、読者である子どもにとって親しみやすい読み物となっている。

　種から育ったパパイヤの木、バナナにタピオカ、もち米に揚げパンなど、色や味や匂いにあふれたサイゴンでの生活。そして、不安でいっぱいの国外脱出から、アメリカでの新たな出発。

　わからない英語の発音や文法との格闘、なじめない食べ物、急に頭が悪くなったように感じる心もとなさ、いじめ、助けてくれる近所の女性との出会い……。

　詩のような繊細な文章からは、小さな喜びや細かな心の揺れと同時に、内面の怒り、自尊心、くやしさなど、少女の激しい感情がびんびん伝わり、胸をつかれる。「難民＝かわいそう」という図式で見ていたのではわからない、少女や家族の思いを感じたい。

　ベトナム戦争は、南ベトナムを支援していたアメリカ軍が終戦の二年前に撤退してからは、南北の激しい内戦となり、終戦後、南ベトナムの多くの人々が報復をおそれて国外に逃れた。こうした背景を頭に入れておくと、物語がよく理解できるだろう。本書は著者の実体験に基づいて、10歳の主人公が見たこと、感じたことをリアルタイムに綴っていることから、主人公の父親を捕らえた北ベトナムは悪、アメリカは善と描かれていることは断っておきたい。

　2011年に全米図書賞「児童書部門」と、2012年ニューベリー賞のオナーブックに選定されている。

（宇野和美）

フィクション　読物

はばたけ！ザーラ

難民キャンプに生きて

コリーネ・ナラニィ／作　野坂悦子／訳
2005年（2003年）　鈴木出版　237p

●時代背景　イラン　イラク　オランダ／1989年9月

●キーワード　赤十字　ベール　きょうだい　祈り　言葉　野良犬　学校　難民　UNHCR　舌打ち　移住　クルド人

でもここは難民キャンプだ。子どもたちが将来を築くところじゃない

1979年、イランがホメイニ師を最高指導者とする宗教国家になった時に、クルド人であるザーラの両親は大勢の人たちと一緒に村を逃げ出しイラクの難民キャンプにたどり着いた。もうすぐ11歳になるザーラはここで育った。通学路にいる野犬が恐かったり、親友のネーダと他愛ないおしゃべりをしながら登校したり、5歳と4歳の妹たちの面倒をみたり……ザーラにとっては当たり前の毎日を生きている。

ところが、家族に大きな転機が訪れる。もうすぐ1歳になる弟のレザは心臓に病気を抱えていた。具合が悪化し、バグダッドの病院へ入院したとき、ヨーロッパでレザに心臓手術を施すという話が持ち上がる。そして、ザーラの家族は国連難民高等弁務官事務所（UNHCR）から選ばれて、オランダに定住することになる。手術だけして戻ってくるのではなく、故郷のイランから離れて、オランダで暮らすことになるのだ。着慣れた服とベールから、洋服に替え、名前すら知らなかった国に飛び込むことになる。あまりの不安に心を病んだようになる母親を気丈《きじょう》に励ますザーラだが、彼女だって住み慣れた土地の友だちやご近所の人たちと離れたくない。家族でヨーロッパに定住できるのはとても幸運なことなのだが、だからといって不安や悲しみがないわけがない。

物語の前と後に背景理解を助ける情報が添えられたていねいな本作りから、難民が抱えている理不尽や困難を子ども読者にきちんと届けてくれる一冊となっている。また、舌打ちが日本とはまったく違った意味を持つことなどを新鮮に教えてくれる。こういう異文化理解が、将来的な平和作りの土台になっていくに違いない。（西山利佳）

フィクション　読物

フェリックスとゼルダ

モーリス・グライツマン／著　原田 勝／訳
2012年（2005年）　あすなろ書房　215p

●時代背景　ポーランド／第二次世界大戦中　1942年
●キーワード　旅　友だち　孤児　家族　10歳　ペンダント　お話作り　隠れ家　ナチス　ユダヤ人　ゲットー

昔、ぼくは、ある話をしてゼルダを泣かせた

第二次世界大戦中のポーランド。10歳の少年フェリックスは、物語を作るのが大の得意。しかし、何が起こっても自分に都合のいい物語を作ってしまうせいで、まるごと一本のニンジンがスープに入っていたのを両親からの合図だと信じ込み、孤児院を抜け出す。

外の世界では、ユダヤ人というだけで殺されそうな目にあい、だんだん状況を理解するが、頭の中は物語でいっぱい。そんな時、家が燃やされ、両親が死んでいる中、一人残された幼女、ゼルダに出会う。フェリックスはゼルダを連れて町へ行く途中、6時間もお話を語り続け、ユダヤ人ゲットーの孤児たちがいる隠れ家へたどり着く。

ここでもフェリックスは子どもたちや、隠れ家の主である歯医者のバーニーさんの患者たちに物語を語る。しかし、隠れ家がナチスに見つかり、全員が収容所へ向かう列車に乗せられる。

各章が「昔、ぼくは」から始まるフェリックスの一人称のユーモラスな語りになっており、深刻な内容とのギャップがかえって、実際に起きていることの恐ろしさを感じさせる。そして、どんな困難な状況にあっても、誰かのために物語を語り、心を空想の世界に羽ばたかせ続けることが、生きる力につながることが実感できる。

もう一つ、この作品で強く心に残るのは、フェリックスがゼルダのペンダントによって、ゼルダの素性を知る場面。兄妹のように寄りそって過ごしてきたゼルダが、ユダヤ人ではないことを知り、フェリックスがとった行動とは？

続編**『フェリックスとゼルダその後』**（2013）には、ショッキングな結末が待っている。作者はポーランドからのユダヤ系移民の祖父を持ち、オーストラリア在住。

（土居安子）

フィクション　読物

ペリー・Dの日記

L.J.アドリントン／作　菊池由美／訳
2006年（2005年）　ポプラ社　287p

●時代背景　架空の町／未来

●キーワード　宇宙　未来都市　族　恋愛　日記　強制移送　民族差別　思想統制

掘れ——あらゆる場所を、掘り返せ

近未来の星。思想統制された国で、戦争で破壊された町を修復する肉体労働に従事するトニ・Vは、ある日、ペリー・Dの日記を見つける。発見物は必ず届けるという規則を破り、トニは、一人で少しずつ日記を読んでいく。

日記から浮かび上がる初期の頃のペリーは、お金持ちで恋多く、自己主張がはっきりした14歳の女の子。女子の心の中が描かれているという理由でトニは戸惑いつつ読み進める。ところが、遺伝子で人々が三つの種族に分類されるようになる頃から、日記に暗い影が忍び寄る。

ペリーのママは、芸術家で、どの種族だって平等だと言っていたが、検査によって母もペリーも、兄も劣った種族であるガルレジということが判明し、父だけが選ばれた種族だった。兄は、町を抜け出して平和推進団体へ入り、父は、家族から距離を置く。腕に遺伝子スタンプを押されて、一目で種族がわかるようになり、ガルレジには別の場所へ移動する命令の手紙が届く。ペリーは幸せな頃は目にもとめなかった同じガルレジの少年マレク・Tと多くの時間を過ごし、恋に落ちる。

文字を読むのが苦手だったトニは、日記のおもしろさに夢中になっていき、今では誰も語ろうとしないガルレジが確かにこの場所で生きていたことを実感し、日記の包み紙に書かれた「掘れ——あらゆる場所を、掘り返せ。」の意味を悟る。

「アンネの日記」とその読者との交流を思わせつつ、この星に住む人にはひれがあり、水がなければ生きていけないという設定は、水を制限される苦しみを読者に強く印象づける。また、トニが日記を読みながら自分の洗脳に気付いていく過程が「読む」ということの意味を伝えている。

（土居安子）

フィクション　読物

魔法の泉への道

リンダ・スー・パーク／著　金 利光／訳
2011年（2010年）　あすなろ書房　143p

●時代背景　スーダン　アメリカ／南スーダン内戦1985年～
●キーワード　ライオン　井戸　学校　父親　内戦　難民キャンプ　銃撃　NGO　エチオピア　ケニア

まったく光が見えぬまま。それでも希望を持ち続けるのは苦しかった

舞台はアフリカの南スーダン。物語は、1日のほとんどを水汲《く》みについやすヌアー（ヌエル）人の女の子ナーヤと、内戦で家族から離され、命からがら逃げるディンカ人の男の子サルヴァの声を交互に登場させながら進む。ナーヤの物語は2008年から始まり、サルヴァの物語は、1985年から始まる。ヌアーとディンカは、どうもルーツは同じらしいのだが歴史的に敵対している。

南スーダンは1983年から2005年まで内戦が続き、250万人が殺され、さらに数百万人が故郷を失い、約2万人の子どもたちが孤児（ロストボーイズ、ロストガールズ）となって隣国の難民キャンプに避難した。徒歩での避難の途中で、野生動物に襲われたり、飢餓や病気に倒れたり、川で溺れたりする子どもたちも多かった。サルヴァは、そんなロストボーイズの一人だ。

サルヴァは、エチオピアの難民キャンプにようやくたどりついたものの、1991年にエチオピアのメンギスツ政権が倒れると、キャンプを暴力的に追い出されてしまう。仕方なく次はケニアの難民キャンプへ移る。といっても、歩いて移動するのである。サルヴァはこの時は子どもたちのリーダーになっていた。

サルヴァはその後アメリカに渡って教育を受け、やがて「南スーダンに水を」というNGOを立ち上げる。このNGOは南スーダン各地に井戸を掘るプロジェクトを行っているが、井戸だけではなく学校や市場をつくるのにもかかわっている。著者は、サルヴァの話を直接聞いて感銘を受け、この作品を書いた。

水でさんざん苦労していたナーヤの物語とサルヴァの物語が、最後に一つにつながるのがいい。

（さくまゆみこ）

ノンフィクション　読物

生きる
劉連仁の物語

森越智子／著
2015年　童心社　238p

●時代背景　中国山東省、北海道／第二次世界大戦1944年～
●キーワード　友だち　家族　逃亡　故郷　強制連行　強制労働　東洋鬼（トンヤンクイ）　サバイバル　雪山

戦争は人間に「本当の自分」というものを、むりやり捨てさせる

１９５８年２月、北海道の雪深い山で、穴の中に隠れていた一人の男が見つかった。中国の人らしいが、悲しそうな顔をして、何度も自分の首を切るようなまねをしている。その人の名前は劉連仁《りゅうりぇんれん》。１９４４年９月に自分の畑に向かう途中で拉致《らち》されて日本に連れてこられた。そして連行先の北海道の炭坑では、人間らしい暮らしを奪われ、暴力にさらされながら奴隷のように働かされた。こうして連行され強制労働をさせられた中国人は、３８、９３５人、朝鮮人は66万人以上いるという。

　このままでは死んでしまうと思った劉さんはある日、脱走する。最初は四人の仲間もいるが、やがてひとりになり、戦争が終わったことも知らず、見つかって殺されることを恐れて北海道の厳しく寒い自然の中を人目を避けて生きのびてきたのだった。見つかったとき、31歳で拉致された劉さんは45歳になり、終戦から12年以上がたっていた。

　ドイツのナチスがいかにひどいことを行ったかは、私たちもよく知っている。しかし、ナチスと同盟を結んでいた日本軍がアジアの人々にどんなひどいことを行ったかについては、私たちほとんど知らないできた。ドイツは戦争中の加害についてもすべてを明るみに出し、その反省から戦後を始めたが、私たちはアジアの人々に対する加害行為に無知なまま、戦後の発展に浮かれていた。戦争が人間にどんなことを強いるかを見つめ直し、ふたたび戦前を迎えないために、ぜひ読んでほしい一冊。

　エピローグには、ようやく故郷に帰れた後の劉さんのことが書かれ、巻末には中国人強制労働の事業所リストや、参考資料リストも載っている。

（さくまゆみこ）

ノンフィクション　読物　伝記

砂のゲーム

ぼくと弟のホロコースト

ウーリー・オルレブ／著　母袋夏生／訳
2000年（1996年）　岩崎書店　109p

●時代背景　ポーランド／第二次世界大戦1939〜45年頃
●キーワード　家族　兄弟　冒険　人種差別　迫害　虐殺　強制収容所　ユダヤ人　ナチス　パレスチナ

かならずハッピーエンドになる、とわたしは信じていた

この本は『走れ、走って逃げろ』（P59）、『壁のむこうの街』（偕成社）を書いた作家、オルレブの自伝である。

こわい冒険物語が大好きだった子ども時代、著者は冒険の主人公と同じでないことを残念がっていた。また、自分がユダヤ人であることの意味もわからなかった。ユダヤ人であることは悪いことだというのはわかるが、なにが悪いのかがわからない。子どもの目を通すことで、皮肉なユーモアとなって、ゆがんだ社会があぶり出される。

ナチス・ドイツの迫害が始まると、あっという間に、念願のこわい物語の主人公になった。著者はポーランドで、裕福な医師の家に生まれた。だが、父親が徴兵《ちょうへい》されていなくなり、病気の母がナチスに殺害されると、弟と二人で、ホロコーストを生き延びることになったのだ。

戦後イスラエルに渡った作者は、やがて息子を持った。自分と同じように、悪者と闘い逃げきるヒーローの物語にあこがれる息子に、自分の体験を伝えようとするとき、「砂のゲーム」をたとえにした。空中に投げあげた砂を手の甲で受け止めるゲームだ。2回、3回と、砂を投げ落としていく。こぼれる砂は死者だ。投げ上げられ、死ぬ。10粒が残る。また投げ上げられて、死ぬ。2粒が残る。そこには、なんのヒーロー性もない。

しかし、子どもだった時は、必ずハッピーエンドになる冒険の主人公を生きようとしてきた。だからだろう。『走れ、走って逃げろ』は父親が命と引き替えに主人公を守り、『壁のむこうの街』でも、父親が約束どおり主人公を迎えに来る。そうした創作とは異なる現実の砂のゲームのニュアンスを、この自伝から知ることができる。

（是恒香琳）

フィクション　絵本

アライバル

ショーン・タン／作
2011年（2006年）　河出書房新社　128p

●時代背景　どこか／いつかの時代
●キーワード　家族　移民　異文化　内戦　紛争　テロ　兵士　難民

ぼくの両親へ

この絵本には文字がない。ページをめくると圧倒される絵の数々がある。夢の中の出来事のような絵を目で追うだけで、分厚い小説に匹敵《ひってき》する読後感を与える稀有《けう》な一冊だ。

読者対象は、子どもから大人まで。豊かなイマジネーションが描き出す不思議な絵が放つ強烈《きょうれつ》なリアリティを、見る者すべてが感じ取るに違いない。とは言っても、日本にいる私たちがこの絵本を手にするときは、少しだけ、「移民」について説明が必要かもしれない。この物語が扱うのは「移民」の話だから。

男が妻と娘に別れを告げ、一人旅立つところから物語は始まる。住み慣れた土地を離れ、異国へと旅立つのは、母国では暮らしが成り立たないからだ。貧しい国から豊かな国へ、働き口を求めて移住する。あるいは、母国が紛争に巻き込まれ、普通の生活を送るのが困難になったのかもしれない。独裁者があらわれて、自由が制限されるようになったのかも。いずれにしても、生まれ育った国を捨てるのは大きな決断だ。たどり着いた国で話されている言葉が、「移民」にはよくわからない。文字も奇妙で、母国のものとは違う。見たこともない動物、聞いたことのない楽器の音。食べ物も、ぜんぜん違う。「移民」はそこで生きていかなくてはならない。いつか呼び寄せる妻と娘の写真を、「移民」は壁にかける。同じような境遇の友人にも巡り合う。彼らが母国を離れた理由はさまざまに苛酷《かこく》だ。けれども、新しい土地に、彼らは少しずつ馴染《なじ》み、居場所を見つけていく。

「移民」たちの過去と現在に思いを寄せるとき、読者はごくしぜんに、争いごとのない土地、生活が成り立つ場所とは何かについて考えることになるだろう。（中島京子）

フィクション　読物

走れ、走って逃げろ

ウーリー・オルレブ／作　母袋夏生／訳
2003年（2001年）　岩波書店　276p
2015年　岩波少年文庫

●時代背景　ポーランド／第二次世界大戦中
●キーワード　孤児　サバイバル　冒険　兵士　第二次世界大戦　ホロコースト　ゲットー　ナチス

おまえは生き残らなくちゃいけない

名前を忘れても、両親のことを忘れても、ユダヤ人であることは決して忘れてはならないと父親と約束を交わし、過酷《かこく》な戦争を生き抜いた8歳のスルリックの物語。実在の人物の体験をもとにした話である。体験者ヨラム・フリードマンから子ども時代の話を聞き、作家の冷静な視点からユーモアをもって書かれている。

第二次世界大戦下のポーランド。ナチス・ドイツのユダヤ人迫害が厳しくなるなか、スルリックはゲットーを脱出する。森でベリーやキノコを探し、パチンコで鳥を射落とし、時には盗みを働き、生きてゆく。「日にちは数えなかった。瞬間瞬間を、1時間1時間を生きていた。朝から夜までを生きた」やがてスルリックはユレクと名を変え、ポーランド人の孤児としてユダヤ人であることをひた隠しつつ、キリスト教のお祈りを覚え、農家の仕事の手伝いをしながら食事と寝る場所を得た。それでも、つぎつぎと襲いかかってくる危険。転々とする生活を余儀《よぎ》なくされるうち、彼は本当の自分の名前や家族のことをすっかり忘れてしまう。

自分のことがまったくわからなくなるということが本当にあるのか？にわかには信じがたいが、ここに書かれたような極度の緊張状態で日々を送っていたら、さもありなんと思える。戦争が終わって平時になっても、自分が「スルリック」であることを否定する姿からは、切なさとともに戦争の無情さが伝わってくる。

物語は無駄な感情移入を排して、淡々と起きたことを綴《つづ》る。悲惨な状況ではあるが、ある種の冒険物語としても読むことができる。文章もとても読みやすい。スルリックの、すべてを肯定《こうてい》し、運命に屈せずに生きていく姿からは勇気と希望を感じる。

（菅原幸子）

フィクション　読物

炎の秘密

ヘニング・マンケル／作　オスターグレン晴子／訳
2001年（1995年）　講談社　206p

●時代背景　モザンビーク／モザンビーク内戦の頃1976年～

●キーワード　家族　学校　ミシン　炎　裁縫　地雷　内戦

地面が爆発して細かい細かいかけらになって飛び散った

日本でも推理小説がたくさん翻訳されているスウェーデンの人気作家マンケルは、途上国援助機関から首都マプトに劇場を設立するので協力してほしいという要請を受けて、アフリカ南東部にある国モザンビークに移住した。そしてある日、病院で車イスの実在の少女ソフィアに出会って、この作品が生まれた。

主人公は、12歳の少女ソフィア。盗賊《とうぞく》に村を焼かれ、父親を殺されたソフィアは、母親や姉、弟とともに命からがら逃げ出す。歩き続けて一つの村にようやく落ち着いた矢先、ソフィアたちは地雷を踏んでしまう。姉マリアは亡くなり、ソフィアは両足を切断。何度も孤独と絶望におちいりながらも、自分自身を見失わず、ソフィアはやがて仕事と家を手に入れる。

アフリカ南東部にあるモザンビークでは、17年間にわたる内戦が終結を迎えた後も、大地には100~500万個の地雷が埋まっているという。それを取り除くのは簡単ではない。1個3ドルの地雷でも、除去にかかる費用は1個1000ドルにもなる。この「貧しい国の原子爆弾」は、戦後も長い間被害をあたえつづける。

また対人地雷は本来は兵士の足を吹き飛ばすために製造されているが、子どもが踏むと、ソフィアの姉のように死んでしまう。命をとりとめても、貧しい国で義足を手に入れるのは難しい。手に入れたとしても子どもの場合は成長に合わせて付け替えていかなくてはならない。

本書はそういう貧困や地雷の問題にも目を向けさせてくれる。それと同時に、主人公ソフィアが苛酷《かこく》な状況に負けることなく自立していく姿からは勇気をもらえるだろう。続編に思春期のソフィアを描く『炎の謎』（2005）がある。（さくまゆみこ）

フィクション　読物

本泥棒

マークース・ズーサック／著　入江真佐子／訳
2007年（2006年）　早川書房　692p

●時代背景　ドイツ／第二次世界大戦1939～43年頃
●キーワード　家族　友だち　言葉　本　死神　ナチス　ユダヤ人　共産主義者　空襲　第二次世界大戦　映画化

それからまわりは粉々にされた言葉の残骸だらけになった

この本は、死神が語り部となって、死者の物語を伝える。ナチスが支配するドイツに生き、やがて連合軍の空爆で死んでいった人びとのことだ。

主人公リーゼルの父親は、共産主義者であったためナチスに連れ去られた。困窮《こんきゅう》の中で、子どもだけでも生き延びさせようと、母親はリーゼルと弟を養子に出す。しかし送り届ける途中で幼い弟は死んでしまった。まさにその時、リーゼルは本を拾う。墓掘り人の見習い少年が落としていった「墓掘り人の手引き書」だ。この、つらい母と弟との別れの思い出がつきまとう本をテキストにして、リーゼルは言葉を教えてもらうことになる。そうやって、盗んだ本の言葉は、やがてリーゼル自身が自分の物語を書く言葉となった。

リーゼルに新しい友だちができる。ルディという少年だ。彼は、ヒトラー・ユーゲントでヒトラー総統の誕生日を聞かれると、わざとイエス・キリストの誕生日を答えるような少年だった。だから何度も殴《なぐ》られ、いじめられて牛糞《ぎゅうふん》にまみれて帰ってくる。しかしルディは、明るい。いじめも自分の惨めさも、リーゼルを同情させ、キスをねだる「哀れみ作戦」のカードにしてしまう。リーゼルとルディの物語は、暗い時代を背景に明るく輝くろうそくだ。

「言葉」で世界を征服しようとしたナチスに対して、リーゼルは「言葉」で尊厳を守ろうとした。そのことを、今、心に刻みたい。ユダヤ人の青年が『わが闘争』を白く塗りつぶし、黒いペンキで愛の物語を書き込んだように、私たちは闘うことができる。

本書は映画『やさしい本泥棒』（ブライアン・パーシヴァル監督、2013年、アメリカ／ドイツ）になっている。

（是恒香琳）

フィクション　読物

闇のダイヤモンド

キャロライン・B・クーニー／著　武富博子／訳
2011年（2007年）　評論社　344p

●時代背景　アフリカ　アメリカ／現代
●キーワード　ダイヤモンド　兄弟　キリスト教　犬　家族　内戦　難民

アフリカで、五人が飛行機に乗った

闇のダイヤモンドとは、アフリカで不法採掘され戦争の資金として売られるダイヤモンドのこと。アフリカのシエラレオネ、アンゴラ、コンゴ、リベリアなど、内戦に苦しんだ国では、闇取引されたダイヤモンドを売買して武器の調達が行われていた。ディカプリオ主演の「ブラッド・ダイヤモンド」も、これを扱った映画だ。

アメリカに住むフィンチ家はある日、アフリカからの難民のアマポ一家を受け入れることになる。教会のボランティア活動に熱心な母親が決めてきたのだ。高校生のジャレッドは、部屋をアフリカ人の男の子とシェアしなくてはならないと聞いて、いやがる。天真爛漫《てんしんらんまん》な妹のモプシーのほうは、逆に楽しみにしている。

やってきたアフリカ人の家族は、内戦で両腕を失った父親アンドレ、母親セレスティーヌ、頬《ほほ》に傷のある兄マトゥ、無表情で一言も話さない妹アレイク。一つの家族にしては、どこか変だ。何か隠しているのだろうか、とジャレッドは疑う。じつは、マトゥは、祖父母の遺灰を入れたとする箱に、ダイヤモンドを潜ませていた。そして、そのダイヤモンドを追って、同じく難民となった悪人ヴィクターが姿を現す。アマポ家ばかりでなくフィンチ家にも危険が迫る。

アマポ一家はほんとうの家族なのか、マトゥは何を隠しているのか、アレイクはほんとうに言葉が話せないのか？　物語は謎をはらみ、最後まで飽きさせずに読者を引っ張っていく。と、同時に物質的に豊かな社会と、生きのびることに精一杯の人たちとの対比がうかびあがり、内戦や少年兵などへの視野も広がる。それぞれ異質なものをもつ子どもたちが力を合わせて悪人に立ち向かう結末も圧巻。

（さくまゆみこ）

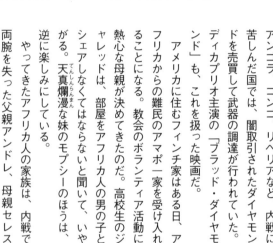

フィクション　読物

リトル・ソルジャー

バーナード・アシュリー／作　さくまゆみこ／訳
2005年（1999年）ポプラ社　303p

●時代背景　イギリス　架空のアフリカの国／この本が書かれた頃
●キーワード　家族　友だち　孤児　異文化交流　けんか　嘘　交通事故　殺人　内戦　少年兵士

あの事件で、ローラの世界はめちゃくちゃにくずれてしまった

カニンダは、アフリカのラサイという国の内戦でユスル人に家族を虐殺《ぎゃくさつ》され、復讐だけを考えてキブ人の軍隊に入っていたが、国連軍に捕えられ、イギリス・ロンドンのキリスト教徒の家に迎えられる。カニンダにとっては捕まったこと自体が屈辱《くつじょく》で、逃げてアフリカに帰ること、同じ学校に入ってきたユスル人のンゲンシを殺すことだけを考えて毎日を生きていた。

引き取られた家族には、13歳の少女ローラがいて、神を称え、善行に夢中になる母親の様子に反発を感じていた。カニンダが来た日、ローラはボーイフレンドのシーオと盗難車でドライブし、道を横切った「ちびのドリー」が車にぶつかって意識不明の重体になったのを目撃する。ローラは自分たちの車がドリーをひいたと信じ、罪の意識にさいなまれる。

この事件は、警察と同時に、ドリーの住む地域のギャング団が真相を探ろうとしており、シーオの所属するクルー団との抗争に発展していく。そして、シーオに誘われてカニンダもクルー団の一員になる。

ローラはカニンダに少しずつ自分の苦しみを打ち明け、一緒に船で密航してアフリカに逃げたいと思う。カニンダは、これらの日々の中で、家族が殺されたとき初めて人を殺したこと、所属する軍隊の理《り》不尽《ふじん》な虐殺などを思い出していく。

カニンダはユスル人の少年を殺すのか、アフリカへ逃げるのか、ドリーの命は？　ローラのしたことは明るみに出るのか、ギャング団の抗争の結果は？

ラサイの内戦とロンドンの抗争をパラレルに描きながら、暴力の持つ恐ろしさが幾重にも描き出される。さまざまな家庭的背景を持った子どもたちが暴力に巻き込まれていく空しさが胸に響く。

（土居安子）

フィクション　読物

リフカの旅

カレン・ヘス／作　伊藤比呂美+西更／訳
2015年（2011年）　理論社　224p

●時代背景　ウクライナ　ベルギー　アメリカ／第一次世界大戦後1919〜20年
●キーワード　旅　家族　船　親友　手紙　詩集　ユダヤ人　ポグロム（集団的ユダヤ人迫害）　民族差別

頭を使って生きる

この本は、少女リフカが旅の途中で、いとこのトヴァに宛《あ》てて書いたほぼ一年間の手紙から成り立っている。ただし旅といっても、ユダヤ人のリフカの一家にとっては、命の危険をおかしながらアメリカまで逃げて行く旅であり、リフカが書く手紙は数少ない持ち物の一つ「プーシキン詩集」の余白に書いているものだ。

その日記に書かれる旅はとてもドラマティックで、ウクライナを脱出する冒頭の場面からドキドキハラハラさせられる。ようやく脱出できた後も、発疹《ほっしん》チフスにかかったり、白癬《はくせん》が移って髪が抜け、一人だけアメリカに渡る船に乗れなかったりと苦難が続く。

リフカの好きな言葉は、「頭を使って生きる」。そしてその言葉どおりに頭を使って工夫し、行動するのだが、思うようにいかない障害が次から次へと立ちあらわれる。でも、リフカは負けない。苦難にぶつかるたびに、そこで自分の世界を広げていく。

治療のため家族と離れて一人で過ごすことになったベルギーでは、カソリックのシスターと仲良くなり、フラマン語を覚える。アメリカの港で施設に収容されたときも、今まで敵だと思っていたロシア人の子どもに愛着を感じるようになり、兄とケンカしても自分から仲直りできるようになる。自分の不運に心をとらわれることなく、他者に気持ちを向けることができるようになっていく。そう、リフカは物語が進むのと同時に成長していくのだ。本書は10代の女の子の成長物語でもある。

ユダヤ人の作家は、生涯のどこかで民族の迫害の歴史を作品に残そうとするものらしい。著者のヘスも、自分の大叔母のルーシー・アヴルーティンの実体験をもとにしてこの物語を書いた。

（さくまゆみこ）

フィクション　読物

路上のストライカー

マイケル・ウィリアムズ／作　さくまゆみこ／訳
2013年（2009年）　岩波書店　269p

●時代背景　ジンバブエ　南アフリカ／2008年頃
●キーワード　家族　孤児　サッカー　旅　障がい　内戦　兵士　難民　虐殺　サバイバル

「どっちがどっちの面倒を見てるんだい？」「おたがいに面倒を見あってるんです」

内戦中のジンバブエと、ゼノフォビア（民族差別）がはびこる南アフリカを舞台にした本書にはいくつもの読みどころがある。

その一つは、イノセントとデオの兄弟関係。イノセントは15歳のデオより10歳ぐらい年上だが、面倒を見あっている。イノセントは、脳に障がいがあり、状況判断は苦手。しかし、信頼できる人を嗅《か》ぎ分ける力を持っている。一方、デオは、家族が虐殺《ぎゃくさつ》されて二人きりになった時、生き延びるためにリーダーシップを発揮する。

「サバイバル」がこの作品の二つ目の魅力。ワニと泥棒とライオンとハイエナに襲われそうになりながらもジンバブエから南アフリカへの国境を越える旅をし、ジョハネスバーグでは橋の下に住む。

民族差別問題も、本書の重要なテーマである。外国人を襲撃した実際の事件が背景にある。イノセントとデオは、国境を越えてからトマト農場で働くが、安い賃金で雇われているため、仕事を失った村人からは敵視される。また、デオがホームレスのサッカーチームに入った時も、南アフリカ出身の選手と国外からの選手との間に亀裂《きれつ》が入る。

加え、サッカーの魅力。作品の冒頭はデオが村でサッカーをしているシーンから始まり、国境を越える直前も、トマト農場にいた時もデオはサッカーを続ける。そして、シンナーに浸っていたデオが目の前のボールを蹴ったことから、コーチに見いだされ、ホームレスのサッカーワールドカップに出場することになる。死と隣り合わせの毎日が描かれ、デオは立ち直れないほどの悲しみを体験するが、ワールドカップに出場する過程で、尊厳と生きる希望を取り戻す様子が読者に希望を与える。

（土居安子）

ノンフィクション　読物

廃墟の上でダンス

チェチェンの戦火を生き抜いた少女

ミラーナ・テルローヴァ／著　橘 明美／訳
2008年（2006年）　ポプラ社　288p

●時代背景　チェチェン　ロシア　フランス／1994〜2005年

●キーワード　家族　学校　イスラム教　チェチェン紛争　思想統制　空襲　虐殺

町が壊され、村が壊され、民族の伝統の塔も壊されていった。……ロシア軍は私たちの心も壊した

1994年12月、ロシア連邦軍がチェチェン・イチケリア共和国に侵攻してチェチェン戦争が始まったとき14歳だった著者が、2005年までに体験したことや、他の人の体験をまとめたノンフィクション作品。

読んでいてショックなのは、1994年から2005年までチェチェンの人々にとっては心休まる時がなく、波はあるものの、ずっと不安定な政情が続いており、何度も空襲にあい、兵士による虐殺《ぎゃくさつ》や略奪、強制連行、拷問《ごうもん》が日常茶飯事に行われていたということである。

裕福でお高くとまっているからと民兵によって収容所に入れられた26歳のサウディが収容所で虐待を受けるも、ロシア兵から制服を奪って逃げ出すエピソードがある。ところが、帰宅して麻薬に溺《おぼ》れて、弟と大喧嘩をして階段から落ちて死亡。母はそのことを知ってショック死し、弟も麻薬に溺れ、兄を捕えた民兵の仲間になったという。チェチェンの抱えている深い闇を思わせる。

そんな悲惨な状況でも読み進めることができるのは、一つには、著者が希望を捨てずに勉強を続け、大学に行き、フランスに留学するということ、また、著者の周りの人が助け合う様子が描かれていること、そして、村や大学などを破壊されても、片づけ、再建し続ける姿勢が描かれているということが挙げられる。また、家族や友だちを失ったことを綴る文章に、同じ悲しみを経験した者としての著者の深い共感が読み取れることも挙げられる。

日本ではあまり知られていないチェチェン戦争だが、2016年現在も問題は解決していない。苦しむチェチェンの人々のことを知るきっかけとしても、戦争が憎しみを生み、憎しみが戦争を生む悪循環の例としても、読み応えのある一冊。（土居安子）

ノンフィクション　読物

ヒトラーのはじめたゲーム

アンドレア・ウォーレン／著　林田康一／訳
2007年（2001年）　あすなろ書房　192p

●時代背景　ポーランド・ドイツ／第二次世界大戦1939〜45年、1999年
●キーワード　ナチス　占領　強制収容所　ユダヤ人　ゲーム　ガス室　飢餓

体はシラミだらけで、まわりの男たちは、飢えや病や悲しみでつぎつぎ死んでゆく

　ナチスドイツがポーランドを占領すると、ユダヤ人に対する締め付けが、だんだんひどくなる。1942年、ドイツ兵が家に踏み込み、母と弟と一緒に外に連れ出されたジャックは、母たちと引き離され、ナチスの将校から「おまえたちはいまヒトラーの親衛隊の囚人になったのだ」と宣告される。「ぼくはいま15歳、父は3年間ナチスの強制収容所に入ったままで、今度はぼく自身も強制収容所に入れられてしまった」とジャックは記す。囚人はみな骨と皮だけで、食事も腐ったような臭いのするスープのみ。親衛隊の監視兵は、ちょっとしたことでも警棒で殴りつけたり、肋骨を銃床でたたいたり、尻や腹に蹴《け》りを入れてくる。

　囚人たちは飲まず食わずで、休憩もなく一日じゅう働かされ、働けなくなったら容《よう》赦《しゃ》なく殺される。ジャックは、これはヒトラーが始めたゲームだと思い、なんとか生き残ろうとするが、赤痢に感染して生死の境をさまよう。病棟のベッドに寝かされたら医者が注射を打って殺し、死体として処分される。ジャックは朦朧《もうろう》としながらも、やっとのことで病棟を逃げ出して自分のベッドにもどったのだ。

　その後、移った収容所でモーニクという1歳とちょっと年上の少年と出会う。悲惨な状況の中でも笑顔を絶やさないモーニクとの出会いで、飢えとの闘いにもくじけることなく、二人は解放の日を迎えることができたのだ。

　600万人が殺害されたという、ナチスによる大量虐殺の現場から奇跡的に生還した、ジャック・マンデルバウムの証言をもとにしたノンフィクションだけに、胸に迫るものがある。戦時下の人種差別は、こんなにも人間を狂暴にしてしまうのか、深く考えさせられるのだ。

（野上　暁）

平和の願いを絵本にこめて

――「日・中・韓平和絵本」（童心社）

野上 暁

日中戦争、アジア・太平洋戦争をとおして、日本は中国大陸や朝鮮半島の人たちをとてもひどい目にあわせてきた。戦争が積み残した問題も、まだたくさん残っている。そのような中で、日本と韓国と中国の絵本作家と出版社が、絵本をとおして戦争のない平和な世界を作ろうと立ち上げたのがこのシリーズ。三か国の絵本作家が描いた作品を、それぞれの国でそれぞれの言葉で同時に出版するという画期的な試みだ。どの一冊にも、三か国の作家たちの平和への熱い願いがこめられている。

『非武装地帯に春がくると』は、韓国のイ・オクベの作品。一つの国だった朝鮮半島は、南と北に分断され、そのあいだに、武力による衝突をさけるため、非武装地帯がつくられている。かつては人々が行き来できた場所も、いまはだれも入れない。動物たちには国境がないし、危害を加える人間もいないから、季節ごとにさまざまな動物たちがきて生き生きと自然を楽しむ。

『非武装地帯に春がくると』
イ・オクベ 文・絵
おおたけきよみ訳
2011

春夏秋冬、おじいさんは非武装地帯の展望台に上り、北の大地をながめる。生き物たちののびのびとした平和な姿と、鉄条網で境を作り、軍事訓練をする人間たち。最後、固く閉ざされた鉄の扉の場面が観音開きになっていて、それを両側に開くと4ページ大に拡がるのどかな自然の中を孫に手を引かれて、うれしそうに歩くおじいさん。南北をへだてる扉が開いて、ふるさとに帰れる日を夢見るおじいさんの気持ちが象徴的に伝わってくる。

浜田桂子**『へいわって どんなこと？』**は、タイトルとなった問いに、「せんそうを しない」「ばくだんなんか おとさない」「いえや まちを はかいしない」と、見開きごとに、小さな子どもでもわかるやさしい言葉と戦争をイメージする場面が続く。そして、「だって、だいすきな ひとに いつも そばにいて ほしいから」と、平和のイメージが広がっていく。

姚《ヤオ》紅《ホン》の**『京劇がきえた日』**は、1937年に日本軍が迫る南京が舞台。少女の家に中国の伝統的な芝居・京劇の役者が泊まり、2ヵ月公演するのだという。

少女は初めてはなやかな京劇を見る。日本軍が迫ってくるのを知り、役者は侵略者のためになんて歌えないと、少女にきれいな髪飾りをプレゼントして去っていく。その後、日本軍の爆撃が始まり、南京は占領されるのだ。

田島征三**『ぼくのこえがきこえますか』**は、国のために戦えとみんなに励まされて戦争に行き、敵の砲弾に吹き飛ばされた人間のひとりごとで場面が進んでいく。兄のかたきを打ってやると、弟も戦争に行き、やはり殺されて、母の嘆き声が聞こえる。力強くダイナミックな筆使いによる大胆なページ展開で、「だれのために　ころし　だれのために　ころされるの？　なんのために　しぬの」という死者の言葉が心に突き刺さる。

『ぼくのこえがきこえますか』
田島征三作　2012

和歌山静子**『くつがいく』**は、兵隊とともに海を渡って戦場に行った靴が主人公。犠牲になった人々や、帰ることのなかったたくさんの靴たちの思いを象徴的に描く。最初の、見開きいっぱいに広がる「ざざざざざ」という書き文字の行進から、つぎの見開きの兵隊たちの行進につながり、さらにそれがクローズアップされる展開が印象的だ。

田畑精一**『さくら』**は、桜の咲く3月に生まれたぼくの成長を戦時下と重ね、大人になったぼくは「戦争だけはぜったいいかん！」と桜の木に語りかける。

『火城：燃える町１９３８』は、少女の目を通して見た、日本軍が迫る町の混乱と、5日間燃え続いた大火により町が燃え尽きてしまった光景が、セピア一色の絵で描かれる。

岑《ツエン》龍《ロン》**『父さんたちが生きた日々』**は、兄弟のように友情を深めながら勉強する留学生だった中国人の父さんと日本人の山本さんの話。日中戦争で二人は別の運命をたどり、山本さんは戦死する。

『とうきび』は、家族で育てたトウキビが背丈《せたけ》ほど伸びた頃、戦火がおそい、家族は見知らぬ土地に逃げる。両親は故郷を思い、ぼくは、トウキビ畑のことを思う。

クォン・ユンドクの『コッハルモニ：花のおばあさん』は、数年前に作者が来日した時、近々翻訳出版されるといっていたが、昨年には韓国で改訂版も出たと聞く。ユニークな作品だけに日本語版の出版が待たれる。

日・中・韓平和絵本シリーズ

『へいわって　どんなこと?』
浜田桂子作　2011

『京劇がきえた日』
姚 紅文・絵　中 由美子訳　2011

『くつがいく』
和歌山静子作　2013

『さくら』
田畑精一 作　2013

『火城：燃える町1938』
蔡皋文・絵　翱子絵　中由美子訳　2014

『父さんたちが生きた日々』
岑 龍作　中 由美子訳　2016

『とうきび』
クォン・ジョンセン詩　キム・ファンヨン絵　おおたけきよみ訳
2016

Book Shelf

ウェストールの描いた「戦争」

三宅興子

「戦争を知らない子どもたちに戦争の本当の姿を伝えたい」、一作ごとに、その思いを深めていった作家にロバート・ウェストール（1929〜1993）がいる。息子に、自分の少年時代の空爆体験を伝えたいと描いた自伝的な**『〝機関銃要塞《ようさい》〟の少年たち』**が第一作で、カーネギー賞を受賞している。以後、「戦争」とそのなかにある「家族」の問題を考え続け、反抗的で好戦的な少年読者を挑発し続けた。

『〝機関銃要塞〟の少年たち』が1980年に邦訳されると、多くの読者に衝撃を与えた。少年たちが大人たち同様、バリバリの愛国者として好戦的で独自の戦いをしている日常を、汚い言葉や暴力シーンを駆使して恐ろしいほどのリアリティーを持って、描いたからである。

イギリス北部の都市ニューカッスルの東に位置する海沿いの町に住む少年チャスのドイツ軍による空爆下の「日常」を描いた作品である。おとなたちがドイツ軍の上陸に怯えながらその対策に奮闘しているなかで、チャスたち少年は、薬莢《やっきょう》や飛行機の残骸《ざんがい》のコレクションを競い合ったり、いじめる少年と激しいケンカをしたり、親や教師に反抗したりしながら戦時下を過ごしている。そんなとき、墜落《ついらく》した飛行機から本物の機関銃を手に入れ、仲間の少年たちと自分たちだけの秘密の要塞を築き、独自の戦いを仕掛けていく物語であった。

第一作以後、重層的に過去の時間が現在に影響する超常現象や幽霊などが出現してくるホラー物語、（例えば『かかし』金原瑞人訳　徳間書店）に挑戦していく。そうした長編の合間に書かれた短編集（1982、1983）には、ウェストールの代表作として現在も読まれている兵士が幽霊となって登場する物語が入っている。

短編としてはやや長い**「ブラッカムの爆撃機」**は、イギリス空軍がまるで消耗品のように飛行士を増産し、リスクの高い出撃を繰り返していた時代の衝撃のレポートになっており、撃ち殺

『“機関銃要塞”の少年たち』
越智道雄訳　1980（1975）
評論社

したはずのドイツ兵が戦勝したイギリスの兵士に憑依《ひょうい》する。**「チャス・マッギルの幽霊」**は、疎開して空き家となった女子校の管理人一家の物語で、誰もいない部屋に明かりが灯《とも》るのを発見したチャスが、第一次世界大戦中の脱走兵と出会う。幽霊には幽霊になる必然性があり、人間であったときの物語をもっているのだ。戦争の実相を語るために「現在」生きている場所に、幽霊が呼び出されてくる。

その後、ウェストールは1985年に教員を退職し、戦時下の証言を集めたり、幼年文学を刊行したりしたが、1989年、飼い主の姿を求めて旅をする猫ロード・コートの遍歴を通して、戦争によって変わってしまった人びとの暮らしを**『猫の帰還』**（坂崎麻子訳　徳間書店　1998）で描ききった。その翌年**『海辺の王国』**（坂崎麻子訳　徳間書店　1994）が出ている。

『海辺の王国』は、空爆で家族とはぐれてしまいひとりになった少年ハリーの生き延びるための戦いの日々を描いている。毎日を無事に送ることがハリーにとって命をかける冒険となる。国家や家族が無くなり、自分を守るのは自分という境遇に置かれたハリーの物語は、読者に自身の危うさを突き付けてくる。

1990年にはじまった「湾岸戦争」がまるで「テレビ番組」のように家庭に届くことに違和感と嫌悪感をもち、一気に書き上げたのが**『弟の戦争』**である。まるでテレビゲームを見ているように「湾岸戦争」を見ている人びとと違い、共感する力の強い弟の身体にイラクの少年兵の霊が憑依し、イギリスにいながら危険な状態に陥《おち》る弟の姿が兄の口から語られる。幽霊は、あの世とこの世を行き来したが、ここでは、二つの空間軸を行き来する全く新しい文学作品となった。

ウェストールは、1993年に急死したので、本作が「傍観《ぼうかん》していた戦争は、実はどこの家族にも起こる問題である」のを予知した遺書となってしまった。

21世紀の現在、戦争は地球規模で拡大している。過去の声を聴き、地球上の遠く離れた地域での争いであっても自分と繋がっているという共感覚を持つ意味は、より強くなっている。荒々しい語りで、ウェストールは「いま」を見極める眼をひらいてくれる。

『ブラッカムの爆撃機：チャス・マッギルの幽霊／ぼくを作ったもの』　金原瑞人訳
2006(1975)　岩波書店

『弟の戦争』　原田勝訳
1995(1992)　徳間書店

読みつぎたい

戦争と平和の絵本〈海外編〉

土居安子

『風が吹くとき』を読んだ時のショックは忘れることができない。イギリスの田舎に引退して穏やかな日々を暮らす老夫婦の様子が描かれる細かいコマの連続のページと、見開きいっぱいに描かれる原爆の風景のページのコントラストが人々の暮らしをすさまじい力で破壊する原爆の恐ろしさを表現している。老夫婦は、ぽつんと建っている一軒家でニュースや新聞を頼りに政府の指示通り、死の灰を避けるシェルターを作る。ところが、原爆が落とされた後、電気も水道も止まってしまい、放射能を浴びた雨水を飲み、歯茎《はぐき》から血を出してどんどん弱っていく。この作品の深さは、善良な老夫婦を単なる被害者としてのみ描いていない点にある。政治的なニュースより日々の食事を気にする様子、原爆に対する知識のなさ、敵国をドイツだと間違えて非難する様子、一方で、敵兵にもいい人がいると発言することなど、夫婦を無知と無関心と偏見と寛容が入り混じった矛盾する存在として描いており、それは自分を含め、多くの読者と重なる人物像なのである。彼らが死んでいく様子を見ながら私たちは何をしなければならないのか、忍びよる核の脅威《きょうい》を感じつつ作品を読み終えることとなる。1986年にアニメーション映画化されて話題になった。

『風が吹くとき』
レイモンド・ブリッグズ作
さくまゆみこ訳
1998(1982)
あすなろ書房

この本以上に寓話《ぐうわ》性の高い絵本に『六にんの男たち』がある。平和に働いて暮らすことのできる土地を求めて歩いていた6人の男たちが、土地を見つけ、余剰《よじょう》生産物ができたため、盗まれまいと見張りの兵士を雇い、次に兵士に略奪を命令し、ついには川向うの人たちと戦争し、多くの命が失われる。

そして、最後は、両岸で生き残ったそれぞれ6人の男たちが平和に働いて暮らすことのできる土地を求めて歩き続けるという皮肉に満ちた内容。モノクロにペン画のみで描かれる画面が、哲学的な思考を促している。

『六にんの男たち
：なぜ戦争をするのか？』
デイビッド・マッキー作
中村浩三訳　1975(1972)
偕成社

寓話性は時にユーモアとも結びつく。**『大砲のなかのアヒル』**は、大砲の中にアヒルが巣を作り、卵を生んだために、将軍は戦争を仕掛けている市長のところへ休戦を申込みに行き、市長の娘に恋をする。また、休戦中の兵士に食料確保のため、町のペンキ塗りを命じる。そして、ついにアヒルの子が生まれた時には、兵士はせっかくペンキできれいにした町を大砲で攻撃したくないと言い、将軍は市長の娘と結婚する。アヒルの命の誕生が戦争を止めたというストーリーが、もったいぶった将軍像をはじめとするユーモラスな絵で語られている。

『大砲のなかのアヒル』
ジョイ・コウレイ文
ロビン・ベルトン絵
ロニー・アレキサンダー＋
岩倉務訳
平和博物館を創る会編
平和のアトリエ
1990(1984)

一方、第二次世界大戦中のユダヤ人について描いた絵本に**『おもいだしてください　あのこどもたちを』**と**『トミーが三歳になった日』**がある。

前者は写真絵本。まずは、ナチスがやってくる前のユダヤ人の子どもたちの暮らしが6ページにわたって紹介されており、学校や教会や路地で生き生きと暮らしている様子が読み取れる。ナチスの台頭とともに、胸にユダヤの星のアプリケを縫い付けさせられた様子、学校や教会の閉鎖、住居からの強制立ち退き、路上での貧しい暮らしを強いられ、家族と離ればなれにされたり、兵士に銃を突き付けられたりした人たちの写真も紹介される。そして、最後に、森の中に隠れたり、ユダヤ人であることを隠したりして生き残った人や、イスラエルに渡って命が救われた人の写真が紹介される。これらの写真はすべてエルサレムのナチス虐殺《ぎゃくさつ》記念館に収蔵されている写真から構成されており、モノクロ写真から人々の苦しみや悲しみが書かれている言葉以上に伝わってくる。

『おもいだしてください
あのこどもたちを』
チャナ・バイヤーズ・アベルス構成・文　おびただす訳
汐文社　2012(1983)

『トミーが三歳になった日』
ミース・バウハウス文
ベジュリフ・フリッタ絵
横山和子訳　1982
(1980) ほるぷ出版

後者はテレジンのユダヤ人収容所で建物の製図を担当していたベジュリフ・フリッタが3歳の息子のために密かに描いていたスケッチブックの絵を元に構成された絵本。「トミーのお誕生日はどうだったの?」「トミーは、どこでくらしていたの?」など、子どもが疑問を持ちそうな質問に答える形で、トミーの家族の収容所での暮らしがフリッタの絵とともに紹介されていく。ユーモラスなトミー像が勢いのある筆遣いで描かれ、フリッタがトミーを強く愛し、自由を渇望《かつぼう》している様子が読み取れる。作品には「トミーとお父さんの旅」という約20見開きの絵本が含まれており、「将軍になろうなんて、けっして夢にも、思わないでおくれ!」というメッセージが強く心に響く。この本のあとがきには、戦争を生き延びたトミーのその後が書かれており、ナチスの行為は戦後も人々の暮らしに深い影を落とし続けたことがわかる。

『リスの目』も実話を元にした絵本。空襲が激しくなるフィンランドのヘルシンキからスウェーデンに疎開した8歳の少女の物語で、町が破壊され、家族と離れて暮らしながらも、自分の好きなもの、興味のあることだけに心を傾けて生き抜いてきた少女が、帰宅し、母と再会することによって、周りの世界を認識した様子が描かれている。点描画的な手法で描かれた幻想的な絵が、少女の心に広がる世界を表現していて美しい。

『リスの目』
ベロニカ・レオ作
木村由利子訳
奥田継夫解説　1992(1990)
ほるぷ出版

　戦争が終わった後の平和を味わえるのが**『アンナの赤いオーバー』**。戦争が終わってアンナに新しいオーバーが必要だと決心したおかあさんは、お百姓さんのところで金時計と交換に羊毛を手に入れ、ランプとひきかえに糸つむぎのおばあさんに毛糸を紡いでもらい、母子でコケモモを摘んで毛糸を赤い色に染め、機屋さんと仕立て屋さんの手を借りてオーバーが完成する。そして、アンナたちは、オーバーに関わってくれた人全員をクリスマスイブに招待する。冬にお百姓さんを訪れて、羊毛を手に入れるまで春まで待たなければならなかったり、糸を紡ぐのに春から夏までかかったり、時間をかけてオーバーがゆっくり出来上がっていく過程が、「平和」を感じさせる。赤いオーバーの絵がお母さんの愛情と手づくりの温かさを表現している。

『アンナの赤いオーバー』
ハリエット・ジィーフェルト文
アニタ・ローベル絵
松川真弓訳　1990(1986)
評論社

　この原稿を書くにあたって2000年以前に海外から出版されたこのテーマの絵本が少ないことに驚いた。その中で選んだ7冊の中には、『トミーが三歳になった日』や『リスの目』のように絵本としては文字が多く、今の読者には読みにくいと感じられる作品もあるが、その時代だからこそ作られた作品という意味で手渡していきたい。

第3章

声なきものたちの戦争

戦争で苦しむのは、人間だけではありません。
動物や植物、建物も傷つき、耐えているのです。
声なき声に耳をすます本 14

フィクション　絵本

オットー

戦火をくぐったテディベア

トミー・ウンゲラー／作　鏡 哲生／訳
2004年（2003年）　評論社　32p

●時代背景　ヨーロッパ～アメリカ／第二次世界大戦前1935年～戦後
●キーワード　テディベア　親友　居場所　ショーウィンドウ　新聞　骨董屋　差別　黄色い星　空襲　防空壕　ユダヤ人

ぼくからすれば、人はだれもが同じ「人間」なんですけどね……。

デビッドの誕生日のプレゼントに贈られた「ぼく」は、テディベア。デビッドと親友のオスカーは、ぼくにオットーという名をつけてくれた。いつだって、3人はいっしょ。幸せな、ぼくたちだった。頭からインクをかぶって、しみをつくったこともあったけど。

けれど、おだやかな日々は続かなかった。

戦争。そしてデビッドは、ユダヤ人であることを意味する黄色い星を、身につけなければならなくなった。そう、ぼくからすれば、人は誰もが同じ「人間」なのに。

ある日、デビッドと両親は、黄色い星をつけた他の人々といっしょに、トラックに乗せられた。デビッドは、ぼくに言った。

「オスカーのこと、よろしくたのんだよ」

やがて、オスカーの父親も軍隊に召集されて、前線に送られた。

ぼくはオスカーに抱えられ、逃げまどった。

街は廃墟《はいきょ》になって、兵隊に踏みつけられそうになった時……。何かが、ぼくの胸につきささった。兵隊にあたるはずの銃弾を、ぼくは身体でさえぎったのだ。兵隊のチャーリーはぼくを命の恩人と呼んで、戦争が終わると、ぼくをアメリカに連れ帰った。

いろんなことがあった、そのあとも。

気がつくとぼくは、骨董屋《こっとうや》のショーウィンドウにいた。ある日、ひとつの視線がぼくを見つめていることに気づいた。窓越しにぼくをとらえ、その場を動こうとしない老人。遠い国からの観光客であるらしい老人は、しぼりだすような声で、ぼくの名前を呼んだ。

「オットーじゃないか！」デビッドとぼくは再会した。そして、もうひとつの再会が待っていた。戦争について、差別について考えたい一冊。

（落合恵子）

フィクション　絵本

鳥よめ

あまんきみこ／作　山内ふじ江／絵
2014年　ポプラ社　31p

●時代背景　日本／第二次世界大戦1945年頃
●キーワード　夫婦　鳥　日本の海　灯台　日本兵　空襲

日本じゅうの　灯台のあかりが　消えました

岬《みさき》に立つ小さな灯台《とうだい》のあかりを一人で守る周平さん。ある日、彼のもとへかわいく笑う一人の娘があらわれました。娘は周平さんに助けてもらったかもめだと言い、その日から娘はいっしょに暮らし始めました。若者が皆、兵隊になる時代の話です。

娘との生活は笑いに包まれ胸がほかほかとあたたまる時間でした。周平さんにとっては初めて感じる幸せな時間でした。そして、二人は夫婦になります。娘から「鳥よめ」としての「おきて」を聞かされた周平さんは、何があってもその「おきて」を守りました。娘もまた、人間に姿を変えてまで会いたかった周平さんとの生活を大切に思っていたからこそ「おきて」を教えたのでしょう。周平さんの心の中に温かいものが住み着いていく様子は読む者の心にも温かさをもたらします。二人の幸せを守るため、鳥よめの「おきて」を守る周平さんの姿にその「愛」の深さを感じます。

やがて灯台にも戦争の足音が聞こえてきます。海の命を守るための灯台のあかりが消され、白いと敵の目印になるからと色を塗り替えられました。周平さん夫婦の住む灯台にも兵隊たちがやって来て、それまでの生活が大きく変わります。そして、事件は起こりました……。

片付いた部屋、ふっくりとしたご飯とありあわせのおかず、お互いの笑い声——ささやかだけれどあたたかな毎日。二人の幸せな時間は、「おきて」を守りきれず、戦争によって終わりを迎えます。どんな小さな幸せも奪い去ってしまうものが戦争です。二人の「愛」は悲しみとなり、海の底に消えました。

戦争は愛する人と生活を紡ぐことも許さず、悲しみしか生み出さないことを静かに深く語ってくれる一冊です。（町田ひろみ）

ノンフィクション　写真絵本

ぼくは、チューズデー

介助犬チューズデーのいちにち

ルイス・カルロス・モンタルバン＋ブレット・ウィッター／文
ダン・ディオン／写真　おびかゆうこ／訳
2015年（2014年）　ほるぷ出版　40p

●時代背景　アメリカ合衆国　イラク／イラク戦争後2008年以降

●キーワード　介助犬（補助犬）　障がい　PTSD　TBI　兵士

ルイスは、ぼくの　ともだちなんだ

ルイスの足首に頭を乗せて、おだやかだけれど、ちょっと茶目っ気のあるまなざしでじっとこちらを見つめる犬、チューズデー。表紙の写真は介助犬チューズデーとルイスの関係のすべてを物語っている。

この写真絵本は、主人公チューズデーがパートナーであるルイスとの一日を語る。寝ているルイスの鼻をぺろぺろなめて起こし、ルイスが目を覚ましてチューズデーを抱きしめ、チューズデーがルイスにくつを持っていく。遊園地で一緒に遊び、同じベッドでねむる。

アメリカ合衆国に住むルイスは、17年間アメリカ陸軍に在籍《ざいせき》し、イラクで大けがをして心的外傷後《しんてきがいしょうご》ストレス障害（PTSD）と外傷性脳損傷《がいしょうせいのうそんしょう》（TBI）を負い、足に痛みを感じるため、杖《つえ》をついて歩いている。

ルイスの障がいの詳細は巻末の「ルイスからのメッセージ」に書かれているが、本文でも、「ひるまも　ときどき　こわいゆめをみる。せんそうで　みたことが、めのまえに　あらわれるんだ」という言葉や、アパートの入口の階段に不安そうに座っているルイスと、彼に寄りそうチューズデーの写真、「ルイスは　ひとが　たくさんいるところが　にがてだから、ちかてつに　のると、ぼくを　ずっと　だきしめている」という言葉とその写真などから、ルイスの状況がわかるようになっている。

チューズデーが他の犬と遊んだり、ルイスと犬のビデオを見たり、歯磨きをするなどの楽しくユーモラスな場面もあり、ルイスとチューズデーが信頼しあっている様子が絵本全体から読み取れる。

この本は、「戦争」をテーマにした本というよりは、介助犬を紹介した絵本だが、兵士として戦争に参加することが、いかに身体的かつ精神的に人を傷つけるかが伝わってくる。

（土居安子）

フィクション　写真絵本

さがしています

アーサー・ビナード／作　岡倉禎志／写真
2012年　童心社　32p

●時代背景　広島／原爆投下1945年8月6日～現在まで
●キーワード　おはよう　がんばれ　いただきます　いってきます　ただいま　ウラン　核分裂　原子爆弾　放射能

なにを　べんきょうしたら　いきのこれたか
ぼくは　さがしているんだ

たとえば靴が、弁当箱が、軍手が、鉄びんが、メガネが、日記帳が、鍵束《かぎたば》が、義歯が、肩からさげる布袋が、帽子が、ワンピースが……。それら、それぞれの「もの」たちが自らの言葉で「あの日」を語ったとしたら。

あの日、1945年8月6日午前8時15分。「ピカドン」が投下されたあの日である。

ヒロシマの、あの瞬間を、そしてその後を「もの」たちがそれぞれの言葉で語り始める。

爆心地から200メートルのところにあった床屋さん。壁で時を刻んでいた時計。針は、8時15分で、止まったまま。どんなに時がすぎても、わたし（時計）の「いま」は、あの日の8時15分。いつまでたっても、そのまま。だから、わたし（時計）は、さがしつづけている。「おはよう」の朝に続く「こんにちは」を。

たとえばぼくは、弁当箱。持ち主は、レイコちゃんという名の12歳の女の子。けれど、レイコちゃんはあの日、お弁当を食べることはできなかった。だからぼく（弁当箱）は、彼女が言えなかった「いただきます」を、あの日からずっと探しつづけているのだ。

タモツおじさんが使っていたメガネ。新聞を読む時、鼻の上にチョウチョウみたいに止まっていたのが、ぼく。けれど、タモツおじさんは……。

中学生の頭にのっていた帽子も、はめてくれるひとを失ってしまった軍手も、「もの」たちはずっと探しつづけている。元気な「あそぼ」の声を。自分たちの持ち主を。そうして、あの日、ヒロシマで起きたことを充分に伝える、ことばそのものを。

世界中の、すべての人々に、「もの」たちは語る。今後もずっと。（落合恵子）

フィクション　絵本

ワニのお嫁さんと ハチドリのお嫁さん

清水たま子／文　竹田鎮三郎／絵
2013年　福音館書店　52p

●時代背景　メキシコ／むかし

●キーワード　神さま　結婚　お嫁さん　ワニ　ハチドリ　メキシコ　部族対立

おまえたち、ながいあいだ戦争をして、なにかよいことがあったか？

むかしむかし、メキシコにはたくさんの国があったが、ウワベ国とチョンタル国という、となりあった二つの国は仲が悪くけんかばかり。百年以上も戦争が続き、しまいにどちらの国もすっかり荒れ果ててしまった。業を煮やした守り神のヘビの神様、ヒョウの神様は、両国の長老を呼んで、それぞれ相手の国に嫁をやって親戚《しんせき》になればけんかもしなくなるだろうと提案した。けれども、人間の娘はみな怖がり、行くことになったのは、それぞれワニとハチドリのお嫁さんだった。

いったん始めると、どこまでもエスカレートしていく争いが前半で描かれる。いつになったら終わるんだろう、そんなことしないで、みんな仲良くしたら、幸せで豊かに暮らせるのにね、と読んでいると自然と思えてくる。

国の平和のために女性を嫁《とつ》がせるというと、えっと思うかもしれないが、最後に人間の姿になるワニとハチドリのお嫁さんはどちらも、男性を動かす生命力があってたくましい。

メキシコ在住の画家が描いた、メキシコの古い絵文書からとった神々や戦士のモチーフ、メキシコらしい動物や植物が描きこまれた絵も本書の魅力だ。神々や天体、生き物や植物や人間、すべてが調和したおおらかな絵には、西洋や日本とは違った世界観が見てとれて興味深い。

オアハカのチョンタル族の村では今も祭りの日に、この物語で出てくるように、口をリボンでしばったワニの花嫁と人間の男性が結婚式をあげるそうだ。

昔話風だが、これはその伝統行事から想を得て書かれた創作物語。

（宇野和美）

ノンフィクション　写真絵本

アンネのバラ

40年間つないできた平和のバトン

國森康弘／文・写真
2015年　講談社　47p

●時代背景　東京（杉並区）／1976年以降

●キーワード　バラ　命のつながり　中学校　アンネ・フランク　第二次世界大戦　ホロコースト　育てる　語り継ぐ

それは命のバトンリレー

「アンネの日記」は誰もが知っているだろう。戦時下での隠れ家生活の中で希望を失わず、生き生きとした目で人間の本質を見つめ平和を望んだ彼女の日記は、世界中で読み継がれている。あまり有名ではないが、この日記以外にもアンネの残したものがある。それが「アンネのバラ」だ。

杉並区の高井戸中学ではアンネのバラを育ててもう40年になる。1959年にアンネの父オットーが出会ったベルギーの園芸家が「アンネ・フランクの形見」と名付けてアンネにささげた、新種のバラ。なぜ、そのバラが日本にあるのか。

40年前、教科書でアンネを知った生徒たちは、アンネの虜《とりこ》になった。そして、彼女の形見のバラを育てたいと父オットーに手紙を送った。アンネのバラが日本に来るには、大変な苦労があったという。学校に植えられたのはわずか3株。このバラを美しく咲かせ続けることは決して簡単なことではなかっただろう。たびたび消えかかりそうになる命を必死に繋《つな》ぎながら、2004年には「アンネのバラ委員会」を立ち上げ、時には地域の人の手も借りながら、平和の象徴として「世界につながる平和のかけはしを作りたい」と、一株一株大切に育ててきた。自由に生きたかったアンネと同じくらいの年代の子どもたちの手によって、大事に受け継がれている様子が写真からしっかりと伝わってくる。それは、これから先の未来を守っているようにも見える。

高井戸中学の子どもたちが大切に守り続けてきた平和のシンボル。絶えることなく咲き続けて欲しい。死んでもなお生き続けることが望みだったアンネは、こうしてたくさんの人々に生きることの素晴らしさや平和の尊さを、語り継いでいる。

（兼森理恵）

ノンフィクション　写真絵本

地雷のない世界へ
はたらく地雷探知犬

大塚敦子／写真・文
2009年　講談社　48ｐ

●時代背景　カンボジア　ボスニア／現在　カンボジア内戦（1970-1992）
●キーワード　犬　訓練　地雷　地雷探知犬　報道写真家

これでひとつ、だれかの命が助かりました

　フォトジャーナリストによる写真絵本。最初にカンボジアの広い野原の写真があり、ここでサッカーができたらなあ、と思いながら見ている子どもたちも写っている。でも、そこには危険をあらわすどくろマークの標識が立っていて入れない。地雷が埋まっているからだ。

　地雷は世界中あちこちに埋められていて、戦争が終わったあとも、人々のくらしをおびやかしている。うっかり踏んでケガをしたり死んだりする人もいる。

　そこで、いろいろな機関や団体が地雷を取り除く仕事をしている。カンボジアでは、訓練された探知犬が人間と一緒に働いている。犬たちが生まれて訓練されたのはボスニア・ヘルツェゴビナで、自国内にも内戦で地雷がたくさん埋まっている。ここで、愛情をいっぱいかけられてさまざまな訓練を受けた犬たちは、カンボジアでさらに訓練を受け、ハンドラーと呼ばれる人とペアになって地雷を探す。探知犬たちは、ハンドラーの人たちからもとても大切にされている。

　探知して除去するのには、長い長い時間がかかるというが、地雷が埋まっていた原っぱがきれいになって学校ができ、校庭で子どもたちがサッカーをしている写真もあって、読者の子どもにも成果が伝わる。

　巻末には著者による、地雷についてのより詳しい情報が載っている。

　同じ著者による**『はたらく地雷探知犬』**（講談社青い鳥文庫　２０１１）は、探知犬の訓練の様子、日本の支援、地雷が埋められた背景、さまざまな除去方法、ボスニアで会った犬たちのその後、ハンドラーの一日などについて、さらに詳しくわかるように書かれている。

　犬たちがかわいくて、りりしいので、犬好きな子どもたちにも、ぜひ読んでもらいたい。

（さくまゆみこ）

ノンフィクション　写真絵本

地雷をふんだゾウ

藤原幸一／写真・文
2014年　岩崎書店　31p

●時代背景　タイ　スリランカ　東南アジア／現代
●キーワード　ゾウ　家畜　森　保護施設　地雷

アジアゾウも戦争の被害者

アジアゾウを紹介しながら地雷の問題を浮き彫りにする写真絵本。年齢の低い子どもたちにも、戦争について考えるきっかけを与えてくれる。

東南アジアの家畜化されたゾウは、特に森で伐採した材木を積み上げたり運んだりする仕事をずっとになってきた。しかし、木を切りすぎたせいで洪水が起こるようになり、タイでは森林伐採《ばっさい》が禁じられた。森で働いていたゾウは仕事を失って、物乞いをさせられたり、観光の手段に使われたりするようになっている。

一方、ベトナム、ラオス、カンボジア、ミャンマー、スリランカなどでは、戦争や内戦のせいで、たくさんの地雷や不発弾が今でも埋まっていて、踏んでしまうゾウが後を絶たない。足をふきとばされたゾウは、みずからの体重を支えることができずに、死んでいく。これまでに地雷を踏んで死んだアジアゾウは、なんと1万頭以上もいるという。

著者は、タイやスリランカにあるゾウの保護施設を訪れ、奇跡的に生き残ったゾウについても伝えてくれる。中には、繁殖《はんしょく》用に売りに出されたものの、出産しないので次々に持ち主が変わったあげく、保護施設にやってきて、ようやく安心して元気な子どもを産んだというゾウもいる。

一方には、思うように働かないゾウを虐待する人間もいるが、もう一方にはこうした保護施設を作る人間もいるのを知ることは救いだ。

「終わらない悲しみ」という後書きでは戦時中の上野動物園でのゾウの悲劇にも触れているが、アメリカの飛行機が爆弾を雨のように降らせたので、檻《おり》が壊されて動物が外に出て暴れたら大変だとゾウまでもが殺された、と書かれたくだりは事実と違う。くわしくは本ブックガイドのコラム（p90）を参照されたい。

（さくまゆみこ）

ノンフィクション　読物

ハンナのかばん

アウシュビッツからのメッセージ

カレン・レビン／著　石岡史子／訳
2002年（2002年）　ポプラ社　176p

●時代背景　東京　カナダ／2000年　第二次世界大戦1930〜45年
●キーワード　家族　チェコスロバキア　博物館　カバン　名前　旅　謎解き　強制収容所　ホロコースト　ナチス

なんとか子どもたちの質問に答えたい……。
このかばんの持ち主のことを調べてみよう！

２０００年、東京。ホロコースト教育資料センターの所長である石岡史子は、アウシュビッツ博物館からセンターに展示するための収容所の遺品を受け取った。その中のひとつに茶色い旅行かばんがあり、そこにはハンナ・ブレイディという名前と１９３１年５月16日生まれであること、孤児ということが書かれていた。石岡はセンターに来る子どもたちにかばんの由来や、持ち主のことを聞かれ、調査することにする。

まず、石岡はホロコースト博物館に手紙を書き、テレジン収容所にいたこと、１９４４年10月に13歳で亡くなったという情報を得る。次に、テレジン収容所で描いたハンナの絵の写真を送ってもらい、やっとの思いでテレジン博物館を訪れるが、休館中。翌朝の帰国が決まっていたため、資料館の女性に無理を言って調査を依頼し、帰国ぎりぎりに、ハンナの兄がカナダで生存していることを突き止める。

この本は、石岡の調査の過程とハンナの生涯が交互に語られており、読者も共に謎解きをしているような気持ちで読み進めることができる。ちょうどハンナの兄の生存がわかる直前の章で、ハンナはアウシュビッツへ移送され、かばんを置いて、大きな建物の中に入っていく。

それ以降の章では、石岡とともにセンターで活動する子どものグループとハンナの兄ジョージとの交流が紹介され、最後はジョージと娘のララ・ハンナが来日して、かばんと再会するまでが描かれる。

読者は、ハンナの写真が多く使われていることで、ハンナを身近に感じ、かばんに書かれた名前がただの文字から一人の命輝く少女として立ち上がってくる過程を体験することで、ホロコーストのおそろしさを実感する。

（土居安子）

フィクション　読物

戦火の三匹
ロンドン大脱出

ミーガン・リクス／作　尾高 薫／訳
2015年（2012年）　徳間書店　261p

●時代背景　イギリス／第二次世界大戦中1939年
●キーワード　イギリス　ペット　犬　猫　鳩　兄妹　疎開　殺処分

死ななきゃならないペットなんて、ただの一匹もいるはずないよ

1939年の秋、英国が第二次大戦に参戦し、ロンドンの子どもたちの疎開《そかい》が始まった。ロバートとルーシーの家では、父が空軍のパイロット、母はテムズ川の船上病院の看護婦として働かなければならず、兄妹はデヴォン州の祖母の家に疎開することになった。

家で飼っていた牧羊犬のローズ、ジャックラッセル犬のバスター、猫のタイガーの3匹は、母の友人の家に預けられる。しかし、その友人の夫がペットを安楽死させる施設に連れて行ってしまう。

3匹は何とか逃げ出し家に戻るが、そこには誰もいなかった。そこでローズは2匹を連れて、昔住んでいたデヴォン州の家をめざして歩き始めた。食べ物を手に入れるためゴミ箱をあさり、公園で鳩や魚をとろうとするが、なかなかうまくいかない。罠《わな》にかかってけがをしたり、動物好きな人たちに助けられたりしながら旅を続けるうちに、3匹は次第にたくましくなり、狩りもうまくなっていく。一方、疎開した兄妹は、新しい生活や学校になじめないまま、3匹の無事を祈っていた。

戦争が始まって日常生活が壊れ、ばらばらになってしまった一家と3匹のペットが、困難を乗り越えて再会するまでの4ヵ月間の物語。動物を擬人化せずに、ユーモアをまじえながらその行動をリアルに描く。子どもたちに身近な存在であるペットや、牧羊犬、救助犬、伝書鳩など人間のために働く動物を取り上げることで、戦争によってどんなことが起きるのか、自分だったらどう行動するかということを考えさせる。動物の大量処分という事実を扱い、物語の最後でも戦争は続いているが、厳しい状況の中でも動物を愛しその命を守ろうとする人々の姿に救われる。

（佐川祐子）

ノンフィクション　読物

ガマ
遺品たちが物語る沖縄戦

豊田正義／著
2014年　講談社　189p

●時代背景　沖縄／第二次世界大戦1945年　2013年
●キーワード　沖縄、家族、ボランティア、犬、硯、時計、アルバム、遺品　沖縄戦　兵士　少年兵士　防空壕（ガマ）

この硯が戻ってきて、六十年ぶりに母ちゃんと再会したような気持ちだ……

沖縄の自然にできた洞窟《どうくつ》（ガマ）には、今も多くの骨や物が埋まっている。この本は、ボランティアによって発掘され、持ち主や親族に届けられたモノと、かつてのアメリカ兵が親族に返した遺品が語る物語を著者の想像を交えながら紹介している。

一つめは、硯《すずり》。これは、小学校を首席で終えた哲也が、ガマの中で失くした物だった。哲也は母と二人暮らしで、小学生の間は自分の硯がなくて先生に借りていたが、中学生になったお祝いに母が買ってくれたかけがえのないものだった。アメリカ軍の攻撃とともに、硯を持って母子で逃げたガマでは、過酷な運命が待ち受けていた。哲也は生き延び、硯に再会して、「母ちゃんと再会したような気持ちだ」と語る。

二つめは目覚まし時計。アメリカ兵が投げた手りゅう弾のためにガマが崩れ、岩に足をはさまれて死んだ16歳の新太の骨の周りには、ふたの空いた缶詰と目覚まし時計が埋もれていた。目覚まし時計は、実は同じガマにいた少女の持ち物であり、少女は新太から家族に自分の最期の様子を知らせて欲しいと腕時計を渡されていた。

三つめはアルバム。元アメリカ兵のゴードンさんが戦利品としてアメリカに持ち帰った現地の人のアルバムを持ち主に返したいと84歳になって沖縄戦の戦没者追悼式に参加したところから話が始まる。琉米史研究会の喜舎場さんは写真から場所を特定し、親族を探し当て、アルバムの持ち主が当時、妊娠していたことがわかる。

三つのモノからは、未来を信じて生きる若者たちが、沖縄戦を通して命や自由を奪われる様子、日本兵とアメリカ兵の板ばさみになって理《り》不尽《ふじん》にも死を選ばざるを得なかった状況が読み取れる。

（土居安子）

ノンフィクション　読物

広島の木に会いにいく

石田優子／著
2015年　偕成社　239p

●時代背景　広島／第二次世界大戦1945年8月6日〜
●キーワード　広島　樹木医　原子爆弾　被爆樹木　植物　映像作家　語り継ぐ

木のことは時間をかけて見てください

1945年8月6日、広島で原子爆弾によって人びとと共に焼き尽くされた樹木たち。灼熱《しゃくねつ》の地獄を耐え、被爆後も芽を吹き、今も広島の街に生きる木がある。本書は映像作家である著者が「被爆樹木」と呼ばれる木たちを樹木医と一緒に訪ね、その声に耳を傾け、まとめた記録である。

まず著者は樹木医の堀口力《ちから》さんに仕事や、被爆樹木について話を聞く。矢継《やっ》ぎ早に質問をする著者に、「わたしの話をきくまえに、まずは、あなたがひとりで見てまわって、感じてみたらどうですか？」と堀口さんは答える。「急いで答えや結果を出そうとすると見えなくなってしまうものがありますよ。木のことは時間をかけて見てください」。この言葉を受けて「あせらずにすこしずつなかよくなろう」とひとりで街にでかける。

そして戦前や戦争直後の木のことを覚えている人から話を聞きたいと会ったのが、被爆当時10歳だった北川さん、少し年上の15歳だった登世岡さん、被爆2年後に被爆樹木の調査研究をした勝田さんだ。北川さん、登世岡さんの被爆体験、勝田さんの「生き残った者の責任」としての孤独を味わいながらの調査の話は胸に迫る。被爆体験を語ることは決して楽ではないはずだが、二度と同じ思いをする人が現れてほしくないという、祈りにも似た願いがこめられているように思う。

写真やイラストがふんだんにあり、テーマが重いわりには手をのばしやすい本になっている。本書を読むと、木の「生きることをけっしてあきらめない強さ」が感じられ、木への愛情があふれてくる。この本を片手に広島の木を訪ねてみたい。それが無理ならまずは、身近な庭や公園などの木の声を聞いてみたいものだ。

（菅原幸子）

ノンフィクション　写真集

平和を考える 戦争遺産図鑑

安島太佳由／写真・著　吉田裕／監修
2015年　岩崎書店　176p

●時代背景　サイパン島　グァム　硫黄島／太平洋戦争後1945〜68年
●キーワード　アジア　太平洋戦争　防空壕　生物兵器　連合艦隊

戦争遺産には未来に向けた平和への願いがこめられています

アジア・太平洋戦争が終わってから70年以上過ぎたのに、戦争のときに爆撃《ばくげき》された建物や兵器の残骸《ざんがい》がたくさん残っている。それは戦争の記憶を忘れさせないために、平和を訴え続ける「声なき証人」たちだと、この本ではのべている。

世界文化遺産にも登録されている広島の原爆ドームなどの他、各地の戦争遺産が、たくさんの写真で紹介される。長崎の原爆投下で破壊された浦上天主堂の残った一部や、爆風で首が無くなった無残な聖人像。10万発の砲弾を撃ち込まれ、55万人のアメリカ兵が上陸してきて地上戦となった沖縄では、ガマと呼ばれる自然の洞窟《どうくつ》が、野戦病院として使われ、その跡も残されている。米軍に追い詰められ、生きたままつかまるのは、日本人の恥《はじ》だと教えられ、集団自決といって、みんな一緒に自殺し、赤ちゃんまで殺されたガマもあった。

大都市に残る軍の建物や軍事施設、軍需《ぐんじゅ》工場などの遺産の中には、今も使われているものもあって、こんな所にもと、あらためてびっくりさせられる。毒ガスを製造し貯蔵してあった広島県の大久野島は、秘密のために戦時中は地図から消されていたという。激戦地となった太平洋の島々には、高射砲や爆撃機の残骸が草木におおわれそのまま残っている。日本の植民地にされた韓国、台湾、旧満州に残された遺産の数々からは、深く考えさせられる。旧満州での、日本兵による村民虐殺《ぎゃくさつ》事件で生き埋めにされたという人々の、散らばった骸骨《がいこつ》には目をそむけたくなる。

一枚一枚の写真を解説とともに見ながら、想像力を働かせてみよう。戦場のすさまじさや、亡くなった人の思いがよみがえってくるようだ。戦争遺産は、平和の教科書だ。

（野上　暁）

フィクション　読物

ボノボとともに

密林の闇をこえて

エリオット・シュレーファー／作　ふなとよし子／訳
2016年（2012年）　福音館書店　400p

●時代背景　コンゴ民主共和国／現代
●キーワード　ボノボ　避難　環境保護　野生動物保護センター　サバイバル

中に足を踏み入れると、もうそこは密林だった

　ボノボはチンパンジーによく似た類人猿で、コンゴ民主共和国に生息している。物語の主人公は14歳のソフィー。ふだんはイタリア系アメリカ人の父親とフロリダで暮らしているが、夏休みはコンゴ人の母親と一緒にコンゴで過ごす。母親はボノボの保護センターを運営している。この年、コンゴに到着して母親のもとへ向かう途中、ソフィーは道端で売られている貧弱な赤ちゃんボノボを見つけて、運転手の制止も聞かず買い取ってしまう。

　運転手が止めたのは、野生動物を違法に売って金儲《かねもう》けをする人たちと、ソフィーの母親たちが戦っているからだ。お金になるとわかれば、ボノボの家族を殺して肉として売り、赤ん坊はペットとして売って儲けようとする人間を増やすことになる。

　ソフィーは買い取ったボノボにオットーという名前をつける。母親は二度と同じことをしないように約束させたうえで、オットーの世話をソフィーに任せ、責任を持つように言い聞かせる。

　母親が保護区に出張し、ソフィーがオットーやセンターの職員たちと留守番をしていると、大統領が撃たれて内戦が起こる。職員たちも撃たれてしまう。ソフィーはひとりでオットーを連れ、暴れ者の兵士カタカタたちから身を隠しながら、命がけの避難を始める。その先は波瀾万丈《はらんばんじょう》の冒険物語になっている。内戦が人間だけでなく野生動物の命も容赦なく奪っていくこともわかる。

　それだけではない。資源の豊富なコンゴ民主共和国で、なぜ紛争が絶えないのか、平和を好み争いを嫌うというボノボはどのような生態の動物なのか、そこもしっかりかかれている。著者は、類人猿をテーマにして作品を書いているアメリカの作家。

（さくまゆみこ）

『かわいそうなぞう』をめぐって

――史実と物語のなやましい関係

西山利佳

毎年、8月15日に、戦争反対の願いを込めてラジオで朗読されてきた絵本『かわいそうなぞう』。戦争中、上野動物園で餓死させられたゾウの物語は、たくさんの人に戦争の悲惨さを訴えてきましたが、実は、大事な史実が隠されていたのです……

土家由岐雄の『かわいそうなぞう』（初出1951、絵本版：たけべもといちろう絵　金の星社　1970）を批判した評論を、児童文学評論家の長谷川潮さんが発表したのは、1981年のことです。「ぞうもかわいそう　猛獣虐殺神話批判」と題したその評論は『**戦争児童文学は真実をつたえてきたか**』に収録されています。

『戦争児童文学は真実をつたえてきたか：長谷川潮・評論集』
2000　梨の木舎

『かわいそうなぞう』では、「まいにち　まいばん」爆弾が落とされる中、動物園に爆弾が落ちて猛獣《もうじゅう》が町中へ逃げ出したら危険だからという人道的理由で、猛獣殺害が命令されたことになっています。しかし、上野動物園で象たちが殺された昭和18年はただの一回も空襲はありませんでした。では、なぜその時期に猛獣殺害の命令が下ったのか。それは、日本の戦況が厳しいという事実を伝えることなく、人心を引き締めるのが真の目的でした。つまり、戦意高揚のプロパガンダとして猛獣たちが殺されたのです。

氏の評論が発表された翌年、8月13日にNHK総合で『かわいそうなぞう』の誤りや不備を正した「そして、トンキーもしんだ――子が父からきくせんそうどうわ」が放映され、それが絵本『**そして、トンキーもしんだ**』になりました。また、小学校の国語の教科書からも、「かわいそうなぞう」は消えています。

『そして、トンキーもしんだ』
たなべまもる文
かじあゆた絵
1982　国土社

しかし、批判があることを知ってはいるけれど、低学年の子どもに戦争の悲惨さを伝えるのに、適した作品が他にないという声を聞くことがあります。本ブックガイドでは、幼い人と共有できる作品も多く紹介していますので、ぜひご活用ください。

さて、「この本で、感動して、子どもの中にも戦争反対の意識が育つ。それで良いのでは？」という声も耳にします。では、子どもが感動すれば、事実と違っていてもいいのでしょうか。これに対しては、「ノンフィクション」と謳《うた》ってしまったのはまずいが、フィクションなら良いのではないかという意見もあります。そこで、新たな問題にぶち当たります。「感動」とは何かということです。『かわいそうなぞう』は、「泣ける」が売り文句になることが多い作品ですが、何に泣いているのか、何が感動的なのか、立ち止まって考える必要があるのではないでしょうか。

斎藤憐の**『象のいない動物園』**は、第一部で、上野動物園の動物殺害について物語り、第二部では、戦後再び象を迎えようと動いた子どもたちの行動が描かれています。名古屋の東山動物園では、象殺害の命令に従わず、預かっていた軍馬のための餌を盗んで象を生き長らえさせたという事実も出てきます。悲しみより、作者の怒りと子どもたちの行動が印象深い作品です。

『ゾウのいない動物園：上野動物園ジョン、トンキー、花子の物語』（岩貞るみこ著　講談社青い鳥文庫　2010年）は、大正13（1924）年、ジョンとトンキーが日本にやってきたところから語り起こし、ゾウたちが愛されて生きていた時間を中心に物語っています。東京都長官から「戦争のきびしさを、国民に伝えるため」にゾウを殺せと命令されたことも明記されています。また、過去にジョンが人を傷つけてしまった経緯も出てきて、土家の『かわいそうなぞう』でジョンがあっさり殺害されているのとはずいぶん違っています。（土家作品における3頭のゾウに対する扱いの差に引っかかって、「やっぱり、おとなしくて可愛い方を助けようとするのだなと思った」といった感想に出会ったことがありました。）

歴史的事実を題材にするときに、誤った情報を伝えることは論外ですが、一つの出来事のどこを切り取って、どんな物語として手渡そうとするのか、作者だけでなく、橋渡し役の大人の歴史観、子ども観が問われます。『かわいそうなぞう』はかわいそうと泣いておしまいにしてはいけない問題をたくさんはらんでいます。

『象のいない動物園』
斎藤憐作　1982
偕成社　（偕成社文庫
2012）

Book Shelf

極上のストーリーテリングで　マイケル・モーパーゴの本

さくまゆみこ

戦争を自分のテーマの一つとしている作家にマイケル・モーパーゴがいる。モーパーゴは、第二次大戦中の１９４３年にイギリスに生まれたが、当時父親は徴兵《ちょうへい》されてバグダッドにいたし、幼いマイケルと兄のピーターは疎開《そかい》しなければならなかった。一時は陸軍将校になろうと思ったモーパーゴだが、その後教師になり、作家になった。都会の子どもたちに農場生活を体験させる活動も行っている。著書は１３０点近くにのぼり、２００３年から2年間はイギリスのチルドレンズ・ローリエト（児童書のすぐれた作家に授与される称号。子どもの本の普及のために働く）を務めた。社会問題をリアルに取り上げながら人間の心理をとてもうまく描けることと、時には出来過ぎだと思えるほどのストーリーテラーだということが、モーパーゴの特徴だ。

ここでは、日本で２０００年以降に翻訳出版されたおすすめの作品を紹介したい。

『戦火の馬』
佐藤見果夢訳
2011(1982)
評論社

スピルバーグ監督による映画でも評判になった**『戦火の馬』**は、第一次世界大戦中に軍馬として戦場に連れていかれたジョーイを主人公にして、戦争を考えている。ジョーイはさまざまな人に出会い、過酷な運命に翻弄される。馬なので敵を憎むこともないし、生きる場を人間に決められてしまうのだが、そのせいか戦争の虚しさや悲惨さがいっそう強く浮かび上がる。その一方、ジョーイの命を助けようとする人々の熱い思いも、伝わってくる。

『ゾウと旅した戦争の冬』
杉田七重訳
2013(2013)
徳間書店

同じく、動物を登場させて子どもに親しみやすい物語になっているのが、**『ゾウと旅した戦争の冬』**。舞台はドイツ。ドレスデンで暮らしていた母親と16才のリジーと弟（父親はロシア戦線に送られている）が、第二次大戦で大

『月にハミング』
杉田七重訳
2015(2014)
小学館

空襲にあい、動物園から預かっていた子どものゾウ（！）といっしょに、避難の旅を始める。まず親戚の家に身を寄せようとするが、そこで出会ったのは、なんと敵である英国空軍のカナダ人兵士。この兵士ペーター（ピーター）は、父親がスイス人でドイツ語も話せるのだが、氷の池に落ちた弟の命を救ったことから、避難の旅に同行することに。意外な設定で、最後まで読んで「もしかすると？」と思う読者もいるはずだが、著者にはそれも織り込み済みだろう。危険、恋、裏切り、再会……と、ハラハラさせられる。

『月にハミング』は、第一次世界大戦で豪華客船ルシタニア号がドイツ軍に撃沈されたという史実を片方におき、イギリスのコーンウォール沖合の島で見つかった口のきけない少女が自分を再発見していく過程をもう片方において物語が展開する。少女は、人間味あふれるアルフィーの一家に引き取られるものの、ドイツ人と思われて島民のヘイトの対象になったりもする。謎解きミステリーの要素も強い。

『モーツァルトはおことわり』は、音楽をキーワードにして戦争を考えている。世界的バイオリニストのパオロ・レヴィは、モーツァルトだけは演奏しない。そして、その点に関する問いはタブーになっていた。しかし、ある日、新米記者のインタビューに答えるように、バイオリニストは自分の物語を語り始める。明らかになったのは、ナチスの絶滅収容所にもオーケストラがあって、軽やかで楽しいモーツァルトの曲を演奏しつづけていたということ。演奏が、新入りのユダヤ人たちの恐怖をやわらげ、見せかけの安心をあたえるためだと知りながら、楽団員は自分が殺されないように必死になっていた。そのことが現代の有名なバイオリニストにまで大きな影を落としていたのだ。

『モーツァルトはおことわり』
さくまゆみこ訳
2010(2007)
岩崎書店

『世界で一番の贈りもの』（マイケル・フォアマン絵　佐藤見果夢訳　評論社　2005）は、1914年に、英独両軍の兵士たちが自発的に休戦してクリスマスを祝ったという史実をもとにした物語で、平和のあたたかさと戦争の不条理さを対比させている。

『兵士ピースフル』（佐藤見果夢訳　評論社　2007）は、平和を愛する素朴な兄弟が、第一次大戦で戦場に駆り出されてどんなことを感じ、どんなことを考えるかをリアルに描いている。

読みつぎたい

戦争の物語〈日本編〉

野上　暁

戦争の物語に終わりはない

1945年に戦争が終わった後、子どもの本の作家たちは、二度と子どもたちを戦争に巻き込むことのないようにとの願いを込めて、じつにたくさんの戦争の物語を残してきた。竹山道雄**『ビルマの竪琴』**（1948）、壺井栄**『二十四の瞳』**（1952）は映画にもなって、大人にも読まれた。

戦争が終わってからも、たいへんな目にあった子どもたちがたくさんいた。親を亡くし身寄りのない子どもたちは戦災孤児とよばれ、ホームレスとなった浮浪児《ふろうじ》たちも社会問題化した。

佐野美津男の**『浮浪児の栄光』**（1961　三一書房→1983　小峰書店）は、浮浪児体験をもとにした自伝的な作品だ。主人公は疎開先から中学卒業手続きのため東京にもどった朝、東京大空襲で両親と姉が亡くなったことを知る。いったん祖母の家に引き取られるが、意地悪くこき使われるのに耐えかねて逃げ出し、上野に出て浮浪児の仲間に入る。食べ物を盗んだりして何度も警察につかまり少年院に入れられるなど、子どもでは考えられないような浮浪児の暮しが描かれる。

庄野英二の**『星の牧場』**は、戦争中に軍馬の世話をしていたモミイチ青年が主人公。輸送船で馬を運んでいる途中にアメリカの潜水艦に攻撃され、持ち馬のキクスミを助けようと、船底につながれた馬たちを逃がすのだが、船が沈没した時のショックでモミイチは記憶を失ってしまう。戦争が終わって故郷の牧場に帰ったモミイチが、ときどき幻聴におそわれる中で、愛馬キクスミと出会う夢のような世界が幻想的に描かれ、戦争で失われたものの大きさが美しくも悲しく伝わってくる。

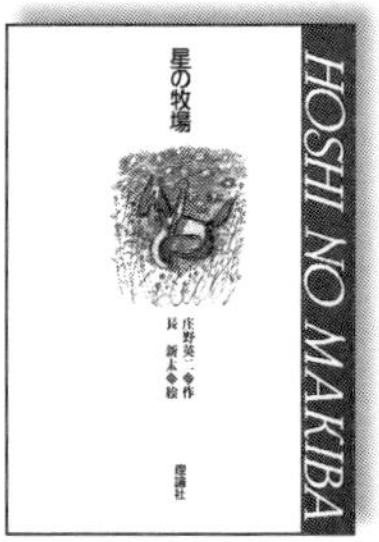

『星の牧場』
庄野英二
2004　フォア文庫
（1963　理論社）

戦争が激しくなると、縁故を頼って疎開したり、集団疎開《そかい》と言って小学校ごとに空襲の心配のない山村に送られる子どもたちもいた。奥田継夫**『ボクちゃんの戦場』**（1971　理論社→2001　ポプラ社）は、集団疎開させられた先での子ども同士の争いを描く。成績がよく級長だった小学4年生の久志が、それを目の敵にしたガキ大将の牧野とさまざまにやりあう、まさに子ど

『ほろびた国の旅』
三木卓　2009　講談社
（1969　盛光社）

もたちの戦場。そこには、いまの学校でも共通しそうな現実感がある。

三木卓『**ほろびた国の旅**』は、子ども時代を満州で過ごした作者が、そこで日本軍が行ったさまざまな事実を、加害者の立場から迫った画期的な作品である。大学受験に失敗した主人公のぼくは、ふとしたきっかけで図書館から満州にタイムスリップする。当時の満州にはいろいろな民族がいた。そこで「五族協和」のスローガンで、日本人は、漢（中国）人、満州人、朝鮮人、白系ロシア人と力を合わせて仲良く暮らすと言っていた。ところが、実際は日本軍による虐殺《ぎゃくさつ》や、土地をうばわれた人々の悲惨な生活、さまざまな人種差別があることを知らされる。

戦争が激しくなると食べるものも少なくなり、そんな中で犬を飼うことも禁止される。椋鳩十『**マヤの一生**』（1970　大日本図書→1979　講談社文庫）は、作者の3人の息子たちが、可愛がって育ててきた犬の物語。非常時に犬を飼うなど非国民だといわれるが、作者は動物物語を書くときの研究材料だと役所に書類を出して飼い続けていた。ところが作者の留守に、小学2年生の次男と1年生の三男に綱を持たせたまま、係りの者がマヤを撲殺《ぼくさつ》しようとする。マヤは逃げるが、瀕死《ひんし》の状態で家にもどり、次男の下駄にあごを乗せて息を引き取るのだ。

今江祥智『**ぼんぼん**』は、戦時下の少年の成長物語。小松洋が4年生のときに父親が亡くなり、その年の12月に太平洋戦争が始まる。始めのうちラジオは連戦連勝を伝えていたが、次第に食料は無くなり、兄は愛国少年に変わっていく。そして45年3月の大阪大空襲。続編となる『**兄貴**』（1973）『**おれたちのおふくろ**』（1981）と、戦争と格闘し、戦中戦後を生きた小松家の家族史は、作者の体験とも重なる。

さねとうあきら『**神がくしの八月**』（1975　偕成社→2003　てらいんく）は、お寺の跡取りで小学6年生の信昭が主人公。寺に集団疎開で来た子の中で、父親が戦争に反対し牢屋に入れられたという浩子がのけ者にされていて信昭は気になる。あるとき信昭と浩子が二人の脱走兵につかまり、浩子は重傷を負った脱走兵を看護する。村人たちは脱走兵の一人を捕まえ信昭を助けるが、浩子はもう一人の脱走兵と姿を

『ぼんぼん』
今江祥智作　2010
岩波少年文庫
（1973　理論社）

消す。その何年か後、逃げた二人がミイラになって発見される。信昭はそれから30年以上たっても、その時のことを悔《く》やみながら生き続ける。

　野坂昭如**『戦争童話集』**は戦争をテーマにした短編集。中学1年生のときに神戸大空襲にあい、義父母を亡くし4歳の妹を抱えて逃げ、ついに妹を栄養失調で亡くすという体験をもとにした「火垂《ほた》るの墓」（1968）はアニメにもなった。この短編集には12話が収められているが、「凧《たこ》になったお母さん」が印象的。戦火に包まれ母が体中の水分を子どもに与え、やがてペラペラの凧のように空に舞い上がり、子どももも凧になって母を追うのだ。

『戦争童話集』
野坂昭如
1975　中央公論社
（中公文庫　2003）

　竹崎有斐**『石切り山の人びと』**は、戦争末期の石切山を舞台にガキ大将グループと転校してきた少女が、戦争に反対して警察につかまり拷問《ごうもん》で体を壊した少女の父親や、がんこな祖父とともに、軍の横暴とたたかうのだが、その結末は悲しい。戦時下の不条理が様々に描かれる傑作だ。

　松谷みよ子**『私のアンネ＝フランク』**は、**『ふたりのイーダ』**に始まる、《直樹とゆう子の物語》の第3作。直樹とゆう子の兄妹と、母の蕗子が、それぞれのヒロシマ体験をもとに、アンネ＝フランクにあてて書いた日記で構成されている。民話の「鬼の目玉」から日本人の忘れっぽさを読み取った松谷が、戦争責任や原爆体験の風化を問う。

『石切り山の人びと』
竹崎有斐　1976　偕成社
（講談社文庫　1981）

　『屋根裏部屋の秘密』（1988）も、同シリーズの第4作。ここでは、ゆう子の友だちのエリコの祖父の謎めいた遺言から、戦争中に満州のハルピンで毒性の強い細菌兵器を開発したり、捕虜を生体解剖した七三一部隊の実態に迫り、日本人の加害者責任を次世代に伝える。第5作となった**『あの世からの火』**（1993）では、敗戦後に幼い子どもたちを連れて、朝鮮半島から引きあげてきた過酷《かこく》な体験を通して、被害者であるとともに加害者である視点をはっきりと打ち出している。

『私のアンネ＝フランク』
松谷みよ子
2005（1979）
偕成社

第4章

子どもたちの体験

子どもだから見えるもの。子どもだから感じること。
それぞれの時代、国のありようが
まざまざと見えてくる本 39

フィクション　絵本

ともだちのしるしだよ

カレン・リン・ウィリアムズ+カードラ・モハメッド／作
ダーグ・チャーカ／絵　小林 葵／訳
2009年（2007年）　岩崎書店　32p

●時代背景　アフガニスタン　パキスタン／現代
●キーワード　友情　サンダル　難民キャンプ　移住

あなたが　きょう、ふたつともはいて、あしたは　わたしが　ふたつともはくの

舞台は、パキスタンのペシャワールにある難民キャンプ。少女リナは10歳で、アフガニスタンから長い長い道のりを、弟をおぶってここまで歩いてきた。父親と姉は戦争で亡くなっている。ある日、救援隊が古着を持ってキャンプにやってきた。リナも手をのばすが、手に入ったのはサンダルの片方だけ。青い花飾りの付いた黄色いサンダルだ。あたりを見ると、同じサンダルのもう片方をはいている少女が見えた。やがて二人の少女は、サンダルを交替ではいたり、片方ずつ一緒にはいたりするようになる。遊んだり、おしゃべりしたりするうち、二人はすっかりなかよくなる。もう一人の少女フェローザも、家族は祖母しかもう残っていない身の上だ。

キャンプには学校もあるが、男の子しか通えないので、リナとフェローザはのぞきこんでは、砂の上に名前を書く練習をする。

そのうちリナの家族が、アメリカへ移住できることになった。フェローザとリナは、二人で大事にしてきたサンダルをどうするか？　そこが、この絵本の山場だ。ほとんど何も所有していない二人の少女が、おたがいにサンダルを相手にあげようとする気持ちのあたたかさが伝わってくる。

作者のモハメッドは、イエメン生まれで、現在はアメリカのピッツバーグにある難民センターの所長。パキスタンのペシャワールやケニアの難民キャンプで働いた経験ももつ。アメリカに落ち着いた難民の少女から、「どうして私たちの物語がないの？」ときかれて、ウィリアムズと一緒に絵本をつくろうと思い立った。

アクリル絵の具を使った力強い絵が、難民キャンプの子どものようすを生き生きと伝えている。

（さくまゆみこ）

フィクション　絵本

ひでちゃんとよばないで

おぼまこと／作
2003年　小峰書店　32p

●時代背景　台湾／第二次世界大戦時
●キーワード　友だち　空襲警報　空襲　引き揚げ

わたしは　にっぽんじんなのかしら、たいわんじんなのかしら

1年生のすすむは、戦争中、台湾の小さな町に住んでいた。そしてこの町でひでちゃんと出会い、なかよしの友だちになる。すすむの気持ちには、初恋にも似たものも混じっている。二人は、一緒に遊んだり、互いの家を訪ね合ったりする。

そのうち戦争が激化し、学校は休みになり、空襲警報もしょっちゅう鳴るようになる。でも、田舎にあるひでちゃんのおじいちゃんの家に行ってみると、おだやかで戦争はもう感じられない。ところが、すすむたちが戻ってくると、町が空襲を受け、大勢が死に、学校も市場も燃えてしまった。

すすむが2年生の夏、戦争が終わった。すすむの学校も日本の学校ではなく中国の学校に変わった。「日本人は早く帰れ」と言う人たちも出てきた。ひでちゃんの中国人のお父さんは、「二度と日本人と遊んだり日本語をしゃべったりしてはいけない」とひでちゃんに言いわたす。ひでちゃんの日本人のお母さんはだまっている。

しばらくして、すすむがひでちゃんを訪ねると、ひでちゃんは言う。「もう遊びにこないで。あたしの名前はホアン　ショウラン」。なかよしだったひでちゃんは、門をあけてもくれない。

すすむはやがて生まれ育った町を離れ、飼い犬や猫やひでちゃんの思い出とも別れて、日本に引き揚げることになった。駅から汽車に乗り込むと、こっそり見送りにきたひでちゃんの姿が見えた。

台湾に生まれた作者は、自分の体験に基づき、戦争のせいで友だちと別れなくてはならなくなった子どもの悲しみを描いている。どうしても絵本にしたかった話だという。本来子どもは、国籍など関係なくなかよくなれるはずだが、理不尽《りふじん》な戦争がそれを不可能にしていた。

（さくまゆみこ）

ノンフィクション　絵本

タケノコごはん

大島 渚／文　伊藤秀男／絵
2015年　ポプラ社　42p

●時代背景　日本（京都）／太平洋戦争中1940年頃
●キーワード　日中戦争　兵隊　出征　友だち　先生　子ども時代

先生、戦争なんかいくなよっ

この絵本のもとになったのは、映画監督の大島渚さんがお子さんに向けて書いた作文だ。親が子ども時代の思い出を自分で作文にするという、ちょっと変わった宿題として書かれた。

大島さんの少年時代、日本と中国は戦争をしていた。子どもたちは大きくなったら兵隊さんになり、戦争に行くことを当たり前と思って暮らしていた。まわりの大人たちはどんどん兵隊にとられる。同級生のさかいくんは3年生の時に戦争でお父さんを亡くし、ときどき弱い者いじめをするようになった。6年生になったある日、大好きな担任の先生が戦争に行くことになったことを知り、みんなで先生のうちに押しかける。振る舞われたおいしいタケノコごはん。みんな夢中で食べるのだが、さかいくんは涙を流しているのだった。

この絵本には直接的に戦争が悪いと書いてあるわけではない。ただ、大島少年が見た日常が淡々とつづられているだけだ。お父さんの死を境に変わってしまった、さかいくん。彼が「先生、戦争なんかいくなよっ」と言ったのを目の当たりにして、やっと、少年が戦争という形を捉えたということが伝わってくる。それまで正しいと教え込まれ、疑問を抱かず受け入れていた大島さんが、初めて戦争とは何か自分で考え出した瞬間なのだろう。

大島さんは日頃から息子さんに「自分で考えることができる人になってほしい」と言っていたそうだ。この絵本は、子どもの頃戦争の時代を経験したからこそ、いろんなものを見て知って感じることが本当に大切だとわかっている大島監督からのメッセージだ。今もう一度、自分の目で確かめ、考えなくてはならない時代が来ているのではないだろうか？

（兼森理恵）

フィクション　絵本

ペドロの作文

アントニオ・スカルメタ／文　アルフォンソ・ルアーノ／絵
宇野和美／訳
2004年（1998年）　アリス館　33p

●時代背景　チリ／独裁政権1973年頃

●キーワード　家族　友だち　作文　学校　嘘　大尉　軍事クーデター　思想統制　ラジオ

ぼくも、独裁に反対ってことになる？

最初にこの本を読んだ時のショックが忘れられない。

１９７３年９月11日に起こったチリの軍事クーデターによって、チリは独裁政権になり、思想弾圧で多くの人が殺される。９歳のペドロはそんな中、学校へ通い、友だちとサッカーを楽しむ毎日。ある日、学校にロモ大尉がやってきて、「わが家の夜のすごしかた」という作文を書くように言う。

読者は、ペドロの両親が、現在の軍事独裁政権に反対であり、毎晩、国の動向を知るために海外のラジオ放送を聞いていること、そして、ペドロもそのことを知っていることがわかっている。そして、ペドロの「ぼくも、独裁に反対ってことになる？」という問いに、両親が「子どもは子ども」と答えたことも知っている。一方で、ペドロは、サッカー仲間のダニエルの父親が危険分子として軍人に連行された場面を見ている。誕生日にもらったボールが革のサッカーボールではなく、軽いビニールのボールであったことにがっかりしている少年が書く作文。両親は、ペドロから大尉の出した題の作文のことを聞いて動揺し、それを読んで欲しいという。その作文とは……。

冷たい色合いの写実的な油絵が軍事政権下のチリの張りつめた空気を表現している。表紙の絵では、作文を持つペドロの後ろに鉄砲を持った軍人が立っており、作文が命の危険につながることが視覚的に伝わる。軍人が大きく描かれた構図と人気のない町の様子は、町を軍人が支配する恐ろしさを感じさせる。

チリ出身の作者がフランスのルモンド紙に１９７０年代に発表し、１９９８年にベネズエラで絵本として出版されたという経緯からも、思想統制によって表現の自由がいかに妨げられているかが伝わってくる。

（土居安子）

ノンフィクション　絵本

おとなはなぜ戦争するの

Ⅱ　イラク編

佐藤真紀＋本木洋子/著
2009年　新日本出版社　47ｐ

●時代背景　イラク／イラク戦争2003年～2009年
●キーワード　絵　サッカー　中田英寿　花　学校　病院　院内学級　劣化ウラン弾　自衛隊　日本国憲法

イラクを攻撃して世界は平和になりましたか？

２００３年３月20日、世界中で広がる反対の声を押し切って、アメリカはイラクへの空爆を開始した。抗議の声を上げたのはおとなたちだけではなかった。日本の各地でもたくさんの子どもたちが反戦の意志を行動に移していた。それに注目した児童文学作家本木洋子が児童文学関係の友人と共に日本の子どもたちの声を集めて作ったのが、前作『おとなはなぜ戦争するの』（新日本出版社　２００４）だった。

本書はその後を、攻撃された側から追った第二弾となる。イラク攻撃から6年、イラクの子どもたちがこの間どのように生きてきたか、生きているかを伝える。１９９1年の湾岸戦争でアメリカが使用した大量の劣化ウラン弾の影響で、イラクの小児がん患者は明らかに増加している。しかし、２００３年のイラク攻撃のせいで医療機関も破壊されている。そこで必要な医療支援や患者への支援をするＪＩＭ−ＮＥＴ（日本イラク医療支援ネットワーク）が立ち上がり継続的な支援を行っている。本書は前半で、ＪＩＭ−ＮＥＴ事務局長佐藤真紀が出会った子どもたちの言葉を、彼らの写真や絵と共に紹介している。見出し引用文は、一人目の少女スハッドの言葉だ。後半では、バスラの医療現場の現状を小児がん病棟で院内学級の先生として働くイブラヒムを通して伝える2部と、イラク攻撃の口実だった「大量破壊兵器」も、国際テロ組織アルカイダとのつながりも存在しなかったということや、クラスター爆弾、劣化ウラン弾などの簡潔な説明などの解説的な3部から構成されている。

小学校中学年ぐらいから自分で読めるつくりになっている。戦争はどんな理屈を付けてもダメ！　そういう正義感を育ててくれる本である。

（西山利佳）

ノンフィクション　写真絵本

ガザ

戦争しか知らないこどもたち

清田明宏／著
2015年　ポプラ社　58p

●時代背景　パレスチナ　イスラエル　エジプト／主に2006～14年
●キーワード　家族　友だち　難民　カウンセリング　看護師　停戦　凧揚げ　東日本大震災　戦争　UNRWA　空爆

逃げる途中、いくつもの死体を見た

東地中海に面し、イスラエルとエジプトに接する、東京23区の6割ほどしかない小さな土地「ガザ」には、180万人の人びとが暮らしているが、イスラエルとの度重なる戦争で破壊され、多くの人たちの命が奪われてきた。

　イスラエルにより周囲を8メートルの高さの塀などで囲まれ、まるで収容所のような町には、検問所を通らないと出入りもできない。

　2010年より、国連のパレスチナ難民救済事業機関（UNRWA）の保険局長としてガザに入った著者は、そこで出会った子どもたちの声を写真とともに紹介する。

　2014年のイスラエルとの戦争では、市民1600人が死亡し、そのうち500人が子どもだった。15歳の少女イマンは、7歳のときから4回も戦争にあい、「今回の戦争がいちばんひどかった」と言う。爆撃で家は大破し、壁もなく瓦礫《がれき》が飛び散る残った部屋で、家族7人と暮らしている。

　12歳の少女ナダは、今回が3度目の戦争だったという。12歳のモハメドは、家が爆撃で崩壊し、「逃げる途中、いくつもの死体を見た」と言い、心に大きな傷を負う。

　ガザには100万人の子どもが暮らしているが、6歳以上の子どもたちはみな3回以上の戦争を経験している。まさに「戦争しか知らない子どもたち」なのだ。「われわれ大人は、なんという世界を作ってしまったのか……」と著者は嘆く。

　「日常がそのまま壊されてしまった」ガザで、空爆や爆撃の危険性がある中、保健所や診療所に働く「すばらしき人々」もたくさんいる。絶望的な状況の中で「それでも、わたしはガザを再建する」という彼らの言葉と、屈託《くったく》のない子どもたちの笑顔に励まされる。

（野上　暁）

ノンフィクション　写真絵本　俳句

平和をかんがえる こども俳句の写真絵本

2015年　小学館　78P

●時代背景　日本／太平洋戦争中～戦後

●キーワード　少年工　青空教室　コッペパン　脱脂粉乳　防空訓練　焼け跡　学童疎開　進駐軍　戦災孤児　原爆ドーム

冬銀河会ったことないおじいちゃん

現代の子どもたちがつくった自由課題の俳句と、写真を組み合わせて編集した絵本。写真は、土門拳、濱谷浩、木村伊兵衛、林忠彦といった著名な写真家が戦中・戦後に撮影したもの。青少年勤労奉仕隊、国民学校、軍事訓練、防空演習、学童疎開《そかい》、進駐軍、戦災孤児、青空教室、学校給食、子どもの靴磨き、ベーゴマ遊び、原爆ドームといった写真のそばに短い説明がついているうえ、巻末の解説には、もう少し詳しい説明もある。たとえば、「国民学校の軍事訓練」という林忠彦撮影の写真の解説を見ると、子どもたちが木刀を向けているのは、敵国「鬼畜」のアメリカ大統領ルーズベルトと、イギリス首相チャーチルの似顔絵だということがわかる。ほかに三好和義が撮影した棚田やサンゴ礁など美しい風景の写真も入っている。

　子どもたちの俳句のほうは、「言葉こそ戦争終わらす武器である」（中3　熊谷真由さん）、「初詣世界の平和思ってる」（小4　大槻祐世さん）、「へいわとはおく万円よりいいものだ」（8歳　浦川日向さん）、「形なし音なしけれど原爆忌《き》」（小5　小林凛さん）、「小さな手ぐっと握った沖縄忌」（高1　三田綾音さん）のように、戦争や平和と直接関係する句もあれば、「春の風トランペットを吹きつづけ」（小4　川瀬龍之介さん）、「水あそび小さな虹を見つけたよ」（小6　前田真奈さん）、「ぶらんこをみんなでこいで風になる」（小3　井原彩夏さん）、「はらぺこや長閑《のどか》な歌に山笑ふ」（高1　小谷優さん）のように、子どもらしい楽しさを歌った句もある。

　戦中・戦後の写真はすべてモノクロだが、当時の空気感がそのまま伝わってくるようで、どれもいい。

（さくまゆみこ）

フィクション　読物

心の国境

デボラ・オメル／著　ヨナ・マフ／挿絵　母袋夏生／訳
2005年（1973年）　日本図書センター　94p

●時代背景	イスラエル　パレスチナ／1940年代　1967年以降
●キーワード	友だち　丘　花　農場　故郷　言葉　民族対立　アラブ　中東戦争

わたしたちは必死に願っていた。これからは平和になりますように、と。憎しみに終止符がうたれますように、と

現在もパレスチナ人とユダヤ人の間で激しい紛争が続いているイスラエル。これは、そのイスラエル建国前後の時代に、キブツで育ったイスラエルの少女ハナレの物語だ。

キブツとは、何十人、何百人の人々が力を合わせて土地を開墾し、大きな家族のように暮らす農業共同体のこと。ハナレは7歳のときにやってきたベイト・シェアンのキブツを故郷として、自然の中で遊んだり恋をしたりして生き生きと育つ。

一方、ヨルダン川の対岸の土地にはアラブ人が住んでいた。キブツの人々と彼らは対立していなかったが関係はよそよそしい。ハナレたちは学校でいろんなことを勉強するのに、アラビア語を習うことはなく、彼らとはあいさつもしない。アラブの族長の息子がいつもこちらをにらみつけているのが、ハナレは気になっている。だがそんな中で、アラブの族長の娘の結婚式に招かれたとき経験した珍しい食べ物の味、食事の作法、踊りや音楽は強く心に残る。

やがて1948年のイスラエルの独立とともに戦争が始まり、ベイト・シェアンも戦場となり、川むこうのアラブ人の部族は去っていく。ハナレの初恋の相手も志願して兵士となりやがて戦死する。秋にはハツァブの花が香る美しい丘も荒れ果てる。

悪いのは自分たちじゃない、あいつらだ、だから戦うのだ、と主張する大人たち。だけど、本当にそうなの？　なぜアラブの人々と親しい関係を作れなかったのか。いつまでこんなことを続けるのだろう。ヨルダン川近くのキブツで育ったイスラエル人の著者は、主人公の少女のまっすぐなまなざしに託して悔いをこめて問いかける。

対立を超えた未来を願う小さき民の声に、耳を傾けたい。

（宇野和美）

フィクション　読物

3+6の夏

ひろしま、あの子はだあれ

中澤晶子／作　ささめやゆき／絵
2015年　汐文社　119p

●時代背景　広島／1945年8月〜現在
●キーワード　原爆　へんな名前　路面電車　絵画教室　スケッチブック　キョウチクトウ　アイス　老人ホーム

だれかが覚えていないと、あの子たち、いなかったことになるでしょ

同じ絵画教室に通う小学4年生二人組が3組、それぞれに不思議な出会いをする。

一組目は、「はるかかなた」と「からさわわさび」。お互いに名前が「おおいに、へん」と笑いあって友だちになった二人だ。かなたがなんとなく元気がない。わけを聞くと花模様の服を着た小さなおばけが左肩の下にいるという。たまらず大笑いしてしまったわさびだったが、かなたのスケッチブックに描いた覚えの無い花柄のブラウスがだんだん浮かび上がってきて……。

二組目も、これまた変な名前だ。かなたたちと同級生で同じ絵画教室に通っている「はなだらいと」と「はなだれふと」という双子の男子。古い電車好きのらいとのスケッチブックに描いた路面電車「六五一」の横に、これまた描いた覚えの無い白い半袖シャツが浮かび上がってきた。

三組目は、「かよもとわよみ」と「ねこたのりあき」。絵画教室でへんなスケッチブックの話を聞いて、自分たちのにも出ないかと期待する気持ちもあったのだが、何も起こっていなかった。ところが、二人が「いせき」と呼ぶ骨格だけの建物の前で出会ったロシア人のおばあさんの写真を撮ってあげると、プリントしたその写真には……。

作品の中には「原爆」という言葉は出てこない。しかし、あとがきと『3＋6の夏　ひろしま、あのね。』と題したQ&Aで、物語の背景となる事実がきちんと伝わるようになっている。

6人は、ちょっと恐い不思議な体験を通して、70年経っても子どものままのあの子たち、そして、あの子たちを心に抱えて年を重ねてきた老人たちと出会った。この作品を通して、多くの子どもたちが、広島に思いをはせるだろう。

（西山利佳）

フィクション　読物

名前をうばわれた少女
わたしはエファじゃない

ジョアン・M・ウルフ／作　日当陽子／訳　朝倉めぐみ／絵
2012年（2007年）　フレーベル館　209p

●時代背景　チェコ　ドイツ／第二次世界大戦中1942年
●キーワード　名前　祖母　家族　記憶　ナチス

北極星はいつでも同じ位置にあって、帰り道を教えてくれるんだよ

1942年5月、チェコスロバキアのリディツェ村。ある日、突然、ナチスがやってきて、全員が家から出され、男女に分けられる。11歳のミラダはナチスに呼ばれて、健康診断を受け、金髪を確認され、鼻の高さを測られ、母や祖母と別れてポーランドの施設に連れていかれる。そして、エファというドイツ名を与えられ、ドイツ語の特訓が始まる。

施設には各国から集められた同じ境遇の少女たちがおり、ドロップアウトしてしまう少女、両親から捨てられたという施設の教員の言葉を信じ、ナチスに忠誠を誓う少女などがいる。ミラダは、祖母からもらった小さな星のついたピンを隠し持ち、自分の家族を信じ続けようとするが、施設暮らしの中で少しずつ家族や母語を忘れていく。

二年後、エファ（＝ミラダ）はフルステンブルグにあるナチス高官のヴェルナー家に養女として引き取られる。子どもを引き取ることは、養母にとっての栄誉だったとは言え、エファは養母にかわいがられ、義姉エルスベルトとも仲良くなり、義弟ピーターもエファを受け入れる。それでもどこかが違うと思い続けるエファは、町に漂う強い匂いの元に強制収容所があること、恵まれた自分の境遇の一方で、殺されていく人たちがいることに気付く。また、父親が息子ばかりを溺愛する姿、父親以外は立ち入り禁止の部屋があることを知って、この家族の幸せが砂上の楼閣《ろうかく》であると思う。

「北極星は……」は、事件が起こる直前に祖母が告げた言葉。エファは過去の記憶を保ち続けることができるのか、家族と再会することができるのか。最後までわからない謎が読者をひきつける。そして、フィクションを通して歴史的事実を知ることができる。

（土居安子）

フィクション　読物

八月の髪かざり

那須正幹／作　片岡まみこ／絵
2006年　佼成出版社　128p

●時代背景　広島／1945年8月　2006年頃

●キーワード　原爆　建物疎開　人形　夏祭り　髪飾り　セーラー服　おにぎり　路面電車

キヨ姉ちゃん、いなくなっただけだもの。死んじゃいないんだから

70歳になったばかりの久江さんは、故郷の広島に戻ってきて、ひとり暮らしをしている。5年前から見よう見まねで人形作りを始め、近所の子どもたちからは「人形ばあちゃん」と親しまれている。

ある日、久江さんは、創作人形展を訪れる。展示されていたのは、自分が作るぬいぐるみとは大違いでどれもまるで生きているようだった。中でも、セーラー服の少女の人形に目を留めた久江さんは、あの1945年8月6日の朝、建物疎開《そかい》に出て行ったきり帰ってこないキヨ姉ちゃんの人形を作ることを思い立ち、人形作家吉本さんの協力を得ることになる。

生まれ育った家に暮らすようになって、久江さんは昔のことをよく思い出す。戦争が終わる前年の夏祭りの思い出は、ほろ苦い。戦争が激しくなって、町中のお店からはめっきり物が少なくなっていたのに、昔ながらのお菓子が並んでいる屋台があった。国民学校2年生だった久江さんは、お母さんにねだってキャラメルを買ってもらった。自分は何もいらないという女学校1年生のキヨ姉ちゃんに、お母さんは木彫りのひまわりの髪飾りを買ってあげた。それがうらやましくてならない久江さんは、幼い子の無邪気さで後にとても残酷《ざんこく》なことを言ってしまうのだった。

あの朝出て行った時のキヨ姉ちゃんの姿をありありと思い出せる久江さんは、心をこめて人形を作る。そして、物語は人形を通して親しくなった近所の中学生に、キヨ姉ちゃんのことを語るところで閉じられる。

遺体も見つからない別れのむごさが切々と伝わってくる。そして、誰にも語らずに抱えてきたものを若い世代に語り伝え始めるラストに、作者の伝達の意志がにじむ作品である。

（西山利佳）

フィクション 読物

彼岸花はきつねのかんざし

朽木 祥／作　ささめやゆき／絵
2008年　学習研究社　175p

●時代背景　広島／1945年8月
●キーワード　原爆　きつね　昔話　方言　竹やぶ　かくれんぼ　おしろいばな　ひめじょおん　狐の嫁入り　子盗り

こんども、こんども、また、こんどもね

4年生の也子《かのこ》がはじめてその子ぎつねを見かけたのは、春のれんげ畑だった。也子が花びらをそうっとつまんで蜜を吸い、土まで甘い匂いに包まれて花の中にねっころがってうとうとしていたときに、小さなきつねと出会った。詩のような絵のような、幸せそのものといった光景からこの物語は始まるのだが、「爆撃《ばくげき》機の音」がしないとか、犬はみんな連れていかれたとか、さらっと、はさまれた言葉で、これが戦争中の物語なのだと気づくことになる。

それにしても、物語は穏やかに優しく進む。祖母や母、使用人たちがおきつねさんに化《ば》かされた話をする。優しい広島弁で昔話の世界のような、化かされ体験が語られる。こわいようなうらやましいような気持ちで聞いていた也子が子ぎつねと再会したのは、也子が地蔵石の足下のすみれに見とれていたときだった。今度は、子ぎつねがいきなり「しゃきしゃきした言葉つき」で話しかけてきた。子ぎつねは言った。「あんた、あたしに化かされたい?」。二人の会話といい、子ぎつねの表情（人間だったら）といい、なんと愛くるしいことか。おばあちゃんたちに聞いた話を思い出して「ぜんぜん」と応《こた》えてしまった也子だったが、そのことを後に悔《く》いることになるのだった。

8月の初めに会ったとき、「また、遊んであげるよ。」と子ぎつねと遊ぶ約束をしたのに、子ぎつねは「こんども、こんども、また、こんどもね」と言ったのに、その今度は訪れなかった。

原爆の凄惨《せいさん》な被害は語られないが、どれほど多くの命と穏やかな時間が失われたのか、共感という理解が促される作品である。

なお、2015年8月に、同じくささめやゆきの絵によって絵本版が出ている。

（西山利佳）

ノンフィクション　読物

あけもどろの空
ちびっこヨキの沖縄戦

高柳杉子／著
2010年　子どもの未来社　108p

●時代背景　沖縄／太平洋戦争末期1945年
●キーワード　家族　歌　病気　島　サトウキビ　ヤギ　学校　人形　沖縄戦　那覇　防空壕　アメリカ軍　収容所　基地

イクサが終われば、いい世の中になるよ

1945年3月、アメリカ軍は約1500隻の軍艦や輸送船と、数千の爆撃機、何10万人もの兵隊で沖縄を攻撃してきた。軍艦からは大砲が撃ち込まれ、戦闘機からは爆弾が落とされ、4月になるとアメリカ兵が続々と上陸してくる。

沖縄本島の東南部に住む、6歳の少女ヨキの家は、家族が7人。両親と20歳の姉さんの下に3人の姉兄がいる。末っ子のヨキの目を通して、戦争が激しくなる島の人々のすがたが語られていく。

ヨキは歌が大好き。「テッポウかついで　剣さげて　お馬に乗ってハイドウドウ」とか、「ボークーゴー」の歌が特に好きだった。「ボークーゴー」は、空襲のときに隠れる穴だけど、日本は「イクサ」に勝っているから、空襲は来ないと言われていた。ところが「イクサが来た！」。

家族は激しい爆撃《ばくげき》をのがれて防空壕《ごう》に隠れていたら、入り口近くにいたおばさんが足に大けがをした。痛がってもなにもしてあげられない。そのうちおばさんは元気がなくなり、足の傷口からウジがわきはじめ、とうとう亡くなる。

おばさんを見すてるようにして、ヨキの家族は村に来た日本兵の指示で、南へ南へと爆弾がふる中を逃げるが、南の方が激戦地だった。上陸したアメリカ兵の手りゅう弾で、兄が死に、姉も死ぬ。その後、戦争はとっくに終わったと、アメリカ兵に知らされるまで、ヨキたちは隠れ続けた。テント村から収容所へ、荒れ果てた村にもどってからの住む家や畑作り。その土地も、アメリカ軍に取り上げられてしまう。

「あけもどろ」とは、太陽が東の空を染め始める空を表す沖縄の言葉だという。巻末の沖縄戦についての解説がとてもわかりやすい。

（野上　暁）

ノンフィクション　読物

戦争が終わっても

ぼくの出会ったリベリアの子どもたち

高橋邦典／写真・文
2005年　ポプラ社　56p

●時代背景	リベリア／リベリア内戦中2003年～
●キーワード	サッカー　帰る場所　教会　子ども兵士　反政府軍　砲弾　アメリカ　ジャーナリスト

モモやムスがリベリアという国に生まれたのは、ただの運です

戦争が子どもの体や心にどんな傷をつけてしまったのかを写真と文章で伝える本。

西アフリカにあるリベリアは、アメリカに連行された黒人奴隷たちが解放された後、故郷に帰還するという目的で作った国。国名も、自由という意味のリバティに由来している。しかし、この国は長い間内戦に苦しんできた。

報道写真家の著者は激しい内戦中の2003年にリベリアを訪れ、まだあどけない顔の少年たちが身の丈と変わらないような銃を持って戦っていることや、幼い子どもたちが犠牲になっていることを見てショックを受ける。そこで、内戦終結後にその子たちを探しだしてインタビューし、豊富な写真とともに伝えたのが本書だ。

登場するのは、少年兵として前線で殺戮《さつりく》に加わったモモとファヤ、砲弾で家族全員を殺された少女ギフト、そして砲弾の破片で右腕を失った少女ムス。戦争が終わっても、彼らの貧しさは変わらず、ろくな食事にもありつけず、学校へも行けていない。

続編ともいえる**『戦争がなかったら：3人の子どもたち10年の物語』**（2013）は、モモとムスとファヤがさらにその後の10年でどうなったのかを描いている。少年兵だったモモとファヤは、戦争に子ども時代を奪われただけでなくその後の人生も大きく左右され、戦争が終わったのにもかかわらず希望さえ持てなくなっている。ムスは、アメリカで義手を作ってもらったりテレビに出演したり留学したりするが、うまくいかず、リベリアに戻っている。

著者は、内戦の写真を撮りおわった後もていねいに子どもたちとつき合い、戦争が子どもにあたえる傷や問題点をあぶりだしている。

（さくまゆみこ）

ノンフィクション　絵本

ぼくが5歳の子ども兵士だったとき

内戦のコンゴで

ジェシカ・ディー・ハンフリーズ＋ミシェル・チクワニネ／作
クローディア・ダビラ／絵　渋谷弘子／訳
2015年（2015年）　汐文社　48p

●時代背景　コンゴ民主共和国／コンゴ内戦中1993年

●キーワード　学校　父親　民兵　麻薬　難民キャンプ　子ども兵士　内戦

ああ、生きていてよかった。こんな気持ち、何年ぶりのことだろう

戦争は、人間を人殺しの道具にする。兵士に仕立て上げられたのが幼い子どもだった場合、おとな以上につらい体験をし、後のちまで心の傷を抱えることになる。これは、コマ割りマンガの形式で、コンゴ民主共和国の少年兵士のことを伝える絵本。コンゴ人ミシェル・チクワニネの実話に基づいている。

コンゴ民主共和国は、ダイヤモンド、金など資源が非常に豊かな国であるため、それが災いとなってヨーロッパに収奪され、独立した後もコンゴ人指導者が利権に群がったため、戦争や紛争が続く。

そうした背景の中、5歳のミシェルはある日、学校にやってきた反政府軍の兵士にさらわれる。そしてコカインと火薬を混ぜた「ブラウン・ブラウン」を体の中に入れられ、友だちを殺せと命令される。それ以来、毎日恐怖と拷問《ごうもん》にさらされ、荷物や武器を運ぶ役目を押しつけられたり、人殺しをさせられたりする。命令に従わないと手足を切られたり、縛《しば》り首になったりもする。

ある日、民兵団が村を襲撃に行ったすきに、ミシェルは逃げ出す。3日間走り続け、夜は木に登ってうとうとしたり、木陰に身を潜めてライオンや反政府軍に見つからないようにしたりする。5歳という年齢を考えると、生きのびられたことに驚く。3日目に知っている人に会ってようやく家に戻れるが、今度は「人殺し」と陰口をたたかれ、学校に行けなくなる。やがて弁護士の父親にも危険が迫り一家は国外避難しようとするが、父親は毒殺される。

あと書きにはミシェルがカナダに渡ってからの後日談が書かれているが、こっちも苦労続きだ。巻末には子ども兵士について考えるための情報も載っている。

（さくまゆみこ）

フィクション　読物

風の海峡

波頭をこえて（上）、戦いの果てに（下）

吉橋通夫／著
2011年　講談社　上190p　下181p

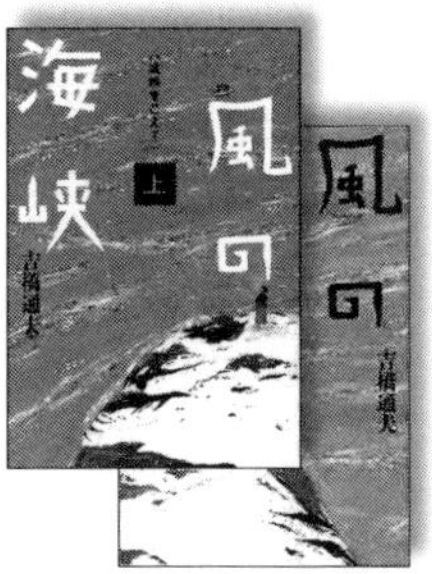

●時代背景　日本　朝鮮／1592年〜1598年その後
●キーワード　通訳　ことわざ　秀吉　交易　武術　海　幼なじみ
秀吉の朝鮮出兵　文禄・慶長の役

「倭奴《ウェノム》」の中には、自分もふくまれているのだ

　今から400年以上も前、対馬の商人は朝鮮と盛んに交易をしていた。父が貿易商の進吾も、朝鮮の釜山《ぶさん》に、同い年で14歳の俊民《シュンミン》と6歳年下の勢雅《セア》という幼なじみもいた。その関係が秀吉の朝鮮出兵のせいで一変する。小西行長の通訳として朝鮮に赴《おもむ》くことになった父と共に海を渡った進吾は、秀吉軍の侵略行為に強い怒りを覚える。しかし、自分も、俊民たちが敵意と憎しみを込めて使う「倭奴」のひとりなのだ。「文禄の役」では友の安否を気遣い、「慶長の役」では19歳になった進吾は動員されて海峡を渡り、酸鼻《さんび》を極める戦場を目の当たりにすることになる。

　例えば、以下のようなくだりに作者のメッセージを強く感じる。「天下人が戦を始めようとしたら、その手をしばるものがほしい」、「ひとりの人間が強大な権力を持つことのない国の仕組みができれば、戦は起こりにくいかもしれない。（略）自分が、俊民たち朝鮮民族に対してできる償《つぐな》いは、それを見つけることにあるような気がする」。この作品は、歴史をスピーディーでスリリングな活劇にして、はっきりと未来のための、今の課題を示しているのだ。

　敵味方が単純でないこともこの作品の魅力のひとつだ。王都からさっさと逃げ出した王と違い、民のために戦う義勇軍。親を亡くした子どもたちを育てる「希望の村」。秀吉には隠して、早期終戦のために画策するキリシタン大名・小西行長。朝鮮軍に参加する雑賀衆《さいかしゅう》の「沙也可」などなど。多様な人の動きが単純におもしろいだけでなく、国と個人とを分けて考えることをはっきりと見せてくれる。

　さて、進吾の姓は「梯《かけはし》」という。願いのこもった力作である。

（西山利佳）

フィクション　読物

トンネルの森1945

角野栄子／作
2015年　角川書店　196p

●時代背景　日本（関東）／太平洋戦争中1940～45年
●キーワード　疎開　家族　脱走兵　非国民　森　爆弾　B29
国民学校　防空演習　着物　骨董屋　およめさん

あの森に脱走兵が逃げ込んだ

主人公の少女〝私〟は〝イコ〟。イコが五歳のときにお母さんが亡くなる。それでイコは、父方のおばあさんのタカさんにあずけられた。イコが1年生になった年、お父さんが再婚する。ところが、夏休みが終わるころ、お父さんに召集令状が来た。

その年の12月8日、太平洋戦争が始まり、「これじゃあ、お父さんもなかなか帰って来られないね」と、タカさんは心配する。新しいお母さんのおなかには赤ちゃんがいる。

イコが4年生の夏休み前、すっかりやせこけたお父さんが突然帰って来た。病気になったのだ。戦争が激しくなり、東京はいつ空襲にあうかわからない。イコは、お父さんを東京に残して、新しいお母さんと生まれたばかりの弟と3人で、利根川と江戸川が別れるあたりの小さな村に疎開《そかい》した。草がぼうぼうと生えた中に建つ、わらぶきの一軒家だ。イコは転校生になり、森の中の木々におおわれたトンネルみたいな道を通って村の学校に通う。これが近道だというが、暗くてなんだか怖い。

クラスの男の子から、以前イコの家に、軍隊から逃げ出した兵隊が隠れていて、憲兵が探しに来て大騒ぎだったという話を聞く。脱走兵はまだ見つかっていないという。トンネルの森を通るのが、ますます怖くなったイコは、「イコが通りまーす」と呪文のようにつぶやきながら森を走り抜けるのだ。そのトンネルの森で、イコはハーモニカを吹く兵隊さんに会う。

『魔女の宅急便』の著者が、戦争中の体験をもとに書いた、ちょっと怖くて不思議なお話だ。なれない田舎でお父さんと別れてくらす少女のそこはかとない不安と、戦争の恐ろしさが、さりげなく重なって味わい深い。

（野上　暁）

フィクション　読物

トンヤンクイがやってきた

岡崎ひでたか／著
2015年　新日本出版社　348p

●時代背景　東京　中国／日中戦争1937〜45年
●キーワード　抗日ゲリラ　従軍看護婦　米　赤十字　水泳　幼なじみ　ラジオ　東京大空襲　第二次上海事変

つよい敵によわいものが勝つ方法はある

トンヤンクイ――漢字で書けば「東洋鬼」。中国語で、日本軍を憎んで言う言葉である。

物語は1937年の夏から1945年までの日中戦争を、日中双方の少年を主人公に交互に描き出していく。「戦争が上海にきた」とき、10歳のツァオシンは、栄養価の高いナマズを捕まえて村人に配ったり、「トンヤンクイ」をふざけて言い替え、「トンニャンピーをやっつけろ」という歌を作ったりして「戦争ってけっこうゆかいにやれるんだ」と思っていた。しかし同年11月22日、占領した上海から南京に進軍する日本軍にツァオシンの村も襲われ、8人家族のうち6人を惨殺《ざんさつ》される。

一方、同じころ東京では8歳の宮下武二が戦争ごっこに明け暮れていた。父親が4年前に病没している武二の家では、看護師の母親が一家の暮らしを立てていたのだが、南京攻略を祝う提灯行列の日、母に赤紙が届いた。従軍看護婦として召集された母が帰ってくるのは、敗戦の翌年の5月だ。その間、兄の幸一も19歳で出征し、米を渡すまいとしたたかな抵抗を続ける中国人から米を取り上げる任務に就《つ》かされ、ツァオシンの人生と交錯する。

この本は、史実の情報を伝えるべく、随《ずい》所《しょ》に注を挟《はさ》み込んでいる。また、各章の冒頭に配された文章は日中を行き来する物語をなめらかに橋渡しするドラマのナレーションのようである。おかげで、知識的情報も得ながら、重層的な人間ドラマに、はらはらどきどき、のめり込める。

戦争とは経済の問題でもあるということ、○○人vs○○人といった単純な構図からはみ出る人や動きがたくさんあるということなどなど……中学生ぐらいの読者が、どれだけ多くの事を感じ、考えることか。読書会で取り上げてみたい作品だ。（西山利佳）

フィクション　読物

ピース・ヴィレッジ

岩瀬成子／著
2011年　偕成社　194p

●時代背景	日本（岩国？）／現代
●キーワード	自衛隊　基地　アメリカ・ジャズ　原爆　核兵器　ベトナム戦争　基地反対闘争　お料理　棒棒鶏

夢を見ていた。また戦争の夢だった

基地の町に住む楓《かえで》は、毎年こどもの日に開かれる「フレンドシップ・デー」に、一つ年上の紀理ちゃんと行くのが楽しみだった。年に一度、この日だけ誰もが自由に基地に出入りでき、航空ショーなどを見られるのだ。紀理ちゃんに電話して誘うと、今年は行かないという。「わたしと付きあったりしないほうがいいよ」と電話が切られ、中学生になったので何かが変わったのだろうかと楓は思う。

航空ショーの戦闘機の爆音。飛行機の音を聞くと、戦争が始まりそうで怖い。よその国の戦争をテレビで映されると、楓は直ぐチャンネルを変える。

基地に向かう途中に、「ピース・ヴィレッジ」という、屋根に小さな十字架のついた建物がある。基地のアメリカ人や、バーやスナックで働く人、アメリカ人と結婚した日本人、近くの子どもたちがきて、テレビを見たり卓球台で遊んだり、コーヒーを飲んだりする。楓もよく遊びに行く。

紀理ちゃんのお父さんは、「あらゆる戦争に反対する」と英語で書いたビラをアメリカ人に配っていた。紀理ちゃんは、そのことをお父さんが入院した時に知る。楓の父は、2年前に亡くなった祖父の後を継いで、アメリカ兵相手のスナックをやっている。紀理ちゃんが、楓を避け始めたのは、父親同士が反対のことをしていると思ったからなのか。お父さんの入院を知った楓は、病院へ見舞いに行き、それがきっかけで、二人はお父さんの代わりにビラを配る。

いまも戦場に兵士を送り出している基地のある町を舞台に、楓はピース・ヴィレッジに出入りする人たちとの交流や、町の人々の様々に入り組んだ思いを知り、紀理ちゃんと行動することで、これまで見えなかった色々なことに気がつき始める。基地の街は、いまも戦場とつながっているのだ。

（野上　暁）

フィクション　読物

日ざかり村に戦争がくる

フアン・ファリアス／作　宇野和美／訳　堀越千秋／画
2013年（1982年）　福音館書店　86p

●時代背景　スペイン／スペイン内戦1936年

●キーワード　村　教会の鐘　回想　兵隊ごっこ　泣き女　山

日ざかり村では銃声一つしなかった。が、戦争はあった

フアン・デ・ルナが子どもの頃、戦争があった。ちっぽけで、何もなく、戦争をしかけた将軍の目にもとまらなかったのか、村長が「戦争が始まった」と告げた日から1年経っても、戦争はやってこなかった。いや、子どものフアン・デ・ルナが思うような、目に見える戦争がなかっただけだ。じわじわと、ゆっくりと、しかし確実に戦争は村に近づき、村の生活の中に入ってきた。

神父のドン・グレゴリオが教会を閉めて村を出て行った。学校のない、日ざかり村の子どもたちに勉強を教えてくれていたドン・ハコボの新聞が届かなくなった。たばこの値段がちょっぴり上がった。そして、初めて兵隊が村へやってきた日、フアン・デ・ルナのとうちゃんと親友のマルシアルおじさんは山へ行ったきり帰ってこなかった。

何が起こっているのか、子ども読者にはおそらく何もわからない。スペイン内戦について知識の無いおとなも同様だろう。しかし、重苦しい空気が満ちはじめ、小さな村の少ない住民が対立する立場になったということは、じんわりとした怖さとして伝わってくる。誰と誰が、なぜ、どういう風に戦争しているのか見えてこないにもかかわらず、とうちゃんたちの結末の理不尽《りふじん》さは、静かな悲しみと怒りを呼び起こすだろう。訳者の解説を読めば、１９３９年に勝利しその後１９７５年まで軍事独裁を敷いたフランコ将軍率《ひき》いる反乱軍に加わることを拒んで、フアン・デ・ルナのとうちゃんたちが山へ身を隠していたのだということがわかる。

街路に人気《ひとけ》が絶えるシエスタ（午睡《ごすい》）のような、静かな戦争が言葉少なに語られるのが、恐い。この後味が読み手の心にもたらす陰影は、戦争観を深めることと思う。

（西山利佳）

フィクション　読物

マルカの長い旅

ミリヤム・プレスラー／作　松永美穂／訳
2010年（2001年）　徳間書店　286p

●時代背景　ポーランド／第二次世界大戦1943年
●キーワード　旅　家族　飢餓　逃亡　ゲットー　ナチス

うんちをしたら、体のなかが空っぽになってしまう気がした

　1943年9月、ポーランド。ユダヤ人狩りが始まると聞いた医者のハンナは、16歳のミンナと7歳のマルカを連れてウクライナを抜けてハンガリーまで逃亡の旅を始める。山の中を次々変わる案内人と歩く日々が続くが、急な出発のため、マルカはサンダルをはいていて、足が傷だらけになってしまう。その上、風邪をひき、熱を出す。そこで、ハンナは、国境を越える前に、ユダヤ人の家族にマルカを預け、必ず引き取りに来ると約束をしてミンナとともにブダペストへ旅立つ。

　ところが、その家に手入れが入ることになり、マルカは路上に置き去りにされ、ドイツ兵に引き渡されてポーランドに戻る。そこで以前ハンナが助けた家族にしばらくかくまってもらうが、やがてユダヤ人のゲットーに連れて行かれる。そこでは何度も収容所への「移送」が行われ、ゲットーが一掃されるが、その度にマルカは誰かに助けられたり、隠れたりして何とか生き延びる。マルカはあまりにもお腹がすいているため、食べたものを排泄《はいせつ》したくないと強く思うほどであった。チフスも体験し、極限状態の毎日でマルカの記憶は混濁《こんだく》していく。

　マルカと同時並行で、ハンナが自尊心を傷つけられながらミンナと逃亡の旅を続け、マルカが待ち合わせの場所に来ていないのを知って、自らを責め、必死に探し続ける様子が描かれる。読者は、逃亡が遅れ、娘を手放してしまったハンナの判断について自らが同じ状況であったらと考えざるを得ない。

　マルカとハンナは再会できるのか。戦争が家族を引き裂いた傷の深さが強く印象に残る衝撃的な作品。

（土居安子）

フィクション　読物

木槿の咲く庭

スンヒィとテヨルの物語

リンダ・スー・パーク／著　柳田由紀子／訳
2006年（2002年）　新潮社　288p

●時代背景　朝鮮／第二次世界大戦中1940～45年
●キーワード　家族　国花　木槿　お話（民話）　韓国併合　皇民化政策　創氏改名　抗日運動　特攻隊

民族の誇りを失わずに生きる

アボジ（お父さん）がまだ若く、叔父さんが学生だった1910年、日本は、大韓帝国と呼ばれていた朝鮮の人たちの国を併《へい》合《ごう》した。朝鮮語を禁止し、学校の授業は全部、日本語で行わなければいけないなど、日本人はたくさんの法律を作った。スンヒィは大好きな叔父さんから、朝鮮に伝わる民話や冒険物語を兄のテヨルと聞くのが楽しみだったが、民話を語ることさえ禁止された。皇民化政策が進むなか「創氏改名」が義務付けられ、スンヒィは「清子」、テヨルは「伸男」という新しい日本名を名乗ることが強要された。教室で間違えて朝鮮の名前を呼ぶと竹で打たれた。

日本を代表する桜を植えようと、朝鮮の国花であった「木槿《むくげ》」を伐採、焼き捨てる命令も出された。スンヒィの家の庭の木槿が切り倒されていくとき、オモニ（お母さん）は大切に植えた最後の1本を大きな鉢に入れて子どもたちと隠した。戦時下で物が不足していたときに工作が好きなテヨルは、手作りで自転車を作るが、日本軍の兵隊に徴用《ちょうよう》されてしまう。やがて戦局が深まり、兄は家族たちを守るために入隊し、特攻隊に志願する。好奇心旺盛《おうせい》な少女と正義感の強い兄が章ごとに交互に語るように綴られていく。戦争が終わり、日本名からスンヒィとテヨルに戻った兄妹は鉢の中の木槿を庭にもどした。

日本統治下の朝鮮で、民族の誇りを失わず、懸命に生きた兄妹の5年間の物語。日本のアジア侵略の事実、「加害」責任。日本軍の行為の数々は戦争といえどもあまりにもひどく胸に突き刺さるが、戦争中の朝鮮の人々の生きる姿が兄妹の視線を通して涼やかに語られている。韓国系アメリカ人の作家が両親から聞いた話を元に生み出した物語。

（近藤君子）

フィクション　読物

六号病室のなかまたち

ダニエラ・カルミ／作　樋口範子／訳
2001年（1994年）　さ・え・ら書房　159p

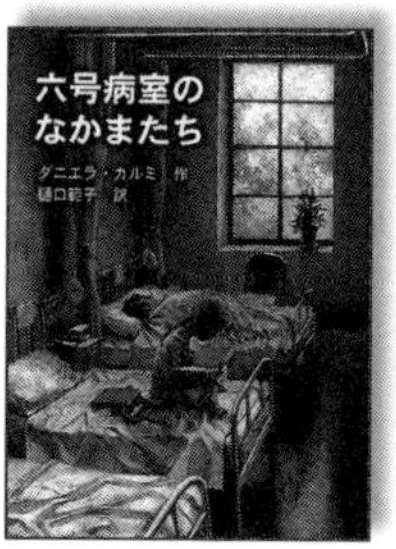

●時代背景　イスラエル／1990年頃
●キーワード　友だち　病院　異文化交流　イスラエル・パレスチナ問題　子どもの死　拒食症　虐待

ぼくといっしょに火星に行くかい？

1990年ごろのイスラエル。膝の手術のために入院したパレスチナ人のサミールは、4人の子どもと同じ病室になる。いつも本ばかり読んでいるヨナタン、おしっこ袋を着けているツァヒ、父親の面会を拒《こば》むラジア、拒食症のルッドミラー。

サミールは仲の良かった弟ファディをイスラエル兵による銃撃で亡くし、入院中ずっとファディのことやそのショックから立ち直れない家族のことを考え続けている。ところがツァヒの兄はイスラエル兵。彼が面会に来てからサミールは熱が出て1回目の手術が延期になる。ツァヒもサミールをいつものけ者にしようとする。

同じ病室のヨナタンは天文学者の父親と二人暮らしで、宇宙に詳しい。そして、サミールが入院した直後から話しかけてくれ、手術が終わったら「ぼくといっしょに火星に行くかい？」と誘ってくれる。

サミールはロシアの少女ルッドミラーを王女様のように思っているが、誕生日に、粘土で作ったうさぎをプレゼントして、少し心が通う。また、ラジアは酔《よ》っぱらった父親に虐待《ぎゃくたい》されて入院していたが、その父親が面会に来て、病室の全員で、ラジアを守ろうとする。

手術後の夜、ヨナタンがこっそり見せてくれたコンピューターゲームの中の火星で、サミールは、ヨナタンとの間にあって、ファディとの間になかったものが「たしかな希望」だったということに気付く。

病室の子どもの状況が大人社会の縮図になっていながら、子どもたちが死と隣り合わせの日常を共に過ごすことで、人間関係を築いていく様子がリアルに描かれ、平和は実際に人と人とが出会い、語り、生活を共にすることから始まるということが実感できる。

（土居安子）

ノンフィクション　読物　伝記

きれいな絵なんかなかった

こどもの日々、戦争の日々

アニタ・ローベル／作　小島希里／訳
2002年（1998年）　ポプラ社　323p

●時代背景　ポーランド　スウェーデン／第二次世界大戦1934〜50年ごろ
●キーワード　家族　ばあや　宗教　ゲットー　強制収容所　ホロコースト　ナチス

弟はどこ？　弟をおいては、行きたくない

絵本作家アニタ・ローベルが１９３４年にユダヤ人としてポーランドで生まれ、16歳でアメリカに渡るまでの、生き残ったことが奇跡のような体験を描いた作品。

裕福な家庭に生まれたアニタは、キリスト教を固く信じ、アニタと弟を溺愛してくれた「ばあや」と、どこか距離を感じるお母さんと、いい匂いのするお父さんと住んでいたが、ユダヤ人の移送が始まり、家族はばらばらになる。

アニタと弟は、まずはばあやの故郷へ行き、母とゲットーのアパートで住むようになり、ばあやに助けられて修道院で過ごし、刑務所の監房《かんぼう》を経て強制収容所へ。そこでナチスの将校と関係があったライサおばさんに食べ物を与えられるが、アウシュビッツへ移動させられる。アウシュビッツでの体験は、死と隣り合わせで、弟と二人で関心事が食べ物と排泄《はいせつ》のみという状況で生きている様が書かれている。アニタと弟は何とか生き延び、スウェーデンで保護され、家族と再会してアメリカ合衆国へ移住する。

初めてこの本を読んだとき、強烈な印象が残ったのは、アウシュビッツへ向かう途中、ライサおばさんがアニタにばあやが待っているから逃げるように言った時、アニタはライサを信用できず、弟を置いてはいけないと逃げなかった場面だった。10歳の少女が、何が正しいかの決断を迫られ、それによって、人の命が左右されるという状況は読んでいて身が震えたのを記憶している。ほんの数ページの描写だが、森の中でのこの場面が一本の映画を見ているように感じられた。

どの出来事も細部まで描かれ、大人も子どもも生き延びるのに必死である姿が冷静に語られる。その記憶の鮮やかさ、一貫した子どもの視点からの描写に著者のたぐいまれなる才能を感じさせられる。

（土居安子）

ノンフィクション　読物

子どもたちへ、今こそ伝える戦争

子どもの本の作家たち19人の真実

長新太ほか／著
2015年　講談社　175p

●時代背景　日本　満州／太平洋戦争1942年～

●キーワード　我慢　腸チフス　旧制中学　国定教科書　国民学校　教育勅語　空襲　疎開　防空壕　B29　焼夷弾

〝全滅〟というかわりに、〝玉砕《ぎょくさい》〟といえば、水晶の玉が砕け散る、美しく清らかな感じになります

子どもの本の作家や画家たちが、戦中・戦後の体験を子どもたちに伝えようとする本。

長新太は１９４５年４月の蒲田への空襲を描いたマンガの中で、火が迫ってくると顔がヒリヒリしてぴーんと突っ張ったことや、日本刀を持ってじっと座っていた老人を見ていたことを描いている。

那須正幹は荷車の上に缶詰を山積みにした男（たぶん火事場どろぼう）がミカンの缶詰をあけてくれたのだが、中のミカンがやけどしそうなほど熱かったのをおぼえている。

三木卓は満州で、中国人の煙突掃除の子どもたちが全裸でまっ黒になって歩いていたのを見ている。

森山京はミルンの『プー横丁にたった家』をくり返し読むことによって、空襲へのおびえや空腹のつらさから遠ざかることができた。

幼児のころ絵が上手だった左利きの山下明生は戦争が始まると、左利きを矯正《きょうせい》され（全員がそろって行動しなくてはいけないのに統制がとれないから、と）絵が描けなくなった体験を語る。

長野ヒデ子は戦後ようやく戻ってきたものの井戸にとびこんで自殺した父親を、「自分とはちがう考えや行動を強制されるつらさとこわさを味わったのだ」と思いやる。

田畑精一は、国を挙げての戦争賛美の時代に子どもたちが替え歌で戦争を笑いとばしていたことを記憶している。

ほかにも和歌山静子、おぼまこと、田島征三、いわむらかずお、今江祥智、杉浦範茂、かこさとしたちが自分の見聞きしたことを書いている。興味をもった作家の部分だけ読んでもいい。巻末には、語の図解や注釈、地図や年表も載っている。

（さくまゆみこ）

ノンフィクション　読物

ダイヤモンドより平和がほしい

子ども兵士・ムリアの告白

後藤健二／著
2005年　汐文社　105p

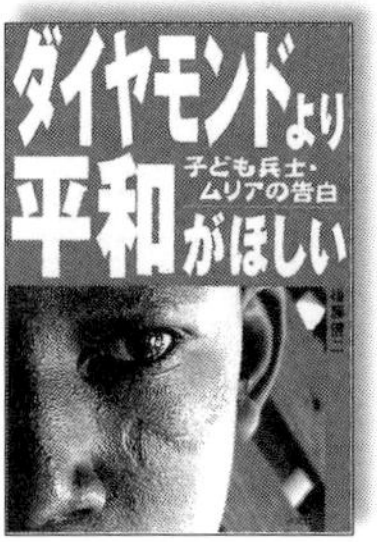

●時代背景　シエラレオネ／2004年
●キーワード　児童労働　内戦　貧困　ジャーナリスト　子ども兵士

好きで兵士になったわけじゃない。ぼくたちを許してほしい

アフリカの西部の小さな国、シエラレオネは上質のダイヤモンドが採れますが、このダイヤモンドを手に入れたい反政府軍と政府軍との戦争が絶えませんでした。著者はこの戦争で両手を失った人の写真を目にし、何が起こっているのかについて取材し始めました。

まず、戦争で傷ついた人が収容されているキャンプを訪れ、あるダイヤモンド採掘師に話を聞きます。彼は反政府軍の襲撃でいきなり自分の腕と耳を切り落とされたといいます。兵士たちは、小さな子どもの腕をも切り落とし、逃げる人を銃で撃つという残虐《ざんぎゃく》な行為を行いました。驚くべきことに、その兵士たちは少年兵だったのです。なぜ少年がこんな恐ろしいことをする兵士になるのか。さらに取材を進めた著者は、実際兵士だった少年に会い、話をするうち、想像しがたい事実を目の当たりにします。そして、兵士だった少年もまた戦争の被害者で、深い苦しみを抱えながら、それでも夢を持って生きていることを知るのです。

この本は、このような非人道的なこと、つまりは「戦争」を終わらせ、それによって苦しむ人を救わなければならないという強い信念を持って取材し、読者に伝えています。もし私たちが平和のために行動をおこすとしたら、まず何をすればいいのでしょう。それは、「知ること」そして考えることです。この本をきっかけに、今世界で何が起こっているのか、ニュースで報道されることの陰に、どれだけ多くの市民や子どもたちが苦しんでいるのか、知ろうとする気持ちを持ってください。それが平和を願い、命がけでカメラとペンを持って行動したジャーナリスト、後藤健二さんの遺志《いし》でもあるでしょう。

（右田ユミ）

ノンフィクション　読物

三つの願い

パレスチナとイスラエルの子どもたち

デボラ・エリス／著　もりうちすみこ／訳
2006年（2004年）　さ・え・ら書房　189p

●時代背景　イスラエル　パレスチナ／インタビューは2002年
●キーワード　学校　家族　入植地　占領　外出禁止令　徴兵制度　検問所　自爆　分離壁　難民キャンプ　アラブ紛争

だから今は、たがいに交わりをもつことはないんだ

カナダ人女性作家のデボラ・エリスは、２００２年にイスラエルとパレスチナ人地区の両方を訪れ、子どもたちにインタビューして、それぞれの願いをきいた。これは、その記録。

まずはじめにびっくりするのは、最初のほうにずらっと並んでいる子どもの名前。年齢も書いてある。第二次インティファーダ（２０００年９月～２００３年３月に、イスラエルの占領に対してパレスチナ民衆が起こした抵抗運動）で亡くなった18歳未満の子ども４２９人の名前である。またエリスは、第一次世界大戦では死傷者の15％が市民だったが、第二次世界大戦ではその割合が50％になり、２００４年時点では戦争・紛争による死傷者の、なんと90％が市民だと書いている。まさかそれほどとは思わなくて、びっくりする読者も多いだろう。今の戦争は兵士ではなく、市民を殺すものになっている。

この本に登場する子どもたちは、年齢も宗教もさまざまなイスラエルの子どもたちとパレスチナの子どもたち。この二つのグループの間には大きな壁が存在している。たいていの子どもは、親から「彼らは敵だ」と教えられているし、「彼らは何をするかわからない」と思わされている。そして壁の向こう側の人とは話したこともない。そして、どちらの側も日常的に暴力を目にしている。

どちら側の子どもも犠牲者だ。でも、いったん憎悪に心がとらわれてしまうと、敵は敵にしか見えず、同じ人間とは思えなくなる。それは、とても悲しいことだと、この本は伝えているように思う。

他の文化を理解し、他の価値観をもつ人たちとも折り合いをつけることができれば、未来が少しは明るいものになるはずなのだが。

（さくまゆみこ）

フィクション　読物

銀のロバ

ソーニャ・ハートネット／著　野沢佳織／訳
2006年（2004年）　主婦の友社　190p

●時代背景　フランス　イギリス／第一次世界大戦中1914～18年
●キーワード　秘密　ロバ　森　お話　障がい（盲目）　脱走兵

戦争とは、ひたすらむだな死をもたらすものだ

舞台は第一次大戦時のフランス。ある日、マルセルとココの姉妹は、森で死んでいる人を見つけたと思い、逃げ出しながらもうれしそうな悲鳴をあげる。戦争から遠いところにいる、死におびやかされていない子どもにとっては、戦争は退屈で、死体が見つかるのは大事件だ。

森に倒れていた男は、英国軍の若い兵士。死んではいなかったが、脱走してイギリスに帰ろうとしている途中で視力を失い、森の中で途方に暮れていた。

兵士は手に、キラキラ光って美しい銀のロバを持っている。女の子たちはこのロバに興味を持ち、兵士に食べ物など必需品をもっていく。そのお返しに兵士は、ロバにまつわるお話をしてくれる。一つめは、ヨセフとマリアがヘイゼルというロバを借りてベツレヘムまで行って戻って来た話。二つめは、ロバが雨乞いに成功する話。三つめは、ロバと一緒に負傷兵を救出する担架《たんか》兵《へい》ジャックの話。四つめは、心臓の悪い弟のジョンが戦地に旅立つ兄に銀色のロバをくれた話だ。

やがて女の子たちは兄のパスカールも巻きこんで、兵士が故郷に帰るのを手助けしようとするが、それは、子どもらしい好奇心と秘密へのときめきからだ。いい子、優しい子だからなのではない。子ども像がリアルである。読者は、兵士が無事に故郷に帰れるかどうかを心配しながら読んでいく。だから、間に入った四つのお話を邪魔だと思う人もいるかもしれない。でも、この四つのお話は、兵士の頭の中にある生々しい戦場の記憶とは対照的で、どれも殺戮《さつりく》の世界とは逆の「愛」を象徴している。

最後は、足が悪くて戦争に行けず英雄になれないファブリースという男にも助けられて兵士は海峡を渡る。

（さくまゆみこ）

フィクション　読物

草花とよばれた少女

シンシア・カドハタ／著　代田亜香子／訳
2006年（2006年）　白水社　240p

●時代背景　アメリカ／太平洋戦争開戦直後1942年頃
●キーワード　農家　家族　12歳　友だち　手紙　人種差別
日系アメリカ人　ネイティブアメリカン　強制収容所

「おれの未来はここにある」フランクはじれったそうにいった。「おまえの未来は、べつの場所にあるんだ」

人を差別する国で胸を張り、未来を築くとは、どういうことか。スミコという少女をクサバナという名で呼んだ〝インディアン〟の少年との、出会いと別れの物語に鮮やかに描かれるのは、その複雑さだ。

日系人は太平洋戦争が始まる前からやんわりと排除されていたが、戦争が始まると、今度は国家が堂々と「敵性外国人」と呼び、人種差別をした。ドイツやイタリア系と違い日系人だけ、砂漠に強制収容したのだ。

彼らは苦労して耕した農地と家財道具をただ同然で売り払い、犬を置き去りにし、粗末なバラックへと、家畜のように運ばれた。その灼熱の荒野は、同じように白人に追われて住みついた〝インディアン〟の土地だった。

希望の見えない牢獄《ろうごく》に閉じこめられ、無気力に陥《おちい》った者がいる一方で、水路を引き、野菜や花を植え奮闘をする者もいる。理不《りふ》尽《じん》な扱いを受けた時に、真面目《まじめ》に生きることは、まるで「イヌ」だ。子どもたちは「立派なアメリカ人」に反抗し、盗みを働き、ニワトリを殺す。自分たちをアメリカ人として認めない国家になぜ忠誠を誓うのか？　と反抗した「ノーノーボーイ」の若者たちもいる。スミコはその中で、花畑を作り上げる。

結局、日本人より優れていると思っている白人に、そうではないことを認めさせるしか選択肢がなかった。砂漠を耕地に変え、白人の都合のよい工場労働者になり、勇敢な兵士として史上最高数の勲章《くんしょう》をもらった。そうやって未来を作った人々の複雑な思いを、この作品から知ることができる。

作者は１９５６年生まれの日系3世だ。同じく日系の少女が主人公のヤングアダルト作品『きらきら』で、ニューベリー賞を受賞している。

（是恒香琳）

フィクション　読物

少年は戦場へ旅立った

ゲイリー・ポールセン／著　林田康一／訳
2005年（1998年）　あすなろ書房　115p

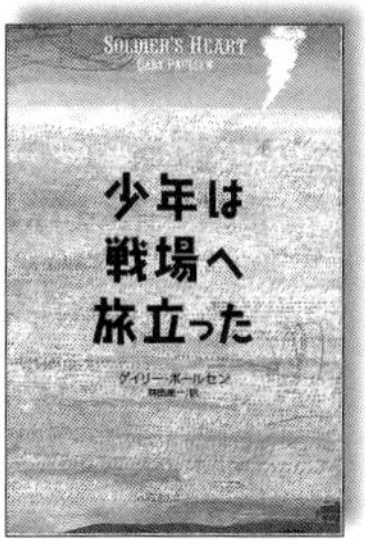

●時代背景　アメリカ／南北戦争1861年～
●キーワード　アップルパイ　馬　パレード　サーカス　雄叫び　義勇兵　リボルバー

みんなこわれていた。こわれたおもちゃか人形のようだった

ゲームで体験する戦争はまがいものだ。この本を読むと、本のほうがずっとリアルに戦争を体験できることがわかる。主人公のチャーリーは、物語が始まる1861年には15歳。世の中は戦争を目前にして高揚《こうよう》し、集会では熱狂にあおられて若い女たちが失神している。まわりはみんな、正義は自分たちのほうにあると思い、武力を使ってごろつきのやつらを懲《こ》らしめるしかないと考えている。

　ここで取り上げているのは、アメリカの南北戦争。チャーリーは自分も「一人前の男として戦うために」ミネソタ義勇軍に参加したいと思う。そして18歳だと年を偽って入隊する。どうせすぐ終わるだろうと思ったし、戦争が何かも知らなかったから。

　最初は、何もかも目新しいし、楽しいし、誇らしい。チャーリーは自分が死ぬとは思ってもいない。でも、たちまち現実が目の前にたちあらわれて、こんなはずじゃなかったと思うようになり「魂が体から出ていきそうなほど」吐《は》く。しかし、もう逃げ出すことはできない。

　二度目の戦闘では「南軍のやつらを皆殺しにしてやる」と意気込む勇ましいチャーリーがいるが、戦場に放置される兵士を見ると、高揚感も消えてしまう。それから思う。「実際に殺し合いをする人間、実際に死ぬ人間がすべてを決めることができるなら、戦争なんて起こらないだろう」と。

　物語の最後に登場するのは故郷に帰った21歳のチャーリーで、戦場の死は免《まぬが》れたものの心に傷を負い、疲れ、こわれている。

　著者は実在の人物をモデルにしてこの作品を書いた。チャーリーが視覚、聴覚、嗅《きゅう》覚《かく》、触覚を通して体験した本当の戦争を、読者も追体験できるように。（さくまゆみこ）

フィクション　読物

ステフィとネッリの物語　全4巻

アニカ・トール／著　菱木晃子／訳　新宿書房
1巻『海の島』2006年（1996年）　293p
2巻『睡蓮の池』2008年　248p
3巻『海の深み』2009年　267p
4巻『大海の光』2009年　316p

●時代背景　スウェーデン／第二次世界大戦1939～45年

●キーワード　戦争　ナチス　里親　姉妹　進路　疎開

ママのことは覚えているの。でも、パパは……

第二次世界大戦が始まった頃、ナチス・ドイツの弾圧から子どもたちを守るため、スウェーデン政府は救援委員会を作り、里親を募ってユダヤ人の子どもたちを受け入れていた。その数、５００人。その史実と著者の母の体験をもとに書かれた6年間の物語だ。

第一作では、12歳のステフィと7歳のネッリがオーストリアの首都ウィーンと全く違ったスウェーデンの島の漁師町に送られ、言葉もわからない中で、別々の養親に育てられる。ステフィは宗教の違いなどに悩みながら、厳格な養母のもとで暮らし、ネッリは優しい養母になつき、ふたりの子どもたちとも仲良く暮らす。

第二作では、ステフィは島を離れ、中学生になり、父親同様医者になりたいと学問にも励むが、思春期らしく友情や恋にも悩む。

第三作では、ネッリとステフィの葛藤《かっとう》が描かれる。両親と幼くして離れたネッリに、ステフィは何とか両親と故郷のことを忘れないよう言い聞かせるがうまくいかない。

第四作では、戦争がおわり、周囲は喜びにわいているが、今後のことをどう選択していったらいいのか、姉妹は悩む。そこへ音信不通だった父親からの手紙が届き、これからのあらたな話し合いが始まる。

戦争・人種差別がどれだけ人の生活も文化も崩壊させるのか。この物語はこの時代のある姉妹のひとつの話にすぎず、悲惨な話がほかにいくつもあるだろうという事もこの本を読んでいてうかがえる。そして、戦争は終わっても、決して生活にも心にも平和はすぐにやってこないことも。最後に、この物語にはステフィとネッリの心のひだがていねいに描かれ、成長物語としても読者を引き込む魅力がある。

（市川久美子）

フィクション　読物

世界の果てのこどもたち

中脇初枝／著
2015年　講談社　378p

●時代背景　中国東北部（満州）日本／第二次世界大戦1943年～
●キーワード　おむすび　開拓農民　友情　キャラメル　家族　引き揚げ　空襲　満州　創氏改名

つらい記憶、でもそれ以上に忘れられないものがあった

歴史の流れを見据えつつ、その中で生きた個人個人の生身のありようや変化を、読者の心まで届けるのは難しい。この作品は、そのあたりがうまくできている。

主人公は、生い立ちも、背負っている文化も違う3人の少女（女性）。3人は、中国東北部（満州）で出会い、雨に降り込められて無人の寺で夜を明かし、おむすびを分けあって食べる。その時の記憶が後々の3人の人生に影響をあたえていく。おむすびの記憶が？　と、飽食の時代に育った者は不思議に思うかもしれない。でも、戦時中は飢えに苦しんでいる人が多かったのだ。

主人公の3人とは、高知県の貧村から家族とともに満州にやってきた珠子《たまこ》、父親が横浜の貿易商で戦時中でも裕福な暮らしを享受していた茉莉《まり》、そしてもう一人は、朝鮮で生まれ、土地を日本の朝鮮総督府に奪われて、家族で満州にやってきた美子《ミジャ》。

子どもの美子は、創氏改名で富田美子と名乗ることに疑問を感じていないが、後に日本に渡って差別を体験することになる。一方、珠子は、戦後引き揚げる途中で親とはぐれ、中国人の親切な夫婦の養女となり美珠《メイジュウ》と名乗って中国人として生きようとする。いちばん恵まれていたはずの茉莉は、その後も名前は変わらないものの、空襲で孤児になり周囲の日本人にひどい目にあわされた結果、結婚もしないし、子どもも産まないと決めている。

戦争になると、強い者から弱い者への加害が増幅される。弱い立場の子どもは心身ともに加害の対象になりやすい。それを著者はしっかりととらえている。また三つの視点から見ることによって、被害と加害の両方を描くことができている。

（さくまゆみこ）

フィクション　読物

ベルリン1945

クラウス・コルドン／著　酒寄進一／訳
2007年（1993年）　理論社　655p

●時代背景　ドイツ／第二次世界大戦1945年

●キーワード　家族　障がい　兵士　ナチス　歴史小説

拷問で受けた傷は体から消えても、心に残る

「数字や出来事の羅列《られつ》ではない歴史を若者に語り伝えたい」１９４３年にベルリンで生まれ、東ドイツで育った著者が２０１４年に来日した講演会で語った言葉であり、この「ベルリン」三部作（理論社）にそれが結実している。ナチスが台頭する直前の１９１９年、ヒトラーが首相になる１９３３年、ドイツが敗戦を迎える１９４５年の三つの時代を背景に、ベルリンの最も貧しい地域に暮らすゲープハルト家の三世代の人々の生き様が描かれる。『**ベルリン１９１９**』の主人公は13歳のヘレ、『**ベルリン１９３３**』はヘレの弟で15歳のハンス、本書はヘレの12歳の娘エンネである。

『ベルリン１９４５』は、空襲警報のたびに防空壕に逃げ込み、死が身近にある状況で、ナチ党員の男が敗戦の気配を感じて態度を変化させていくのをエンネが目撃している様子から始まる。そこに、逃亡兵の叔父が現れたり、ナチ党員と結婚した叔母が空襲で焼け出されて助けを求めたりする。

そして、敗戦。ロシア兵による暴挙。権力者が変わっても飢えと死の危険から逃れられない日々。祖父母らと暮らしているエンネの元へ、12年間思想犯として収容所に入れられ、拷問を受け続けていたエンネの父が帰宅する。エンネは父に会いたいと願っていたにもかかわらず、なかなか心を通わすことができない。そして、１部と２部に登場した人々の消息が明らかになり、戦争の深い傷跡を知ることになる。

登場する全ての人物がていねいに描かれ、読者は歴史の渦に巻き込まれながらも必死で生きる人々に出会いながら、「生きる」とは何かを考えさせられる。また、１９１９〜４５年に至る社会的状況を知ることで、現在の日本や世界の状況のありようを考えることができる。

（土居安子）

フィクション　読物

ボグ・チャイルド

シヴォーン・ダウド／著　千葉茂樹／訳
2011年（2008年）　ゴブリン書房　480P

●時代背景　北アイルランド／北アイルランド紛争中1981年
●キーワード　家族　恋　試験　運転免許　考古学　旅立ち
IRA暫定派（プロヴォ）　爆弾　ハンガーストライキ

暴力から生まれるのは、さらにたくさんの暴力なんだよ

1981年の北アイルランドを舞台にした、史実に基づいたフィクション。当時は、過激な行動で知られた反英的なIRA暫定《ざんてい》派（プロヴォ）と英国政府の対立が激化し、様々なグループがテロや武装攻撃を繰り返していた。逮捕《たいほ》され収監《しゅうかん》された者たちは不当な待遇の改善を求めてハンガーストライキなどを行っていた。そんななかで18歳の主人公ファーガスは、試験に受かったらこの村を出ていこうと考えている。

作者のシヴォーン・ダウドはガンを患いながら書きつづけて2007年に死去するが、死後に出版されたこの作品はカーネギー賞を受賞した。

タイトルになっているボグ・チャイルドとは、アイルランドの泥炭《でいたん》の中から見つかった女性の遺体だが、鉄器時代に縛《しば》り首になったことがわかってくる。ファーガスの兄のジョーはプロヴォの兵士として刑務所に服役中だが、死を覚悟のうえでハンガーストライキを決行している。ファーガスは兄を「生」の側に引き戻そうとするが効果はない。兄と同じ組織のマイケルは、危険な使い走りをファーガスに頼み、「死」に向かっているジョーを止めるには自分の口利きが必要だと思わせる。ほかの人の会話の中にも「死」という言葉がしばしば顔を出す。作品全体に死のイメージが通奏低音のように流れている。でも、生と死とはいつも隣り合わせ。心をはずませる恋もある。この時代、この場所では、18歳の若者は濃厚な生と死にさらされていたのだろう。

長編だが、物語づくりも巧みで、どこまでもファーガスに寄り添って読むことができる。ファーガスが暴力に背を向け、はっきりと生の方を向いて、医者になるために旅立っていくのも、すがすがしい。

（さくまゆみこ）

ノンフィクション　読物

シンドラーに救われた少年

レオン・レイソン／著　古草秀子／訳
2015年（2013年）　河出書房新社　216p

●時代背景　ポーランド／第二次大戦時
●キーワード　家族　工場　ナチス　ユダヤ人　ゲットー　実体験

国家の方針に、シンドラーは反旗をひるがえして抵抗した

「シンドラーのリスト」は映画で有名になった。本書では、その労働者リストに載って生きのびることができた少年が、大人になってから自分の実体験と、シンドラーの人柄や行動について語っている。

ナチスの暴力にさらされて仕事も人間らしい暮らしも奪われたレオンの父は、ある日ナチス党員の事業家に雇われる。その事業家がオスカー・シンドラーだった。一方学校に行けなくなった12歳のレオンは、ブラシ屋で働いている。しかし事態は悪化し、周囲の世界は狂気に支配されて、生きるか死ぬかが運次第になってくる。レオンも、何度も間一髪《かんいっぱつ》で命拾いをする。そしてやがてレオンも強制収容所行きを免れて、シンドラーの工場に雇われる。工場では、まだ子どもで背が低すぎるので木箱の上に乗って働いていたという。

プロローグにはこうある。「(自分が生きのびたのは)私の命には価値があると、オスカー・シンドラーが考えてくれたことだ。自分の身を危険にさらしてまでも、救う価値があると考えてくれたのだ」と。

シンドラーについては、女好き、戦争成金、アル中などという悪評も伝わっている。たとえそうであったとしてもシンドラーは、同じ人間が尊厳を否定されて殺害されていく事態を黙って見ているわけにはいかなかった。

ナチスのホロコーストにはみんなが賛成していたわけではない。ひそかに匿《かくま》ったり、杉原千畝のようにビザを発給したり、シンドラーのように労働者として必要だと主張したりすることによって、ユダヤ人の命を救った人たちがいた。危険を冒して行動を起こす人がいたという事実を知ることは、読者の子どもたちの希望にもつながるだろう。

（さくまゆみこ）

ノンフィクション　読物

パレスチナ 戦火の中の子どもたち

古居みずえ／著
2015年　岩波ブックレット　62p

●時代背景　ガザ（パレスチナ）／ガザ紛争2008年～
●キーワード　ジャーナリスト　パレスチナ　イスラエル　子ども　絵　写真　ガザ攻撃　紛争　空爆

僕たちは生き続ける、僕たちは生きるに値する存在だから

大人が生きづらい社会は、子どもにとってはもっと生きづらい。ましてや戦争などが起これば真っ先に犠牲《ぎせい》になるのは子どもたちである。ページをめくるとイスラエル軍に射殺された弟の写真を見せる少年の写真が目に飛び込んでくる。もはや写真でしか見ることのできない弟の姿を掲《かか》げる少年を、私たちは写真でしか見ることはできない。果たしてこの彼は生きているのだろうか。私たちに何ができるのか。

本書に登場する子どもたちは戦争に巻き込まれ、家族を失っている。しかし彼らにできることは何もない。まだ子どもにすぎないのだから。だから、ある男の子は薬莢《やっきょう》を拾って集める。射殺された父の姿を記憶に留めておくために。ある女の子は自分の顔を絵の具で真っ黒に塗る。イスラエル兵の顔を忘れないために。ある女の子は絵を描き続ける。ミサイルで家族を失ったときの絵を。彼らは忘れてはならないと思っている。それが一番のつらい思い出だとしても。彼らは知っている。自分たちが傷つけられているということを。

テレビではガザ攻撃のたびにイスラエルとハマスが対等に戦っているような報道がなされる。しかし２０１４年のイスラエル軍侵攻の際も、イスラエル人の犠牲が73人だったのに対しパレスチナ人の犠牲は２０００人。両者の間には圧倒的な差がある。彼らは仕返しをすることができない。ただ言葉が、表現が、あふれてくる。それを拾ってゆくのが１９８８年から現地取材をする著者だ。悲惨《ひさん》な状況の中でも子どもたちは夢を語る。ある子は医者を、ある子は弁護士を、ある子はデザイナーを目指している。彼らには尊厳がある。そしてその姿を描きだす本書には、戦争に抗するペンの力がある。

（羽鳥　涼）

ノンフィクション　読物

ヒトラー・ユーゲントの若者たち

愛国心の名のもとに

S.C.バートレッティ／著　林田康一／訳
2010年（2005年）　あすなろ書房　223p

●時代背景　ドイツ／第二次世界大戦
●キーワード　若者　思想教育　愛国心　国家　ナチス

**ヒトラー・ユーゲントの若者たちは、生まれたときから
ナチスだったわけではありません。ナチスになったのです**

何故ドイツの若者はナチスに夢中になってしまったのか？　元ヒトラー・ユーゲントであった人々の証言から探っています。

当時、ドイツの若者たちがみんな馬鹿で暴力的だったのではありません。大人や社会に不満や不信感を持ち、もっと自由が欲しいと思っている若者。何かを成し遂《と》げたい、自分が何者かを知りたいと思っている若者。そう、今のあなたと同じです。

もし、あなたのそんな気持ちに応えるかのような人物が現れたら？　大人を疑え。社会を君たちの力で変えろ。と言われたら？　自分の気持ちをわかってくれたと喜んでもおかしくはありません。そんなのに私は引っかからないと思った時、あなたはもう罠《わな》に落ちています。私たちは自分の心の弱さを知る方がいい。

ヒトラー・ユーゲントの「自己犠牲の精神に魅了され」、「自分もその若者たちの仲間に加わりたいという強い思いにとらわれた」メリタ・マシュマンは、両親から反対されたとき、二人を「救いようのないほど旧式の頭」だとののしります。ヘンリー・メテルマンは「父がなぜわたしたちのすることを認めようとしないのか、なぜよろこんでくれないのか、そして誇りに思ってくれないのか、理解でき」ません。エリザベート・ヴェッターは両親に向かって言います。「わたしはもうあなたたちの娘ではないわ。わたしはヒトラーの子どもなの」。

怪しげなささやきを見抜くための方法を一つお教えしておきます。国家のためにつくすことが、あなたの幸せであると言ってくる誰かや集団は疑うこと。それに従うのは心地良いですよ。だって、もう何も疑わず迷いなく生きられますから。しかしそれは、あなた自身を捨て去る生き方です。

気を付けて。

（ひこ・田中）

ノンフィクション　読物

ぼくたちは戦場で育った

サラエボ1992–1995

ヤスミンコ・ハリノビッチ／著　角田光代／訳　千田善／監修
2015年（2012年）　集英社インターナショナル　288p

●時代背景	旧ユーゴスラビア／サラエボ包囲戦1992〜95年
●キーワード	家族　友だち　おもちゃ　内戦　戦場　スナイパー　銃弾　爆撃　爆弾　戦車　地下壕　地下室　国境

火薬のにおい、さみしさ、寒さ、空腹……戦争は悪魔だ!!

　現在のボスニア・ヘルツェゴビナを含む旧ユーゴスラビアは、多くの民族が共存する連邦国家だったが、チトー大統領が1980年に死んだあと深刻な経済危機に陥《おちい》る。それがきっかけとなって領土分割のための戦争が始まった。

　1992年3月、ボスニアが独立宣言をすると、東からセルビアが、西からクロアチアが国境を越えて攻め込んでボスニア戦争が始まり、首都のサラエボ包囲は1425日続いて10万から20万人の死者を出したという。

　この本は、当時サラエボで子ども時代を過ごした1000人を超す若者たちに、「あなたにとって戦争ってなんだった?」とヤスミンコくんがインターネットで呼びかけ、それに答えた同世代の若者のメッセージをまとめたものだ。

「ぼくは4歳だった。母が妹を妊娠中に、父が前線で死んだ。その翌日、妹が生まれたんだ。」「スナイパーがねらっている通りを、友だちが走って渡ろうとしていたんだ。母親が髪を逆立《さかだ》てて見守っている。それを見ている2人の男が賭《か》けをしていたんだ。彼が生き残れるかどうか。」「スナイパーが発砲するなか、7キロの道のりを徒歩で通学した。」

　日常の中に肉親の死が淡々と、しかも絶望的に語られる。通学する子どもをも狙うスナイパー。その生死を賭けの対象にする大人たちのすさんだ心。想像するだけでも身の毛がよだつ。

「戦争の思い出――おもちゃのかわりに、銃弾を集めて遊んだこと!」「爆弾の破片集め」。それぞれに短い言葉から、さまざまな物語が立ち上がり、子どもたちの眼を通して見た戦場でのくらしが、鮮やかに浮かび上がってくるようだ。

（野上　暁）

ノンフィクション　マンガ　伝記

ペルセポリス

イランの少女マルジ（I）　マルジ、故郷に帰る（II）

マルジャン・サトラピ／著　園田恵子／訳
2005年（2000年）　バジリコ　上160p　下192p

●時代背景　イラン／イラン・イラク戦争1980〜1990年代
●キーワード　イラン　スカーフ　拷問　自由　ロック　受験　恋愛

いつも自分に公明正大でいるわ

中東のイランでは、１９７９年にイスラム教シーア派のホメイニ師が指導するイラン革命が、１９８０年には8年間続くイラン・イラク戦争が起こった。本書は、１９６９年イラン生まれの著者が、そのころのイランの家族や社会を、ユーモラスかつありのままに描いた半自伝的ノンフィクションコミック。当時の社会情勢や人びとの暮らしぶりを当事者が書いたものは少なく、貴重な記録となっている。

１巻目では、イラン革命によってできたイスラム教原理主義を理念とする政府により、社会ががらっと変わるところから始まる。学校でも女子にヴェールの着用を強制し、西欧の文化に触れるのを禁止し、体制に反対する者への取り締まりが強まるなか、デモに参加したり、ときにスペインやトルコに旅行して西欧文化を満喫《まんきつ》したりする家族、逮捕される親戚などが描かれる。２巻目は、戦乱のイランを逃れて14歳でウィーンに留学した主人公が「自由の落とし穴」にはまり、孤独の中で恋とクスリにおぼれ、大学受験の前にイランに戻り、美術学科を受験し結婚するまで。

主人公マルジの率直さ、大胆さが痛快だ。まっすぐな目で社会の矛盾を暴《あば》き、思想や女性の行動を縛る保守的な社会とおりあいをつけつつも、自由な精神を持ち続け、さまざまな奥の手で規制をだしぬいていく。読者は、マルジにも社会にもびっくりしながら、どんどんひきこまれるだろう。

見出し引用文は、ウィーンに行くマルジが、祖母の励ましをうけて言う言葉。この母にして、この祖母にしてこの子ありと思わせる、筋金入りの母親や祖母も魅力的だ。

イスラムの人々や社会に近づく第一歩としても勧めたい。

（宇野和美）

児童文庫で出会う――戦争と平和の本

　小学生の子どもたちにとって、アニメ調のイラストのついた児童文庫は手に取りやすい本のひとつだ。近年はノンフィクションにも力を入れ、比嘉富子の『白旗の少女』や原爆の子の像のモデルとなった少女を描いた手島悠介の『飛べ！ 千羽づる』（ともに講談社青い鳥文庫）などの定番本が文庫で手軽に読めるようになっている。

『ほんとうにあった戦争と平和の話』は、アンネ・フランクやユダヤ人亡命者にビザを発行した外交官杉原千畝から、国連で難民支援に尽力した緒方貞子や激戦地で取材し続けたジャーナリスト山本美香などの人物伝14話がまとめられたもの。時代や地域を越え、平和な世の中を実現しようとした人を取り上げ、武器ではなく、言葉の力で物事を解決していこう、と読者に呼びかけている。

　他にも、青い鳥文庫には筒井康隆がベトナム戦争真《ま》っ只中《ただなか》に書いた異色の反戦ジュブナイル『三丁目が戦争です』や、ユニセフ親善大使として紛争地の子どもたちを訪問している黒柳徹子の『トットちゃんとトットちゃんたち』などがあり、興味深い。

　角川つばさ文庫では、原爆詩の朗読を続ける女優・吉永小百合が編んだ**『ヒロシマの風』『ナガサキの命』**の二冊に注目したい。『ナガサキの命』には、自らも被爆し、病をおして平和を祈り、本を書き続けた医師・永井隆の姿を綴《つづ》った「娘よ、ここが長崎です」も収録されている。また、宗田理の人気シリーズの一冊として**『ぼくらの太平洋戦争』**も刊行。１９４５年の豊川市に現代の中学生がタイムスリップすることで、戦時中の理不尽さを体感させたいという著者の熱意が伝わってくる。

　集英社みらい文庫には、軍用犬についての小説をリライトした**『さよなら、アルマ：ぼくの犬が戦争に』**（水野宗徳作）や、終戦後の色丹島の様子やソ連の強制収容所に送られた兄弟を描いたアニメ映画**「ジョバンニの島」**（杉田成道原作）のノベライズがある。

　これらの文庫をとっかかりに、さらに深く読み進められる本を手渡していけたらと思う。

（ほそえさちよ）

『ほんとうにあった戦争と平和の話』
野上暁監修　2016
講談社青い鳥文庫　254p

Book Shelf

コルチャック先生の考えをいまに伝える

さくまゆみこ

小児科医であり、教育者であり、児童文学作家でもあり、孤児院の院長でもあったコルチャック（1878年?〜1942年8月6日?）は、ポーランドのワルシャワで生まれた。本名はヘンリク・ゴルトシュミットだが、20歳で文学賞をとったときのペンネームがヤヌシュ・コルチャックで、その後は自分でもこう名乗っていた。

正確な生没年月日はわからない。生年がはっきりしないのは記録が残っていないのと、父親がすぐに届けなかったためと言われている。トレブリンカの絶滅収容所でナチスに殺された日も明確ではない。

子どもの頃は裕福な暮らしだったが、弁護士だった父親が亡くなると、コルチャックは家庭教師などをしながら弟妹を養いつつ自分の勉強も続けなければならなくなる。結婚もせず子どももいなかったが、彼には子どものことこそ何よりも優先して考えなければならないという信念があった。

小児病院勤務を経たのち、彼は二つのホーム（孤児院）の院長となる。ユダヤ人の子どものための「孤児たちの家」（ドム・シェロット）と、ポーランド人の子どものための「ぼくたちの家」（ナシュ・ドム）だ。ここでさまざまな子どもたちと触れあいながら、彼は、子どもについての洞察《どうさつ》を深め、子どもが権利を行使するための道筋を具体的に考え、その考えを実践に移していった。子どもによる議会、子どもによる裁判、子どもによる新聞発行などは、その実践例と言える。また二つのホームの、宗教的・文化的にも異なる子どもたちを交流させることにも、彼は熱心だった。

コルチャック先生は、子どもたちを親身に世話する一方で、本の執筆、大学での講義、ラジオの教育番組出演などもこなしていた。また特に第二次大戦中は孤児院の子どものために資金難、食糧難と闘わなければならなかった。子どものために、ありとあらゆる活動をしたのがコルチャック先生だと言うことができる。

ナチス・ドイツがポーランドに侵攻してユダヤ人の絶滅収容所送りが迫ると、先生の命を助けようとあちこちから手が差し伸べられたが、彼はそれを断って子どもたちと運命を共にする道を選び、トレブリンカ収容所行きの列車に乗り込んだ。

コルチャック先生は、また「子どもの権利条約の父」とも言われる。子どもについての彼の主張がポーランド政府による世界への提案につながり、一九八九年には条約が国連総会で採択されたからだ。

『子どものためのコルチャック先生』は、日本ヤヌシュ・コルチャック協会会長による、写真をたくさん載せたノンフィクション物語で、コルチャック先生の生涯を紹介している。

『子どものためのコルチャック先生』
井上文勝著　2010
ポプラ社

『コルチャック先生　子どもの権利条約の父』は、ポーランド生まれの絵本作家によるノンフィクション絵本。祖母が理解者であったことや、医師として従軍したときに戦争に巻き込まれた子どもたちの悲惨《ひさん》な姿を見たことなどもまじえ、子どもの権利という側から彼の生涯を描いている。

『ブルムカの日記：コルチャック先生と12人の子どもたち』（イヴォナ・フミレフスカ作　田村和子＋松方路子訳　石風社　2012）もポーランド人グラフィック・アーティストによる絵本で、絵がおもしろい。

『ぼくたちに翼があったころ』は、「孤児たちの家」でのコルチャック先生と子どもたちの触れあいを書いた読み物。

『コルチャック先生：子どもの権利条約の父』
トメク・ボガツキ作
柳田邦男訳　2011(2009)
講談社

作者はイスラエル人で、史実を下敷きにして架空の主人公を登場させている。子どもたちの裁判がどのように行われ、子どもたちの新聞がどのように発行されていたのかについても描かれている。

『コルチャック先生』（近藤康子著　岩波ジュニア新書　1995）は、中・高生を対象にコルチャック先生の生涯を描いているが、ナチスが台頭してきた時代背景や、ポーランドのユダヤ人についても理解が広がる。

世界各地の戦争で多くの子どもたちが権利も命も失っている。そんな今だからこそ、コルチャック先生の声にあらためて耳を傾け、「子ども優先」という考え方に立ち戻りたい。

『ぼくたちに翼があったころ：コルチャック先生と107人の子どもたち』
タミ・シェム=トヴ著　樋口範子訳　2015(2012)
福音館書店

Book Shelf

マンガが伝える戦争――さまざまな表現で

野上　暁

戦争をテーマにしたマンガは、数えきれないほどある。水木しげるのように、戦場体験のあるマンガ家や、敗戦により旧満州（中国東北部）から命からがら逃げて来た赤塚不二夫やちばてつやは、その体験をマンガに描いてきた。中沢啓治の「はだしのゲン」のように、原爆体験を描いたマンガの名作もある。ここでは、ごく最近に刊行された作品の中から選んだものを紹介する。

『ディエンビエンフー　0』は、ベトナム戦争に従軍した日系アメリカ人で、一七歳の報道カメラマン、ヒカル・ミナミを主人公にした戦場マンガ。敵味方が入り乱れ死が日常化した戦場では、人の命などは虫けらと同じで、水辺には死体が浮かぶし首は飛ぶ。ミナミも、ベトコンの少女が投げたナイフで肋骨を砕かれるが、胸のカメラが危うく命を守ってくれた。「ディエンビエンフー」は、南北ベトナム間の非武装地帯の地名。巻末に関連年表があり、マンガの舞台と背景が理解しやすい。これとは別に同タイトルの小学館版が1から12（2016年）まである。

『ディエンビエンフー　0』
西島大介著　2014
角川書店

『いちご戦争』（今日マチ子　河出書房新社　2014）は、イチゴやショートケーキなど、お菓子の世界に戦争のイメージを重ねた、オールカラーの絵本のようなかわいい本だが、1枚1枚の絵はこわい。「いちごミルク海峡決戦」「西瓜島の戦い」「まさか自分が…玉砕《ぎょくさい》いちご味」「いちご爆弾」など、絵には手書きの文字がつけてある。同じ作家の**『cocoon』**（P199）や、長崎の原爆をイメージして描かれた**『ぱらいそ』**（秋田書店　2015）とあわせて読むと、かわいい絵の背後から戦争の悲惨《ひさん》な現実が語りかけてくるようだ。

特攻隊が祖国のためにいさぎよく自らの命を捨てたと英雄視されたり、ゼロ戦が、かっこよく描かれた小説や映画が人気だ。しかし全く違った現実を描いたのが、**『零戦少年』**（葛西りいち秋田書店　2015）である。特攻隊員だった祖父の話をもとに、なぜ海軍航空隊員をめざし、どう戦ったのか、実体験をもとにした作品だけにリアルだ。

アジア太平洋戦争での日本兵の戦死者の大多数が、餓死や病死だったというくらい戦場での食糧事情は悲惨だった。その対極にあるかのように、**『戦争めし』**（魚乃目三太　秋田書店　2015年～現在3巻まで）は、戦場での食べ物をめぐるエピソードを大らかに描き、現実との格差を疑ってしまうのだが、戦時中の食糧事情や戦場での食べ物にかかわる日常がよくわかる。

『ペリリュー：楽園のゲルニカ』は、2015年4月、天皇皇后が慰霊訪問したことから注目を浴びた、パラオ諸島南部のサンゴ礁の島での日米の激しい戦闘を描いた作品だ。米軍約5万に対し日本軍は約1万。米軍の死者約2300人に対し日本軍はほぼ全滅。徹底抗戦を強いられた悲惨な戦いの様子が克明に描かれている。

『ペリリュー
：楽園のゲルニカ』
武田一義著　2016　白泉社

「漫画家たちの戦争」は、戦争をテーマにしたマンガの多様さを象徴するような子ども向けシリーズだ。『原爆といのち』には、手塚治虫の「ブラック・ジャック」の一編のほか、赤塚不二夫の「久平とねえちゃん」、中沢啓治の短編など6作品が入っている。『子どもたちの戦争』には、ちばてつやの満州から帰国する途中の話「屋根裏の絵本かき」や、永島慎二、あすなひろし、石坂啓、弘兼憲史らの8作品。『戦争の傷あと』には、藤子・F・不二雄の「ドラえもん」の中の1作はじめ、樹村みのり、北見けんいち、今日マチ子、西岸良平、滝田ゆうら、9名の作家の作品が、『戦争の現実と正体』には、水木しげるの「白い旗」、白土三平の「戦争　その恐怖の記録」他6作。『未来の戦争』には、石ノ森章太郎「くだんのはは」、山上たつひこ「地上」など8作品。『別巻資料』は写真が豊富で年表も充実している。

「漫画家たちの戦争」
中野晴行監修
全5巻+別巻　2013
金の星社（『原爆といのち』『子どもたちの戦争』『戦争の傷あと』『戦争の現実と正体』『未来の戦争』『別巻資料』）

「原水爆漫画コレクション」の『①曙光』『②閃光』『③焔光』『④残光』（編著：山田英生　平凡社　2015）は、広島・長崎の原爆とビキニの核実験などから、未来の核戦争までを描いたマンガを紹介。子ども雑誌に掲載された作品が多いため小学校中学年から読める。

第5章

絵のちから
音楽のきぼう

絵をかく。歌をうたう。ものを作る。
創造することと想像することが
生きる力をきたえる本 17

フィクション　絵本

Oじいさんのチェロ

ジェーン・カトラー／作　グレッグ・コーチ／絵　タケカワユキヒデ／訳
2001年（1999年）あかね書房　32p

●時代背景	どこか／いつかの時代
●キーワード	おじいさん　少女　チェロ　音楽　勇気　元気の素　広場　爆弾　空襲　配給所

音楽は、救援トラックと同じように、生きる勇気をわたしたちにくれるのだもの。

戦火の街に住む女の子の語りでつづられる。街はもう、めちゃくちゃだ。男は戦争に行き、残ったのは子ども、女、老人、病人だけ。食料も水も不足し、唯一の救いは毎週水曜日4時、広場に来る救援トラックだけ。配給物資を求めて人びとが集まる水曜日を、女の子は「まるで、おまつりみたい。」と心待ちにする。

ところが、そのトラックまでが爆撃された。人の消えた、がれきだらけの広場にぽつんと立つ女の子。「1週間に1回だけの、すてきな日は、もうこないんだわ」。戦争は、ささやかな幸せさえ奪っていく。ところが、次の水曜日4時、窓から広場を見ていた女の子を驚かせることが起きた。いつも不機嫌で「オー！」と怒っていたO《オー》じいさんが、正装着で広場に現れ、チェロを弾き始めたのだ。実は有名なチェリストだったO《オー》じいさん。力強く美しい旋律が広場周辺に響き渡り、ママが、「バッハだわ」と顔を輝かせた。救援トラックさえ来ない取り残された町の汚い広場が、一瞬で大きなコンサートホールに変わったようだ。素晴らしい音楽が、絶望でつぶされそうな人々の心を解放し、生きる勇気を与えてくれた。毎日広場で演奏を続け、大事なチェロが爆弾で壊されても、ハーモニカで音楽を届けるO《オー》じいさん。人間を愛し戦争を憎む強い決意が伝わってくる。

読後に改めて表紙を見ると胸が熱くなる。爆撃を恐れず、広場で凛としてチェロを奏でるO《オー》じいさんと、2階の窓辺でうっとりと聴く少女の顔。美しいチェロの音色があたり一面に広がっていく情景が見事に描かれている。戦争の恐怖や空しさを訴えるとともに、音楽の力、芸術文化の力強さを確信させる絵本でもある。

（代田知子）

フィクション　絵本

せかいいち　うつくしい村へ　かえる

小林豊／作
2003年　ポプラ社　41p

●時代背景　アフガニスタン／現代
●キーワード　旅　友だち　笛　サーカス　種

せかいいち　うつくしい　村は、いまも、みんなの　かえりを　まっています

小林豊がアフガニスタンのパグマン村の男の子たちを取り上げたシリーズの最終巻。シリーズの1巻目『**せかいいちうつくしいぼくの村**』（1995）では、自然の恵みを受けてくらしているパグマン村に戦争が影を落としているものの、少年ヤモはお父さんと一緒にサクランボを収穫して市場へ売りにいき、子羊を買って帰る。そこは美しい村で、人々は豊かなくらしをしていたことが伝わる。

2巻目の『**ぼくの村にサーカスがきた**』（1996）では、ヤモ（お兄さんが戦争に行っている）と、ミラドー（お父さんが戦争に行っている）の二人の少年が、村にやってくるサーカスを見て、楽しいひとときを過ごす。お父さんが置いていった笛をいつも吹いているミラドーは、歌手が登場して歌をうたったとき、思わず笛を吹き、それが気に入られて、サーカス団に入って一緒に旅をすることになる。しかしこの年の冬に村は戦争で破壊され、人々は命からがらよその土地へ逃げていく。

3巻目のこの絵本では、サーカスと一緒に世界中をまわっていた笛吹きのミラドーが、戦争が終わるというニュースを聞き、作物の種をポケットにつめてパグマン村に帰っていく。国境をいくつも越え、雨風にさらされ、人々の親切にも支えられながら、春の花をさかせる村にもどる。そして友だちのヤモに再会する。

戦禍《せんか》にさらされた人たちの中には、死んでしまった者もいるだろう。負傷して働けなくなった者もいるに違いない。けれど、生き残った子どもたちの中にはまた命の炎がもえだし、未来に向かって行こうとする。シリーズの3冊をまとめて読むと、そのことがひしひしと伝わってくる。

（さくまゆみこ）

フィクション　絵本　詩

世界中のこどもたちが103

平和を作ろう！ 絵本作家たちのアクション／著
新沢としひこ／作詞　中川ひろたか／作曲
2004年　講談社　35p

●時代背景　日本／（きっかけ）イラク戦争2003年
●キーワード　絵本作家　世界　子ども　歌　日本　平和

せかいに、にじをかけよう

2003年3月、イラク戦争勃発《ぼっぱつ》。米英軍による攻撃は、どれだけ多くの市民、子どもの命を奪ったのでしょう。どんな場合でも、武力で問題を解決させるのは間違いだということは、これまで幾度の戦争を経て、わかっているはずなのに。

では、平和な世の中にするためにはどうしたらいいのか、何人かの絵本作家たちが語り合い、考えました。そして「大勢の絵本作家が平和を願い、連帯して一冊の絵本を作る。印税はユニセフに寄付する」ことを決めました。「平和を作ろう！　絵本作家たちのアクション」という実行委員会が立ち上がり、呼びかけたところ103人の日本の絵本作家が賛同しました。この絵本のプロジェクトにぴったりだということで、文章は「世界中のこどもたちが」という歌に決まりました。全ての小学校音楽教科書に載っていて、子どもたちがよく知っている歌です。絵本の原画の公開制作イベントも行われたそうです。そして、103人の絵本作家によるたくさんの原画が集まり、それらが35ページの中にちりばめられた絵本ができあがりました。

「せかいじゅうの　こどもたちが　いちどに　わらったら……」、そんな素敵なことばにのせた絵の数々。個性的な絵なのに、平和を願うという絵本作家の思いによって描かれているからでしょう、この絵本はどこを開いても平和な喜びにあふれた一つの世界になっています。大勢の人が心を一つにして、行動を起こせば、あるいは一度に笑えば、歌えば、何かが変わるかもしれないと思わせてくれる本です。

何度でも歌いたくなる歌、何度でも開きたくなる絵本。歌の力、絵本の力を感じてください。

（右田ユミ）

フィクション　絵本

ブルンディバール

トニー・クシュナー／再話　モーリス・センダック／絵
さくまゆみこ／訳
2009年（2003年）　徳間書店　56p

●時代背景　チェコ／第二次世界大戦1945年頃
●キーワード　町　家族　友だち　兄妹　ミルク　オペラ　子守唄　強制収容所　ホロコースト　黄色い星

わるい　やつらは　かならず　まける！こどもたちが　やっつけた！

センダックの絵が深い。

ストーリーは母の病気を治すためにミルクを手に入れようと町に行った兄妹が、動物や子どもたちの力を借りて悪者ブルンディバールに立ち向かい、ミルクを手に入れて帰るというもの。

訳者の解説によると、１９３８年に作られたオペラが元になっており、１９４２年にチェコのプラハのユダヤ人孤児院で初演され、チェコ北部のテレジンにあったナチスの強制収容所で、子どもによって55回も上演された。テレジンでは子ども1万５０００人中、１３２人だけが生き残ったとある。劇作家・脚本家のクシュナーとセンダックは、ユダヤ系アメリカ人であり、オペラが上演された歴史を絵本として語り継ぐという思いが伝わってくる。

オルガン弾きのブルンディバールは子どもも嫌いで、お金好き。声が大きく、ちょびひげをはやしてまるでヒットラーのよう。大人たちは最初はブルンディバールの歌に拍手喝采するが、３００人の子どもが子守唄を歌うと、子どもを応援する身勝手さを持つ。そんな中、動物と子どもだけが真実を見抜き、悪を倒す力を持つ。

歌が持つ芸術性、物語の魅力がテレジン収容所の子どもにひとときの幸福を与えたように、この絵本も音楽があふれ出るような絵が読者を絵本の世界へ没頭させる。そこには、ピエロのようなアイスクリーム売りや知りたがり屋のゴキブリのような笑いもあれば、随所に現れるクロウタドリや子守唄の言葉から、子どもの死の予感も描かれる。ユダヤの星の腕章を着けた人や、子どもたちの表情の翳《かげ》りに気付くと、過去の歴史的事実を思わずにはいられない。最後のページのブルンディバール再来の予告を読むと、今の時代につながる。（土居安子）

ノンフィクション　絵本　伝記

おとうさんのちず

ユリ・シュルヴィッツ／作　さくまゆみこ／訳
2009年（2008年）　あすなろ書房　32p

●時代背景　ポーランド　トルキスタン／第二次世界大戦中
●キーワード　家族　難民　地図　市場

ぼくのかぞくは　なにもかも　うしなって、いのちからがら　にげだした

これは、あの『よあけ』（福音館書店）という名作絵本を描いた、ユリ・シュルヴィッツの少年時代の物語だ。

戦争でなにもかも失った、少年シュルヴィッツの家族は、命からがら、遠くの国へ逃げる。泥とらくだの糞《ふん》でできた家に暮らし、食べるものはほとんどなかった。

そんななかで、おとうさんは、ある日、パンを買いに町にでかけた。ところがおとうさんは、パンを買わずに、大きな世界地図を1枚買って帰ったのだった。

絶望した母と少年は、飢えたままふとんをかぶって眠った。

次の日、おとうさんは、壁に地図を貼った。暗い部屋が明るくなった。少年シュルヴィッツは、うっとり、飽きることなく地図を眺め続けた。地図のなかの地名を呪文のように唱えると、ひもじさも貧しさも忘れて、はるか遠くで魔法の時を過ごすこともできた。

おとうさんは正しかった。少年はパンを買わなかった父を許した。

この絵本、巻末に、シュルヴィッツが少年の頃に描いた地図や市場の絵が掲載されていて、とても興味深いのだが、絵本全編、シュルヴィッツは、少年時代に使っていたペンとインクと水彩、それにコラージュなどで、その時代の空気を再現している。

貧しい中で、どうやって絵を描く世界に彼が飛び込んでいったのか。そして、シュルヴィッツの絵がどうして人の心の奥に届くのか、その秘密を知った。

『よあけ』が出版されて、その30年後に、その作者の絵描きとしての出発の物語を今こうして読むことができる感動は大きい。

（増田喜昭）

ノンフィクション　絵本

ここが家だ
ベン・シャーンの第五福竜丸

ベン・シャーン／絵　アーサー・ビナード／構成・文
2006年　集英社　32p

●時代背景　マーシャル諸島　日本／ビキニ水爆実験1954年
●キーワード　詩　船　絵　原子爆弾　放射線障害
第五福竜丸事件

原水爆の　被害者は　わたしを　最後に　してほしい

この一冊を語るうえで、まず、ベン・シャーンという一人の画家のことを知ってほしい。もちろん、この本のページを開いて、彼の絵を見れば、その強烈な線と構図に心うばわれ、一度見てしまったら、忘れることのできないシーンになると思う。

1954年3月1日、マーシャル諸島のビキニ環礁で、アメリカ国防総省が水爆実験を行った。その爆発力は、広島型原爆の1000倍を超え、きのこ雲は35キロメートル上空まで昇った。大量の放射能が、潮流に乗って、太平洋を広く汚染した。マーシャル諸島の住民が被曝し、近くで操業していた遠洋マグロ漁船の第五福竜丸も、死の灰をもろに浴びた。

この本は、その状況を語っている。その第五福竜丸の無線長、久保山愛吉さんが、放射能病に耐えながら、自らの被曝体験を語り、水爆の生き証人となった。

9月23日 久保山さんの
心臓は　とまった。
「原水爆の　被害者は　わたしを
最後に　してほしい」
といって　かれは　なくなった。
人びとは　わかってきた――
ビキニの海も　日本の海も
アメリカの海も　ぜんぶ
つながっていること。
原水爆を　どこで　爆発させても
みんなが　まきこまれる。

世界的な原水爆禁止の動きは、ここから始まった。その問題を、たくさんの絵で訴えたのが、ベン・シャーンなのである。彼は、もうこの世にいないが、その絵を構成し、文を書き、一冊の本にしたアーサー・ビナードは、詩人として日本に住み続け、原子力のさまざまな問題に取り組んでいる。

この本は、ベン・シャーンの絵とともに、長く読み継いでいかなければならない。多くの被害者たちの遺言なのだ。（増田喜昭）

ノンフィクション　絵本　伝記

ながいながい旅

エストニアからのがれた少女

イロン・ヴィークランド／絵　ローセ・ラーゲルクランツ／文
石井登志子／訳
2008年（1995年）岩波書店　48p

●時代背景　エストニア／第二次世界大戦

●キーワード　旅　おばあちゃん　おばさん　難民　犬　絵　カバン

そして今、女の子はようやく到着したのです

リンドグレーン作品の挿絵で有名な画家の自伝的絵本。画家のふるさとエストニアは、1918年にロシアより独立したものの、第二次大戦中の1940年にはソビエトに占領され、翌年にはナチス・ドイツに占領され、1944年にはソ連に併合《へいごう》されるなど、他国の支配にさらされてきた。

絵本は、小さな女の子がカバンの上にすわって犬といっしょにおばあちゃんを待っている場面から始まる。おばあちゃんはいつになっても現れない。女の子はつじ馬車に頼んでおばあちゃんの家に連れていってもらう。おばあちゃんは、びっくり。戦争のせいで、女の子が疎開《そかい》しにくるという知らせがまったく届いていなかったのだ。

女の子イロンは犬に守られ、自然を満喫しながら楽しく過ごしているのだが、やがておばあちゃんの家のある田舎《いなか》にも、戦争が近づいてくる。守ってくれていた犬も兵士に撃ち殺される。

イロンは、またひとりで難民船に乗ってエストニアを離れる。勇気と元気を人一倍もっているイロン（「そしてもちろん、どこかのこわがりやさんじゃなくて、イロンでよかったのです」）だが、どんな子どもでも「ひとりぼっち」はつらい。イロンはとうとう避難所で気を失う。それを聞きつけて訪ねてきてくれた親戚のおばさんが、力になってくれる。画家のおばさんに引き取られたイロンは、ようやく自分の居場所を見つけ、画家としての才能を開花させていく。

子どもの暮らしに戦争が大きな影を落とす場面と、それにもかかわらず子どもたちが楽しみを見いだす場面とがそれぞれトーンを変えて描かれており、絵が雄弁に出来事や心象を語っている。難民を考えるときに、ぜひ読んでほしい絵本。（さくまゆみこ）

ノンフィクション　絵本

イラクから日本のおともだちへ

小さな画家たちが描いた戦争の10年

佐藤真紀＋堀切リエ／文　JIM-NET／協力
2013年　子どもの未来社　48p

●時代背景　イラク／湾岸戦争1991年〜
●キーワード　アラビアンナイト　ガン　絵　劣化ウラン弾　白血病　メソポタミア文明

イラクを攻撃して、世界は平和になりましたか？

この本には、イラクの子どもたちが描いた絵がたくさん載っている。ナツメヤシの絵、花の国の絵、お誕生日の絵、鳥や猫の絵、サッカー場の絵……。しかし、戦争を体験し、苦しんでいる子どもたちはこんな絵も描く。爆撃の絵、車や家が燃えている絵、飛行機から爆弾が落ちてくる絵、鼻血が止まらなくなった絵、難民キャンプの絵、倒れて血を流している人の絵……。

絵を描いた子どもたちの多くが白血病や、癌や、骨肉腫や、悪性リンパ腫を患っている。亡くなってしまった子もいる。

かつてメソポタミア文明が栄えていたイラクは、1991年の湾岸戦争、2003年からのイラク戦争で、アメリカ軍を中心とした多国籍軍によって攻撃され、破壊された。多くの市民が殺され、その時使われた劣化ウラン弾で、子どもたちは病気になった。イラク戦争は、間違った戦争だ。イラクが大量破壊兵器を隠しているという理由で始まったけれど、結局破壊兵器はみつからなかったのだから。日本政府は、アメリカの攻撃を支持した。だから、亡くなったり、怪我や病気で苦しんだりしている子どもたちには、私たち日本人も謝らなくちゃいけない。

それなのに、イラクの子どもたちは、2011年3月11日に東日本大震災が起こり、福島で原発事故が起こると、こんな手紙を書いてくれた。「わたしたちは、日本のみなさんのことが、とてもしんぱいです。こころはいつも、日本のともだちのみなさんと、いっしょです」。日本の人の心の中に花が咲いてほしいと、何枚も何枚も花の絵を描いてくれた子どももいる。戦争をしても平和は来ない。そのことを、イラクの子どもたちが教えてくれている。

（さくまゆみこ）

ノンフィクション　絵本　伝記

戦争をくぐりぬけたおさるのジョージ

作者レイ夫妻の長い旅

ルイーズ・ボーデン／文　アラン・ドラモンド／絵　福本友美子／訳
2006年（2005年）岩波書店　70p

●時代背景　ヨーロッパ　アメリカ／第二次世界大戦1935〜40年
●キーワード　家族　サル　ペンギン　写真　絵　難民　自転車　日記　旅　ブラジル

やっとのことで脱出　荷物すべて紛失
所持金残りわずか

誰も知っている「おさるのジョージ」の作者、H・A・レイ。彼の名はハンスといって、ハンブルク生まれのユダヤ人だった。妻の名前はマルガレーテ。のちにマーガレットと改名する彼女も、同じくハンブルクのユダヤ人家庭で生を受けた。二人は20世紀の初めに、同じ町で子ども時代を過ごし、お互いのことを知ってはいたけれど、2人の人生がはっきり交差するのは、なんとブラジルのリオデジャネイロ。1935年にこの町で再会した二人は意気投合。二人で絵を描いたり文章を書いたり、いっしょに仕事を始め、その年の8月に結婚することになる。この年、二人は小さなおさるを2匹飼い始めた。そして数カ月後、パリに新婚旅行に出かけて行った——。

本書は、ハンスとマーガレットが経験した、第二次世界大戦の物語。新婚旅行で出かけてすっかり気に入ったパリのホテルに住み着いてしまった芸術家夫妻だったが、4年後にナチスがポーランドに侵攻し、ヨーロッパの静寂は破られる。

そんな不穏な空気の中でも、二人は、かわいいおさるが主人公の絵本を描きつづける。しかし、ナチスがとうとうパリにまでやってきて、ユダヤ人の二人は窮《きゅう》地《ち》に陥り、命がけでヨーロッパ大脱出をすることになるのだ。

自分で部品を組み立て急ごしらえで作った自転車でフランスを疾走《しっそう》し、汽車でスペインを抜け、ポルトガルにたどり着き、船でリオデジャネイロに向かい、最終的にはそこから永住の地アメリカに向かった。いつも、小さなおさるの物語といっしょに。

写真とイラストで見せるノンフィクション。みんなの大好きなジョージの作者の戦争体験に、昨今のシリア難民の映像が重なって見える。

（中島京子）

ノンフィクション　絵本

東洋おじさんのカメラ

写真家・宮武東洋と戦時下の在米日系人たち

すずきじゅんいち＋榊原るみ／文　秋山泉／絵
2009年　小学館　56p

●時代背景　アメリカ／第二次世界大戦1942～79年

●キーワード　写真　日米関係　移民　日系人　家族　猫　強制収容所　人種差別

鉄条網に囲まれたこの町では、シャッターを押す自由もないんだ

日本とアメリカ、二つの祖国を持つ人々がいる。時に両国の懸《か》け橋《はし》となり、時に双方のはざまで引き裂かれた在米日系人の歩みは、日米関係史の重要な一断面である。本書は太平洋戦争下のアメリカを舞台に、反日感情の高まりのなかで行われた日系人の強制収容と、当事者として収容生活を写真に記録しつづけた宮武東洋という写真家を、捨て猫ミュウの視点から描いた絵本。乾いた町の風景や人々の哀歓《あいかん》が、モノクロの鉛筆画で静謐《せいひつ》に表現されている。

1942年初夏、ミュウが荒野に建つマンザナ収容所にたどり着くところから作品は始まる。全米に10か所開設され、12万人の日系人が移住を強いられた収容所のひとつだ。わずかな手荷物しか持参できない状況下に、東洋は密かにレンズを持ち込んでいた。そして警備の目を盗み、手作りの木製カメラで所内の様子を撮影しはじめる。日本で生まれアメリカで写真術を学んだ東洋にとって、収容所でカメラを構えることは決して英雄的な行為ではなかった。むしろ日米の双方から排斥《はいせき》された自らの拠《よ》りどころを問う苦しい作業でもあっただろう。それでも現存する写真にはバトンの練習をする少女や餅《もち》つきをする男たちなどマンザナの人々の生き生きとした姿が収められており、東洋の人柄と洞察力に胸を打たれる。

本書にはカメラ作りに協力してくれた隣人の親子を通して、移民一世と二世の対立も描かれている。二世のなかには日系人の地位向上のためにと進んで米軍に志願する者もいた。世代や出自によって両国への思いは多様であり、戦争は日系社会の内部に深い亀裂をもたらしたのだ。社会の分断が危惧されるいま、この悲劇から私たちが学ぶべきことは多い。

（酒井晶代）

ノンフィクション　詩

やなせたかし おとうとものがたり

やなせたかし／詩・画
2014年　フレーベル館　56p

●時代背景　日本／太平洋戦争1924〜46年

●キーワード　詩　絵　親子　兄弟　夏　スケッチブック　マンガ　海軍将校　特攻隊　フィリピン沖

弟よ　君の青春はいったいなんだったのだろう

「アンパンマン」の作者が、戦争中に海軍の特攻をめざして、22歳の若さで南の海でなくなった弟とのことを、18編の詩と絵であらわした、しんみりと悲しく心にひびく物語だ。

弟が3歳、やなせさんが5歳のときに父を亡くし、再婚した母親とも離れて、兄弟はおじさんの家で暮すことになる。弟は医者をしていたおじさんの家の養子になり、長男のやなせさんは柳瀬家の跡取りということで、同じ家で暮していながらも、弟とはなんとなく立場が違う。それでも弟は、「兄ちゃんといっしょでなければいや」と兄をしたうのだ。

小さい時の弟は病気がちで学校の成績もわるかった。ところが中学生になると、立場が逆転する。柔道二段で成績も優秀になる弟にたいし、やなせさんは初段にもなれず、成績も落ちてくる。そのころからマンガをかき始めたやなせさんは、中学3年生のとき新聞に投稿して10円の賞金をもらう。当時の10円は、いまの5万円ぐらいだから、子どもにとっては大金だ。弟に3円のおこづかいをやったのが、最初で最後だったとやなせさんはいう。

22歳のとき太平洋戦争が始まり、やなせさんは兵隊として中国に送られる。戦争が終わって故郷に帰ったら、弟の骨壺が届いていた。海軍戦死広報には「海軍中尉柳瀬千尋二十二歳バシー海峡の戦闘において壮烈な戦死」と書かれていた。「なにが壮烈　なにが戦闘　弟は戦場に向かう輸送船ごと　なにもせず撃沈されたのだ」と、やなせさんは怒る。

やなせさんの平和への思いは**『ぼくは戦争は大きらい』**（小学館クリエイティブ　2013）に、戦場での体験も含めて、写真入りでくわしく書かれている。あわせて読むことをおすすめしたい。

（野上　暁）

フィクション　読物

うちはお人形の修理屋さん

ヨナ・ゼルディス・マクドノー／作　おびかゆうこ／訳
杉浦さやか／絵
2012年（2009年）　徳間書店　204p

●時代背景　アメリカ／第一次世界大戦1914年頃

●キーワード　家族　お店　三姉妹　ユダヤ人　人形　仕事

お人形もお人形の部品もなくなっちゃったけど、わたしね、ものすごくいいことを思いついたの

1914年のアメリカ、ニューヨーク。9歳のアナは、しっかり者で優秀なソフィーおねえちゃんと、7歳で甘えん坊の妹ルーディーと三姉妹で、家は、ドイツから部品を輸入して人形の修理屋さんを営んでいる。アナは、おねえちゃんには厳しく言われ、妹からはあまり頼りにされない自分の存在を、割が合わないと思っていたが、ソフィーとルーディーがデパートで大ゲンカをした時に、両方の気持ちがわかって、うまく仲直りをさせてから、姉からも妹からも一目置かれるようになる。

そんな時、ドイツがロシア、フランスに宣戦布告して人形の部品が手に入らなくなり、修理のために預かっている人形を持ち主に返さなければならなくなる。お店がどうなるか、自分たちはどうやって食べていくのか、心配で夜も寝られずにいたアナは、「ものすごくいいこと」を思いつく。また、人形を返す過程で、三姉妹がそれぞれ大切に思っていた人形は、持ち主が現れず、お店に残っていた部品や工夫でお父さんに修理してもらう。ところが、アナが大事にしていた人形のベルナデッテ・ルイーズだけ、病気が治った持ち主が受け取りにくる。

戦争があからさまに描かれることはないが、人形の修理屋さんを廃業しなければならなくなったことのみでなく、アナの家族がロシアから来たユダヤ人であること、アナが思いついた「いいこと」も戦争中だからこその思いつきであったことなど、戦争がアナの生活に大きく影響していることが読み取れる。アナには、年齢等は異なるが実在のモデルがいる。

続編『お人形屋さんに来たネコ』（2013年）では、アナの家族のもとにロシアから戦争を逃れて来たタニアという心を閉ざした少女がやってくる。

（土居安子）

ノンフィクション　写真絵本

あなたのたいせつなものはなんですか？

カンボジアより

山本敏晴／写真・文
2005年　小学館　63p

●時代背景　カンボジア／2000年頃
●キーワード　絵　大切なもの　医師　クメール・ルージュ　ポル・ポト　ベトナム戦争　子ども兵士　地雷

大事なものの絵を見せっこしよう

医師であり、「国際協力師」である著者による写真絵本。本書では、著者はカンボジアを訪れて、子どもたちに大切だと思っているものの絵をかいてもらう。プン君は牛が畑を耕したり、馬車を引いたりしているところを描く。農夫たちの服に継ぎが当たっているところもちゃんと描く。ソックンティーさんは、カンボジアの地図を描く。トンレサップ湖やメコン川も正確な位置に描く。モン君はアンコールワットの遺跡を描く。オーセンハングさんは仏さまを安置したお寺を描く。

でも、中にはブラ君やプッさんのように爆弾を落とす飛行機や、発砲する兵士や、血を流す人や、燃える家を描く子もいる。1970年頃、ベトナム戦争が拡大しカンボジアも米軍の空爆を受けて大勢が死に、大量の避難民が発生する。その混乱に乗じて台頭した「クメール・ルージュ」（ポル・ポト派）は、恐怖政治をしき、子どもの兵士も使って大虐殺《ぎゃくさつ》を行った。子どもたちはその時のことを親から聞いて、忘れられなくなっているのだろう。ホン君やチョーチャンさんのように地雷が爆発し、足を失って苦しんでいる人の絵を描いて、「戦争を無くすこと」「地雷を無くすこと」が大切という子もいる。戦争はまだまだ暗い影を落としているらしい。

でも、自分が描いた学校や家族や花の絵をかかげてうれしそうに笑っている子どもたちは、この国の未来が明るいことを予感させてくれる。

著者は、多様な価値観をもつ人たちが、それぞれに大切にしているものをお互いに知ることにより、世の中の争いを減らすことができるのではないかと述べている。写真もいい。英語併記。

（さくまゆみこ）

ノンフィクション　絵本　伝記

かべ

鉄のカーテンのむこうに育って

ピーター・シス／作　福本友美子／訳
2010年　BL出版　48p

●時代背景　チェコスロバキア／冷戦1949～84年

●キーワード　絵　夢　弾圧　戦車　自由　日記　プラハの春　ベルリンの壁　ソ連　共産主義

自由を夢みた。むちゃくちゃな夢……

アメリカ在住の絵本作家、ピーター・シスの移住までの自伝的作品。1949年チェコスロバキアのプラハに生まれた著者は共産主義社会の中で育ち、洗脳された子ども時代を過ごすが、ビートルズなどに興味を持ち始めて外の世界を知るようになり、1968年にプラハの春を迎え、つかの間の自由を満喫する。ところが、ソ連による軍事介入により弾圧が厳しくなり、1984年、シスはアメリカに移住。チェコスロバキアは1989年ベルリンの壁が崩壊するまで、共産党体制に取り込まれ続ける。

ピーター・シスらしく、これらの出来事がすべて繊細な絵で表現されている。例えば、シスが赤ちゃんの頃を描いたページでは、モノクロのコマ割りの細かいペン画でシスが絵を描き始める様子とモニュメントや建物などの外の世界が描かれている。その全てのコマに赤い旗が描かれることによって思想統制と強制のイメージが伝わり、シスが描いた絵だけがやわらかな色とタッチで表現されていることから、希望と自由が感じられるようになっている。

ユーモアのセンスがあふれている点もこの本の魅力。「自由を夢みた。むちゃくちゃな夢……」では、壁をさまざまな方法で突破する方法が描かれている。また、随所《ずいしょ》にシスの日記が紹介され、その文章の周囲には、当時のシスの絵や写真がコラージュされている。シスがいかに才能あふれていたかが理解できると同時に、羽、目、戦車など繰返し登場するモチーフがシスの精神状態を読者に想像させる。

冒頭では1歳、結末では「?」歳の大人の自画像が掲げられ、結末の言葉は「生きているかぎり、絵をかきつづける。」とある。彼にとって、絵を描くことこそが、自由への道であることが伝わってくる。（土居安子）

フィクション　読物

ミスターオレンジ

トゥルース・マティ／作　野坂悦子／訳　平澤朋子/絵
2016年（2011年）　朔北社　253p

●時代背景　アメリカ／第二次世界大戦1945年
●キーワード　家族、画家　出征　八百屋　オレンジ　ブギウギ　コミック雑誌　絵画　ナチス

きみが思っているくらい、想像力が無力だったら、ナチス・ドイツも想像をこわがる必要はない

1945年3月、ニューヨーク。八百屋の三男、ライナスは、18歳の兄アプケが志願兵になったため、配達を任され隔週にオレンジの木箱を59番街に届けることになる。届け先のミスターオレンジは、画家。ペンキで塗った真っ白の壁に、赤、青、黄の四角がくぎで留められ、ライナスに「赤、青、黄の三色は、未来の色なんだ」と告げる。

アプケとライナスは、スーパーマンが載っているコミックスが大好きで、アプケはノートにスーパーマンをもじった「ミスタースーパー」のマンガを描いていた。ライナスは出征したアプケ似のミスタースーパーと心の中で語り合う。

アプケから家族への手紙は、初めは訓練生活を嘆きながらも楽しんでいる様子が伝わってきたが、ヨーロッパの前線で戦い始めてからは両親だけにあてたメッセージに、死と隣り合わせの悲惨な状況が書かれるようになった。

その手紙を見たライナスは、ショックを受ける。アプケをかっこいいヒーローだと信じていたライナスは、ミスタースーパーに向かって「想像じゃ戦争に勝てない。想像じゃアプケは守れない」と言い、アプケのノートをひもでしばって封印する。

ところが、ミスターオレンジは、ライナスに想像力はおとぎ話の中にだけあるのではなく、ナチスが恐れるような真実を自由に表現するために必要。「想像力は強力な武器」で、「絵を描くことは、わたしなりの戦いだ」と告げる。

ミスターオレンジはオランダの画家で70歳近くになってニューヨークに逃れ、「ヴィクトリー・ブギウギ」を描いたピート・モンドリアンがモデル。ライナスの成長物語としても、モンドリアンのドキュメンタリーノベルとしても楽しめる。（土居安子）

フィクション　読物

灰色の地平線のかなたに

ルータ・セペティス／作　野沢佳織／訳
2012年（2011年）　岩波書店　398p

●時代背景　リトアニア、ソ連、シベリア／1941年6月14日から
●キーワード　ユダヤ人　強制連行　強制収容所　汽車　絵　偏屈　ムンク　恋　手紙　名簿　ディケンズ　スターリン

わたしはこれからも、機会があるごとに文章や絵を描こう

1941年6月14日、突然現れた「NKVD」（ソ連秘密警察）によって、15歳の少女リナの生活は一変する。ママと10歳の弟ヨーナスと共に理由もわからず連行されてしまうのだ。リトアニアのカウナスからトラックに載せられ、貨車に詰め込まれ、はるばる運ばれ移動を重ね、最終的に北極もほど近いシベリアの強制労働収容所に連れて行かれる。

リナの父とは、奇跡的に連行途中で一度言葉を交わすことができたが、それっきり行方はわからなかった。それでも、リナは得意の絵で大好きな父と連絡を付けようとする。絵を描いたハンカチや木の皮を手から手へ、渡していってほしいと人に託す。また、どれほどひどい事があったかも描き、こっそり隠し続ける。あまりにリアルなリナの絵が見つかったら、危険だというのに。

さて、リナの絵が最終的にどうなったか。エピローグは1995年、リトアニア、カウナス。工事現場から、紙がぎっしり詰まった瓶が掘り出される。それは、未来の誰かに真実を託そうとリナが埋めた絵と文章だった。そこで、リナたちの帰国が1954年で、依然としてソ連の支配下にあったため、自分たちの経験を語ることが許されず、書いたものを埋めたということがわかる。（なお、悪いことばかりではなく、ほっとする事実もある。）

さて、この作品では、クレツキーという監視兵や、最初のキャンプで間借りすることになる農婦など、印象深い人物も多いが、何といっても人の神経を逆なですることばかり言い、横柄《おうへい》で偏屈《へんくつ》なスターラスさんが強烈な印象を残す。そんな嫌な人にも親切に接し続けるリナのママの態度は不可解なほどだが、これは、命に優劣を付ける優生思想への強い対抗軸として提示されているのかもしれない。

（西山利佳）

ノンフィクション　読物　伝記

オウリィと呼ばれたころ

戦争をはさんだ自伝物語

佐藤さとる／著
2015年　理論社　250p

●時代背景　旭川 横須賀／太平洋戦争　1928〜50年頃

●キーワード　教師　姉妹　マンガ　童画　絵本　童話　児童文学　腕時計　箱根細工　ラジオ　文学全集　南瓜

日本のフェアリーテールズを書こう

『だれも知らない小さな国』にはじまる、「コロボックル」シリーズの作者の、戦争末期から戦後にかけての自伝的な物語だ。

2学年上に双子のお姉さんがいて、小さい時から家に絵本があったから、佐藤さんは学校に上がる前から自分で本が読めたという。小学2年生のときに、漫画家になろうと思って、見よう見まねで小人のキャラクターを作ったりしてもいた。

1941年12月8日に太平洋戦争が始まる。このとき軍人だったお父さんは、航空母艦「蒼龍」にのってハワイ空襲に参加した。しかしその翌年、ミッドウェー海戦で戦死。佐藤さんが14歳のときだ。

戦争が激しくなると授業もなくなり製粉工場で働かされ、形だけの卒業式を終えた佐藤さんは、「海軍水路部」の試験に合格する。ところが製粉工場で粉を吸っていたのが原因だったのか、結核の疑いがあるということで、自宅療養の羽目になる。

45年5月の横浜空襲の後、一家は親戚をたよって空襲警報の中、北海道の旭川に疎開する。敗戦を迎えた佐藤さんは、アメリカ軍の兵舎の食堂で働くキッチンボーイになり、そこでアメリカ兵につけられたニックネームが「オウリィ」、つまり「フクロウ坊や」だった。

粉雪のふる旭川で、「ぼくは本格的に日本のフェアリーテールズを書こう」と決意した作者が、初めて雑誌に童話を掲載することになったいきさつ。教師になって奥さんと出会うエピソードなどとともに、戦争末期から敗戦直後の読書体験や、人々の衣食住にまつわる暮らしのあれこれが、生き生きと描かれていてそれも興味深い。

続編に『コロボックルに出会うまで　自伝小説　サットルと「豆の木」』（偕成社）がある。

（野上　暁）

ノンフィクション　読物

父さんの手紙はぜんぶおぼえた

タミ・シェム=トヴ／著　母袋夏生／訳
2011年（2007年）　岩波書店　272p

●時代背景　オランダ／第二次世界大戦1940年以降

●キーワード　家族　名前　手紙　絵　ユダヤ人　強制連行　ホロコースト　ナチス　地下抵抗運動

戦争のあいだ、心の中にずっと手紙があった

第二次世界大戦前のオランダには、大きなユダヤ人社会があった。ユダヤ人一家の末っ子リーネケの父さんは世界的に知られた科学者だったが、ナチス・ドイツがオランダを占領し、ユダヤ人が公の仕事に就くことを禁じられると大学を解雇された。リーネケの家族は、全員が名前を変え、「母さんはもうおまえたちの母さんではなくなり、父さんも父さんではなくなります」と、知人を頼って離ればなれに移り住んで行く。危険が迫るたびに逃避を繰り返しながら、リーネケは一人、遠い村の医師夫婦の家に預けられた。姪と偽って、村の学校に通い、薬局を手伝いながら、子どものいない夫婦のもとで慈しまれ、温かさに包まれて暮らすが、心の支えは、ひそかに届く父さんからの愛情あふれる絵入りの手紙だった。

小さな絵本のように綴《と》じられた手紙には、色鮮やかな絵や一つひとつ彩色された文字でユーモアあふれる言葉がつづられていた。手紙がナチスに渡ることを恐れた医師から、手元に置くことができないと告げられ、処分される前にすべての手紙をぜんぶ暗記して覚えたという。

戦争が終わり、体の弱かった母さんとの再会は果たせなかったが、父さんが迎えに来てくれ、医師が庭のリンゴの木の下に隠しておいてくれた9通の手紙とともにリーネケの記憶がよみがえる。

本書はコーリー医師が焼却せず、土中に埋め奇跡的に残った手紙と、その後「ニリ・ゴレン」という名で暮らしたリーネケの記憶をもとにした心にしみる実話。各章の間に「絵入りの手紙」がカラーで美しく収められていて、いつまでも見入ってしまうほど。装幀も魅力的。

（近藤君子）

Book Shelf

いろいろな物語で読む戦争のすがた

―「文学のピースウォーク」（新日本出版社刊）

野上　暁

日本の戦争が終わった翌年の1946年、子どもの本の作家たちが戦争への反省から「平和と民主主義に基づく児童文学の創造と普及」を目指し、「日本児童文学者協会」を設立して2016年は70周年。それを記念して、文学によって平和をアピールしようという6巻のシリーズ。

　トップバッターは、「ズッコケ三人組」シリーズなどで人気の、那須正幹の短編集**『少年たちの戦場』**。戦争は大人たちがやるもので、子どもは常に被害者となる。ところが、大人たちにまじって、武器を手にして敵と戦った少年たちもいた。

『少年たちの戦場』
那須正幹作
はたこうしろう絵
2016

　第一話「その名は無敵幸之進」は、下関・唐戸の餅屋の息子、14歳の幸助が主人公である。餅を売りに行った先で、むかしの喧嘩仲間に出会ったのがきっかけで、幕府軍との戦いに巻き込まれ、偶然にも敵の大将を倒したことから、奇兵隊の高杉晋作から「無敵幸之進勝行」の名をもらい、政府軍に加わって戦う。

　江戸から明治に代わり、奇兵隊も解散して国の兵隊になるが、それは一部だけ。不満を持った幸助たちは反乱をおこし、副隊長に祭り上げられた幸助は死刑になり、17歳の短い生涯を終える。

　第二話「田上小士郎の戦争」は、政府軍に抵抗する東北の二本松藩の、14歳の小士郎が主人公だが、政府軍との戦いで無数の銃弾を撃ち込まれて命を落とす。第三話「コーリャン畑の夕日」は、14歳の少年が中国大陸に日本が作った満州国に行き、敗戦後はソ連軍の捕虜収容所に入れられ、脱走して中国の革命軍に加わるが、敵の砲弾の直撃で即死する。第四話「仏桑華咲く島」は、県民の12万4千人が亡くなった沖縄戦に、参戦させられた中学生の話。日本軍の無謀なふるまいや強要された集団自決。第三話までの主人公がすべて死んで終わっている中、主人公が生き残ったのが救いだが、沖縄は敗戦後もアメリカの軍政下におかれ、本土復帰後も米軍は居座り続けている。そして今も沖縄は戦場なのだというメッセージが重くのしかかってくる。

シリーズ2冊目の**『すべては平和のために』**は、国と国との戦争は無くなったが、各地では紛争が絶えず、その調停を企業が担うという近未来の話。独立まもない小さな国から、国内での抗争を解決するための調停員に指名されたのは、紛争調停企業の社長の娘で、高校生の和菜。現地で同行するのは、フォトジャーナリストの住井美香。現地マナト市の市長付き臨時職員でもある美香の案内で、和菜は様々に入り組んだ紛争地域の複雑な現実を目の当たりにする。

『大久野島からのバトン』は、戦争中に国際法で禁止されていた毒ガス兵器をつくっていたため、地図からも消されていた広島県の瀬戸内海に浮かぶ島が舞台。中高一貫のミッションスクールに入った香織は、部活として社会にかかわりのある活動をしている学内のＹＷＣＡに入り、大久野島を訪れ、戦争中に隠された島の秘密を知る。

『金色の流れの中で』（中村真里子作　今日マチ子絵）は、２０３０年の未来から来た青年から、父が戦争中に中国人を殺したと聞きショックを受ける少女が主人公のタイムファンタジー。高橋うらら**『幽霊少年シャン』**（高橋うらら作　黒須高嶺絵）は、竜巻に乗って主人公・大地の目の前に現れたのは、あの世から来たという少年シャン。彼に案内されて、敗戦間際の満州に行った大地は、そこで子どもたちがどのように扱われたかを知らされる。

『翼もつ者』（みおちづる作　川浦良枝絵）は、自由を求めて翼を身につけ、空を飛ぶことのできる少年ノニが、対立する二つの国の戦争に巻き込まれながら、子どもたちを助け出し地上の危機を救うファンタジーである。

シリーズのうち4冊が、近未来のＳＦ的な作品や時代を自在に超えたファンタジーで、今も世界で起こっている戦争や、日本も巻き込まれかねない戦争の危険性を象徴的に描き、読者に興味深く読んでもらおうと工夫をこらしている。各巻の解説は、作品の時代背景や作者が伝えようとしたことの意味も理解しやすい。

『すべては平和のために』
濱野京子作
白井裕子絵
2016

『大久野島からのバトン』
今関信子作
ひろかわさえこ絵
2016

読みつぎたい

戦争の物語〈海外編〉

土居安子

『あのころはフリードリヒがいた』
ハンス・ペーター・リヒター作　上田真而子訳
岩波少年文庫　1977（1961）

『ふたりの星』
ロイス・ローリー著
掛川恭子＋卜部千恵子訳
童話館出版　2013（1989）　講談社1992

読みつぎたい戦争の本として、一番に挙げたいのは**『あのころはフリードリヒがいた』**である。大学生の時にこの作品に出会って「戦争」を何と深く描いているのだろうと読み終わって呆然とした記憶がある。同じアパートに住み、赤ん坊の頃から家族ぐるみで友情を育んでいた「ぼく」とフリードリヒであったが、ユダヤ人排斥の波の中で、フリードリヒの家族は孤立していく。そして、結末でホームレスになったフリードリヒが「ぼく」のいる防空壕に入れてほしいと懇願するシーンからは誰もが加害者になり得る恐ろしさ、戦争の責任は国民一人一人にあるということを痛感する。

一方、**『ふたりの星』**は、私たちは信念を持っていれば強くなれるという希望を心に灯す。デンマークに住む10歳のアネマリーの家族はスウェーデンにユダヤ人を逃がすレジスタンス活動に関わっており、アネマリーの親友でユダヤ人のエレン一家の逃亡も助ける。最初、アネマリーは活動について知らされていなかったが、けがをした母親の代わりに森を抜けてエレンがいる船まで書類を届ける任務をこなし、活動について教えられる。犬の嗅覚《きゅうかく》を一時的に鈍らせるハンカチなど、当時行われていた逃亡のためのさまざまな工夫に感心させられる。ナチスのユダヤ人迫害を題材にした児童書は他にも多くあり、オランダを舞台にドイツから逃げてきた少年ヴェルナーを匿《かくま》うオルト一家の様子を描いた**『あらしの前』『あらしのあと』**（ドラ・ド・ヨング作　吉野源三郎訳　岩波書店　1969）、ポーランドからイギリスに脱出するまでの著者の4年間を描いた**『夜が明けるまで』**（ヴォイチェホフスカ作　清水真砂子訳　岩波書店　1980）、1945年にソ連軍がやってくる中でのウィーンでの暮らしを描いた**『あの年の春は早くきた』**（C・ネストリンガー作　上田真而子訳　岩波書店　1984）、オーストリアのナチス台頭による村の変容を描いた『**空白の日記**』（上下　ケーテ・レヒアイス著　松沢あさか訳　福音館書店　1997）、ナチスのショックから心を閉ざしているユダヤ人の少女ナオミを描いた『**ナオミの秘密**』（マイロン・リーボイ作　若林ひとみ訳　岩波書店　1995）などが挙げられる。

『**小さな魚**』は、孤児グイドが、空襲の中、イタリア国内を逃げまどう作品。ドイツ兵から「小さな魚」と馬鹿にされたグイドは、小さな魚として生き延びてやると決意し、飢えと空襲におびえながらも町で出会った孤児の姉弟を助けて必死に生きる。孤児の姉アンナが自分たちのことを汚いと言ったイタリアの将校を憎まないグイドに理由を聞くと、「ぼくたちのきたないとこだけを見て、なぜきたないかを考えないあの男をにくむなら……ぼくがあの男と同じになってしまうだろう。」と言う場面に深い共感を覚える。空襲は、イギリスにも深い傷を残し、疎開《そかい》して頑固な老人トムと暮らすことになる9歳の少年を描いた『**おやすみなさいトムさん**』（ミシェル・マゴリアン著　中村妙子訳　評論社　1991）等がある。また、空襲がすさまじいサラエボの内戦を11歳の少女の目で描いた作品『**ズラータの日記**』（ズラータ・フィリポヴィッチ著　相原真理子訳　二見書房　1994）もある。

『小さな魚』
エリック・C・ホガード著
犬飼和雄訳　冨山房
1969、1995改訂
(1967)

『**心の国境をこえて**』は、1985年頃のイスラエルのレバノンへの軍事侵攻やパレスチナ問題を背景に書かれた作品。イスラエルに住むアラブ人のナディアが、女医になりたいと大学に入るためにユダヤ人の寄宿学校へ通い、アラブ人への偏見に満ちた発言や興味本位の質問に打ちのめされながらも将来の夢のために学び続ける。ナディアは、アラブとユダヤという二つの文化を知ることによって、複数の視点から物事を見られるように成長するが、自爆テロのニュースがナディアの心を打ち砕く。

『心の国境をこえて：アラブの少女ナディア』
ガリラ・ロンフェデル・アミット作　母袋夏生訳
高田勲絵　さ・え・ら書房
1999(1985)

海外の戦争児童文学作品の中には、侵略者であった日本を意識させられる作品もある。『**その時ぼくはパールハーバーにいた**』は、ハワイに住む日系3世のトミが主人公。日本国旗を振り回す祖父、漁師でレース用の鳩を育てることを趣味としている父、白人の家でメイドをしながら誇り高く生きる母に囲まれ、13歳のトミは近所に住む白

『その時ぼくはパールハーバーにいた』
グレアム・ソールズベリー作　さくまゆみこ訳
徳間書店　1998
(1994)

人のビリーと野球を通して深い友情を築いていく。しかし、母の雇主の息子キートは祖父をスパイだとみなして密告し、鳩もスパイ用だと告発して殺させる。日米の間で揺れ動くトミの家族と日系の人たちを差別する白人たちの様子が戦争を作り出す憎しみの構造をあぶりだす。一方で、トミと野球仲間との友情が変わることがなかったり、ハワイの原住民であるチャーリーと祖父が固い信頼関係で結ばれていたりするエピソードに、個人の結びつきこそが、偏見や差別の解決の道であることが読み取れる。

人のつながりを強く意識させられる作品として、**『半分のふるさと』**も挙げられる。広島で生まれ、終戦直後の16歳までを日本で過ごした著者が、日本での暮らしを書いた作品。実業家タイプの母と、地道に働く父のもとで朝鮮人の誇りを教えられながら育った著者は、差別や偏見と闘いながらも、冷静な目で日本人の中にも公平の人も不公平な人もいることを見極め、しっかりと生き抜く。挺身隊《ていしんたい》に取られる恐怖、お弁当にキムチを入れて来た同級生がいじめられたことに対する反論など、抑制のきいた文章の中に、朝鮮人としていかに緊張を強いられた中で生きなければならなかったかが伝わってくる。

日本は原爆を体験したが、核戦争の恐ろしさを描いた近未来小説である**『弟を地に埋めて』**（ロバート・スウィンデルズ作　斉藤健一訳　福武書店　1988）や**『最後の子どもたち』**（グードルン・パウゼヴァング著　高田ゆみ子訳　小学館　1984）も読み継がれてほしい。

『半分のふるさと』
イ サンクム著
福音館書店　1993
福音館文庫　2007

最後に、寓話的に戦争の愚かさと平和の意味を表現した古典作品**『みどりのゆび』**を紹介したい。チトの親指は「みどりの指」で、触れただけでそこに種がまかれ、茎や花や実が急成長する能力がある。チトは、その力をお父さんが売る大砲に使い、戦争が終結する。不幸な人を見ると親指を使わずにはいられないチトが魅力的で、チトの正体がわかる結末は悲しいながらも納得させられる。

『みどりのゆび』
モーリス・ドリュオン作
安東次男訳　岩波少年文庫
岩波書店　1977
(1957)

第6章

伝える人
語りつぐ意志

同じ過ちを繰り返さないようにと、伝える人。
それを受け止め、自分のこととして共有する。
知って、伝える、社会に広げる本 34

ノンフィクション　絵本

8月6日のこと

中川ひろたか／文　長谷川義史／絵
2011年　発行：ハモニカブックス
発売：河出書房新社　32p

●時代背景　広島／第二次世界大戦　1945年8月
●キーワード　家族　おかあさん　おにいさん　兵士　原子爆弾

おかあさんは　どんな　きもちだったでしょう

これは作者のお母さんが16歳だった71年前、本当にあったお話です。

瀬戸内海の島で生まれたお母さんは、広島の軍で衛兵をしていたお兄さんのためにひとりで汽車に乗り、こっそり食べ物の差し入れをしていたそうです。

8月6日、広島に原子爆弾が落とされたその日も、瀬戸内海はおだやかでした。原爆によって、生き物も人間もみんな、死にました。

おだやかな海を青や黄緑で表現した画家は、原爆＝ピカドンをほぼ白と黒だけの荒々しいタッチで描き、きのこ雲が膨《ふく》れ上がる広島は、まるで時間が止まっているかのようです。燃え盛る炎の赤色に、さっきまで人間だったはずのものがばたばたと倒れていきます。そして次のページをめくったところで、私は思わず息をのみました。

その絵には言葉はなく、私はただ静かにページをめくるのですが、読み聞かせを聞いていた子どもたちもまた、息をのむのが伝わってきます。

原爆投下から1週間して、お兄さんの所へと差し入れをするために広島を訪れたお母さんは、変わり果てた町の姿にふるえました。大好きだったお兄さんを失ったお母さんは、どんな気持ちだったでしょう。渡せなかった食べ物を抱えてひとり汽車で帰るお母さんは、どんな気持ちだったでしょう。

戦争を二度と起こさないために、平和を求め実現するために人間の歴史から学ぶとき、大切なのはこういった想像力ではないでしょうか。あの日あの時、そこにいた人はどんな気持ちだったのか。世界中の政治家にこの想像力があれば、声高に反戦を訴える必要はありません。

あの日も、今日も、瀬戸内海はおだやかな表情で、ただそこにあるのです。

（岡田まや）

ノンフィクション　絵本

母からの伝言

刺しゅう画に込めた思い

エスター・ニセンタール・クリニッツ＋バニース・スタインハート／著
片岡しのぶ／訳
2007年（2005年）　光村教育図書　64p

●時代背景　ポーランド／第二次世界大戦1937～49年

●キーワード　刺しゅう　伝える　ナチス　ユダヤ人　ゲシュタポ　密告　ホロコースト　捕虜収容所　難民キャンプ

わたしの母は、語らずにはいられませんでした

ポーランドの小さな村に生まれ、ユダヤ文化の中で育ったエスターが、自分の体験を子どもに伝えるため、刺しゅうやアップリケと文章で描いた絵本。娘のバニースが説明のコメントをつけている。

最初はエスターのふるさとと、ポーランドの小さな村の日常の暮らしが描かれる。家や家族のこと、五旬節に祖父母の家を訪ねたこと、新年祭や過越《すぎこ》しの祭りのこと、川で泳いだり、きょうだいげんかをしたりする子どもたち……。

そんな日常は、ナチスが村にやってきた1939年に一変する。それ以降は、ナチスの兵士たちによる暴力、地獄のような収容所の様子、家族が別れ別れになる日、密告されそうになって妹を連れて森に隠れたことなど、苛酷な体験を描く絵が続く。1944年にロシア兵がやってきてエスターたちもとうとう自由になるが、その時にはほかの家族はみな亡くなってしまっていた。

刺しゅう画の素朴なタッチが、おだやかな暮らしが奪われるという残酷《ざんこく》な事実を伝えるのだが、図式的ではなく、ところどころにユーモアもあるので、伝わるものが逆に大きい。ていねいに時間をかけて制作された1枚1枚の刺しゅう画には、つらい場面なのに明るい色が使われていたりもする。絵には、自分の子どもたちに伝えたいという思いだけではなく、殺されてしまった家族や友人への鎮魂の思いもこめられているのだろう。

最後は、娘のバニースを抱いた夫のマックスとエスターがいとこのクララと自由の女神像を見上げている場面で、1949年のことだと書かれている。エスターはドイツの難民キャンプでマックスに出会って結婚し、ベルギーで娘を産み、それから一家でアメリカに渡ったのだった。（さくまゆみこ）

ノンフィクション　写真絵本

被爆者

60年目のことば

会田法行／写真・文
2005年　ポプラ社　40p

●時代背景　広島　長崎／2005年

●キーワード　語り継ぐ　差別　原子爆弾　被害　太平洋戦争　戦争体験　インタビュー

憎しみや自分たちの利益を越えて、彼らのようにやさしくなり、心から平和を願うことができるだろうか？

2005年に会田さんが被爆者を撮り、その言葉を聞いて作った写真絵本です。原爆ドームを描き続けている原さんはアメリカを好きではありませんが、こうも思っています。「核兵器がなくなってほしいという想いや平和を願う気持ちは、そういう憎しみを超越するのです」。本当の痛みを知っているからこそ、平和のために国の垣根を越えて人々がつながっていくことを願っているのです。

山口さんは、ケロイドとなった自らの火傷の傷跡をさらした写真で核廃絶を訴え続けます。谷口さんもまた、「私のような被爆者を二度とつくってはならないというメッセージのつもりで」、戦争を知らない世代に傷ついた体を見せながら平和の尊さを伝えます。

「人の痛みを自分の痛みとして感じられる人間になってほしい」と言う渡辺さん。母親の胎内で被爆し原爆小頭症で生まれた畠中さん。「すべてを奪った原爆や傷ついた自分を呪い、悲しみ、なげく日々でした。どれだけ死にたいと思ったことか」という苦しみの場所から立ち上がり、体験を語り続ける片岡さん。

彼らの表情や言葉は不思議なほど穏やかです。それは私たち戦争を知らない世代が、その愚かさを語り継いで行ってくれるはずだという、信頼の現れでしょう。

会田さんはこう言います。「戦争は、自分たちの考えを無理矢理、暴力や力でおしつけているだけだ」。そう。私たちに必要なのは、そうした非寛容ではなく、彼らから伝わる、穏やかさ、寛容さからくる、強《きょう》靭《じん》な精神です。

この写真絵本には10年後に作られた続編『**続・被爆者　70年目の出会い**』があります。そちらもぜひ読んでください。（ひこ・田中）

ノンフィクション　写真絵本

ふるさとにかえりたい

リミヨおばあちゃんとヒバクの島

島田興生／写真　羽生田有紀／文
2014年　子どもの未来社　32p

●時代背景　ビキニ環礁／水爆実験1954年～
●キーワード　アメリカ　おばあちゃん　マーシャル諸島　核実験　サンゴ礁　ヤシ　水爆　白血病　放射線障害　避難

あの日、白い灰が降りました

アメリカは、1946年から1958年にかけて太平洋で23回の核実験を行った。特に1954年3月1日にビキニ環礁《かんしょう》で行った水爆実験は、日本のマグロ漁船第五福竜丸をはじめ1000隻以上の漁船の上に死の灰を降らせ、近くの島に住む人たちを被曝させた。これは、ロンゲラップ島に住んでいたリミヨおばあちゃんを主人公にして、何があったかを伝える写真絵本。

リミヨおばあちゃん（73歳）が13歳の時、となりのビキニ環礁で一連の核実験が行われた。実験に使われたのは、広島型原爆の1000倍の爆発力をもつ水素爆弾などで、ブラボーやロメオといったとんでもない名前がついていた。あたりがまぶしく光り、空は真っ赤になり、大きな音がして地面が揺れた。屋根が吹きとび、ヤシの木が倒れた。そのうち白い粉が降ってきて、目や口の中に入り、体にくっついた。島の人たちは、別の島に移住させられた。

3年たつと、ロンゲラップはもうだいじょうぶとアメリカに言われて、みんなは喜ぶ。でも、やがて故郷に戻った人たちは体調を崩していく。生まれてくる赤ちゃんにも異常が見つかる。

おばあちゃんは言う。「もうずいぶん前に、わたしたちの尿からポイズン（放射能）を見つけていたのに、アメリカは、それをひみつにして、わたしたちをロンゲラップにとじこめていたの。いったいなんのためだと思う？　ポイズンの中で人がくらすとどうなるか、しらべるためだったの！　わたしたちをつかって、実験をしていたんだよ！」

原爆や水爆は、戦争の道具。広島、長崎のように落とされたところだけでなく、開発の陰でも多くの人たちが犠牲になっている。おばあちゃんが家族と一緒に安心してふるさとに帰れる日はいつ来るのだろうか？

（さくまゆみこ）

フィクション　読物

パンプキン！

模擬爆弾の夏

令丈ヒロ子／作　宮尾和孝／絵
2011年　講談社　96p

●時代背景　大阪／第二次世界大戦1945年～現代
●キーワード　家族　カボチャ　夏休み自由研究　方言　長崎ちゃんぽん　原爆　模擬爆弾

「練習で人殺すって、ひどくない？」

ヒロカは、近くに住む祖父の家に東京から泊まりに来た、いとこのたくみから、いつも行くコンビニの前に「模擬原子爆弾投下跡地」という碑《ひ》があることを教えられた。家の近くに、そんなものがあったと知って、不思議に思ったヒロカは父さんに聞く。父さんはすぐにパソコンで調べてくれて、いろんなことが判ってきた。

模擬原子爆弾というのは、長崎に落とされた原子爆弾とほとんど同じ形をした爆弾で、パイロットが原爆投下の練習のため、1945年7月20日から8月14日にかけて、日本各地に49発も落としたという。

オレンジ色に着色され、丸くずんぐりした形がカボチャに似ていたことから、「パンプキン」と呼ばれた。核は積んでいなかったものの、この爆弾投下で多くの人が亡くなったのだそうだ。

「練習で人殺すって、ひどくない？」と、ヒロカは父さんに問いかける。

父さんは、アメリカが日本に原爆を落としたのは、せっかく完成させた原爆が、どんなものか試す実験みたいなものだったという説もあると教えてくれる。なぜアメリカがそんなひどいことをしたのか、「パンプキン」のことをもっと知りたくなったヒロカは、祖父やたくみに協力してもらいながら、夏休みの自由研究のテーマにして、原爆や戦争のことを調べ始める。

ところが、「知れば知るほどびっくり」で、まるで終わりがないと、あきらめそうになるヒロカにたくみがいう。

「知らないことは、こわいことだよ。だれかの言ってることが、事実とちがっていても、そうなのかなあって信じてしまう。ぼくはそれがいやなんだ」。

ごく普通の少女の素朴な疑問から、考えることの大切さが伝わってくる。（野上 暁）

フィクション　読物

盆まねき

富安陽子／作　高橋和枝／絵
2011年　偕成社　192p

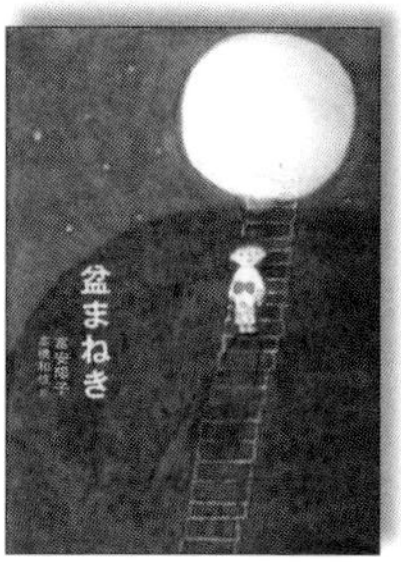

●時代背景　日本／第二次世界大戦後60年？
●キーワード　盆　語り　夏　田舎　月（十五夜）　祖父母　語り継ぐこと　第二次世界大戦　特攻隊　盆踊り

人間は二回死ぬって、知ってる？

毎年7月中旬過ぎた頃、なっちゃんの家に笛吹山のおじいちゃんから手紙が届く。「盆まねき」の手紙だ。8月のお盆の3日間に、ごちそうを用意して親戚の人たちを招いてご先祖さまの供養をする行事になっちゃんの家族も呼ばれる。パパはこのママのお父さんのことを「ホラふき山のおじいちゃん」と呼ぶほど、ヒデじいちゃんのホラ話は楽しい。ヒデじいちゃんの兄弟にはお姉さんのフミおばちゃんがいて昔話を語ってくれる。それに、お兄さんのシュンスケおじさんがいた。シュンスケおじさんは戦争で軍艦に飛行機ごと突っ込んで死んだと大ばあちゃんが話してくれた。そして、なっちゃんは、このお盆の間に不思議な体験をする。

お盆は親戚が集まり、大人はお酒を飲んだり甥《おい》や姪《めい》に話をしたり、いとこ同士で遊んだりした。家族だけで暮らすいつもとは、がらっと環境が変わる。田舎の環境や昔から受け継がれた行事がある。平和しか感じない中で、大ばあちゃんが語ってくれた話、ヒデじいちゃん夫婦が語ってくれた話、フミおばちゃんが語ってくれた話、そして、なっちゃんが体験した不思議なできごとが大きく一つになっていく。子どもに伝えたいことや子どもが悲しい時などに元気になれるよう、こうしてお話で語って聞かせる文化がここの大人たちにはある。お盆の意味もこの本は伝えてくれる。日常生活に子どもに語る大人たちがいることで、子どもが生きる力を吸収していく姿が見える。

最後の「もうひとつの物語」―さいごにほんとうのお話をひとつ―で、作者は戦死した俊助おじさん（お話の中のシュンスケおじさん）の話を書いた。それは、作者の平和への強い祈りではないだろうか。

（市川久美子）

ノンフィクション　写真絵本

子どもに伝えるイラク戦争

石井竜也＋広河隆一／著
2004年　小学館　80p

●時代背景　イラク／イラク戦争2001年～2004年
●キーワード　ジャーナリスト　ニューヨーク　兄弟　テレビ　報道　対談　音楽　写真　手紙　教会　映画　同時多発テロ

爆弾の落ちた先を想像してほしい

ミュージシャンと、パレスチナやチェルノブイリを取材し続けてきたフォト・ジャーナリストの写真などをはさんで、二人がイラク戦争と日本について語り合う。戦争が始まった翌年の、２００４年に出版された本だが、今この時代はもちろん、これからもしっかりと心にとめておきたい言葉がたくさんある。

ぼくは戦場を知らない、という石井は、２００１年９月、ニューヨーク同時多発テロの映像で人が人を殺す愚かしい場面を始めて見た。それまでは戦争は遠い話だったのだ。難民キャンプや戦闘地域で屍《しかばね》だけを撮るというのはものすごく悔《くや》しいという思いから、何度もその場所にもどるという広河は、親や姉弟が殺されることが戦争なんだ、と述べる。現地では、早く大人にならないと殺されてしまうから、子ども時代は短いのだ、というのには心が痛む。

日本がイラクに自衛隊を派遣したことで、長い時間をかけて培ってきたアラブの人々との信頼関係が崩れてしまった。原発事故についてもこの時代に起こしたすべての戦争についても、これから生まれてくる子どもたちにどう責任を取ったらいいか、という広河の言葉は重い。

都合の悪い政府を倒すために、アメリカが反政府勢力に武器とお金を渡し、政府が崩壊したらじゃまな反政府勢力をアメリカがたたく。「反テロ戦争」とか「復興支援」という大義名分が、だれを利するのか。イラク戦争の図式は、今の中東の内乱にもそのまま通じる。爆弾の落ちた先を想像してほしい。報道をうのみにせず、危機を自分で嗅《か》ぎ分けることが大事。テロリストのレッテルを貼って憎しみをあおるやり方を反省すべきだともいう。モノクロ写真の素晴らしさとともに、深く心を打つ。（野上　暁）

フィクション　詩

生きていてほしいんです

詞華集　戦争と平和

田中和雄／編
2009年　童話屋　157p

●時代背景　日本／日露戦争1904年～

●キーワード　詩　正義　原爆　沖縄　反戦

親は刃《やいば》をにぎらせて人を殺せとおしえしや

戦争はおそろしい。戦争になってほしくない。なのに、なぜ戦争をするのか？

多くの人が、そう思っていることだろう。その思いを、詩人はなんと簡潔に、鮮やかに、鋭く、言葉で表してみせることか。

「戦争が人類滅亡、ひいては、地球破壊の最大の脅威《きょうい》であると知りながら、戦後60年を経た今も、世界各地で戦争の火種《ひだね》が消えることはありません」という思いから編まれた詩のアンソロジー。一貫して反戦詩を書き続けてきた谷川俊太郎の詩16編を含む23名の41編を収録している。

峠三吉「にんげんをかえせ」、栗原貞子「生ましめんかな」などの原爆詩、石垣りん、茨木のり子、金子光晴から、永六輔、「遠い世界に」、「さとうきび畑」といったフォークソングまで。

扱いやすいてのひらサイズなので、手元において、絵本の読み聞かせや、歴史の授業の前など、折にふれて気軽に読みあうのもよいだろう。

平和のための戦争である。
戦争をするのは平和のためである。
（中略）
人を殺すためではないが
人を殺すのである。
話はいよいよこみいってきて
人を殺す遊戯も平然はじまるのである。

と草野心平が「サリム自伝」に書いたのは１９７０年。

見出し引用文は、１９０４年の与謝野晶子「君死にたもうことなかれ」の一節。時代を越えてぐいぐい迫ってくる詩人の言葉を読んでみよう。感じてみよう。

戦争の惨禍《さんか》を「これはむかしのこと」と言える未来が来るといい。

（宇野和美）

フィクション　読物　戯曲

少年口伝隊 一九四五

井上ひさし／作　ヒラノトシユキ／絵
2013年（2008年初演）　講談社　80p

●時代背景　広島／第二次世界大戦1945年

●キーワード　新聞　少年　災害（枕崎台風）　放射能　原子力爆弾　被爆

なくなった人たちは　たくさんのことを　知っています

1945年8月6日、広島市に原爆が投下され、中国新聞は本社が全焼。多くの人材と輪転機を失い、新聞を発行することができなくなった。軍は新聞社に「口伝隊《くでんたい》」、いわゆる口頭でニュースを市民に伝えることを要請した。その口伝隊として活躍した3人の少年を描いたのが、井上ひさしのこのシナリオである。

8月の6日、3人はいつもの日常生活をしていた。英彦は妹とかくれんぼ。正夫は下駄屋の店先でおばあさんの肩たたき。勝利は小川のふちで母とイモ洗い。

そのとき、時間が止まった。B29が落とした黒い土管のようなものをぶら下げた落下傘。上空580メートルのところで、太陽二つ分の大光量。……アメリカの落とした原爆は人口35万人の街を壊滅《かいめつ》させたのだ。

「広島駅は、このたびの新型爆弾で被害を受けた方にかぎって、無料で乗車させることにしました」

「高野進と高野富子を探しています」

……というぐあいに、口伝隊は始まった。何もかも失った3人の少年は、ねぐらを探し、知人を探し、やっとこの仕事を見つけたのだ。しかし、その場の人々の質問には、ただ「……わかりません」としか答えられない。さらに、すぐ後に超大型の枕崎台風が、少年たちの真上に襲いかかってくる。

「わしらはなんで、こげえおっとろしい目にあわにゃいけんのかいのう。」

正夫を抱きかかえながら、英彦が叫ぶ。

「狂ってはいけん」じいたんは、細い腕を大きく回し、正夫ぐるみ英彦を抱きしめる。

「正気でいないけん。おまえたちにゃーことあるごとに狂った号令を出すやつらと正面から向き合う務めがまだ残っとるんじゃけえ」

人々の苦悩、戦争がいかに人を狂わせていくかが、すごい臨場感で胸につきささってくる。

（増田喜昭）

フィクション　読物

八月の光

朽木 祥／作
2012年　偕成社　145p
（『八月の光・あとかた』小学館文庫　2015年）

●時代背景　広島／第二次世界大戦　1945年8月6日

●キーワード　光　八月　原爆　お母さん　名前　影

あの人たちのことを、覚えていなければ

あの１９４５年８月６日、広島で何があったのか。

一瞬で７万人の命を奪い、その後も何十万もの犠牲者を出してきた原爆。生きながらえながらも、心と体に深い傷を負った３人の若者のその後を描いた連作短編集。

強烈な光に叩《たた》かれ、吹き飛ばされたが、鼻のもげた男子中学生の上に倒れて助かった女の子。町の銀行に行ったままもどらない母親を探しに出て、石段に残る黒い小さな影を見つけ、ほっぺたをくっつける少女。梁《はり》の下敷きになった娘を置き去りにしてから、自分の名前をなくした青年……。

彼らの目を通して、あの日あの場にいた者が見た光景が、何度もたたみかけられる。

「完全な人のかたちをしているものは、ひとりとしていない」

「子どもを抱いた母親、半身を失った老人、たれさがった眼球を震える手で受けている少年」

……でも、みなそれを目の当たりにしたのだという重たい事実。

「20万の死があれば20万の物語があり、残された人々にはそれ以上の物語がある」ことが静かに伝わってくる。

『光のうつしえ』（講談社　２０１３）は、戦後26年の広島が舞台。被爆二世の中学生が灯籠《とうろう》流しの夜の不思議な出会いから、周囲の大人たちが今もかかえる傷や悲しみに気づいていく、現在と過去をつなぐ長編だ。子どもたちが、大人たちの記憶を掘りおこしていく。

「よう知っとると思うとることでも、ほんまは知らんことが多いよな」という中学１年生の登場人物のせりふは、過去の痛みや悲しみに思いを寄せることへの第一歩だろう。

広島を記憶していくために、二度と悲劇をくりかえすなという警告のために、どちらも読み続け、手渡し続けたい。（宇野和美）

フィクション　読物

ヒットラーのむすめ

ジャッキー・フレンチ／作　さくまゆみこ／訳
2004年（1999年）　鈴木出版　221p

●時代背景　オーストラリア／現代　1933～45年
●キーワード　雨　スクールバス　お話ゲーム　あざ　人形　ナチス　ヒットラー　大量虐殺　アーリア人　アボリジニー

子どもはみんな、親みたいになっちゃうのかな

舞台は現代のオーストラリア。雨に降り込められた待合室でスクールバスを待つ間、始まったお話ゲームの今回の主人公は、「ヒットラーのむすめ」ハイジ。戦闘シーンなどは出てこない、ハイジの静かな日常をアンナは語り出す。

雌牛もクシャミをするのか、そんなことが気になるような質《たち》だからだろうか、最初は実在の人物についての作り話に違和感を覚えていたマークが、誰よりもその話に引き込まれていく。そしてマークは重くて大きな疑問を抱え込むことになる。「もし父さんが、ヒットラーと同じようなことをしてたとしたら（略）そしたら、ぼくはどうするべきなの？」、「自分がほんとうに正しいことをしているかどうかは、どうやったらわかるんですか？」……。アンナに、母に、父に、先生に問わずにはいられない。マークは、ハイジに心を寄せたからこそ、問いが生まれたのだろう。

ヒットラーのことを「デュフィ」と呼び、顔には大きな赤いあざがあり、歩くと足を引きずるハイジ。たまに顔を見せるデュフィが持ってきてくれる金髪で青い目の人形のように美しかったら「お父さん」と呼ばせてもらえるかもしれないとひそかに泣くハイジ……。私たちはハイジのことを憎めない。しかし、彼女はヒットラーの娘なのだ。

そもそも、アンナはどうしてこんな話を始めたのか……虚実のさかい目が溶けていくような物語に引き込まれた読者は、ヒットラーの優生思想や大量虐殺《ぎゃくさつ》の史実を知るだけでなく、今を生きる自分たちの責任を考えさせられることになる。二つの世界のイメージを重ね合わせた北見葉胡の装画と扉絵が作品世界を広げていて、それもまた大きな魅力となっている。（西山利佳）

ノンフィクション　読物

君たちには話そう
かくされた戦争の歴史

いしいゆみ／著
2015年　くもん出版　127p

●時代背景　川崎　伊那谷／アジア太平洋戦争　1987年頃
●キーワード　高校生　市民活動　歴史　聞き取り調査　風船爆弾　陸軍登戸研究所　細菌兵器　731部隊

それがいつの間にか、いやでなくなってくるんだ

本書は、アジア太平洋戦争末期に、軍や武力による「表」の戦争とは別に、細菌兵器やスパイ活動、風船爆弾やにせ札作りといった「裏」の戦争を担った陸軍登戸《のぼりと》研究所の実態が掘り起こされていく過程を追ったノンフィクション。「裏」の戦争は、戦時中も徹底的に秘密にされ、敗戦とともに記録からも消され、研究所で働いた人たちはその事実を胸に秘めて生きてきた。

そうして40年あまりが過ぎた80年代末、川崎の市民活動〈平和教育学校〉のメンバーが、地元にあったとされる秘密の研究所を調べ始める。この市民活動に、高校生の安藤翔太さんが加わったことで、調査は活気づく。跡地を巡り、かつて研究所に勤めていた人々にアンケートをとり、タイピストだった女性が迷いつつ残していた「雑書綴」を発見……。次第に研究所の実態が見えてくる。

また、高校の後輩・岸本政幸さんは、登戸研究所の歴史を文化祭でとりあげ、同じ頃、登戸研究所が疎開《そかい》した長野県伊那谷でも、菅原春美さんら高校生たちが〈平和ゼミナール〉活動で、長野に残っていた元研究員の聞き取りを続ける。こうした若い人たちに対して、だれにも話したくない、と思っていた人々が、「わしらのようなことを、くりかえさないためにも」知ってほしいと、少しずつ口を開き始めるのだ。

とりわけ、研究所のリーダーでもあり細菌兵器などの開発を担った半田博さんとの出会い。半田さんは、命じられるまま、国のため家族のためと、本当はやりたくない研究や実験をしているうちに、それが「いやでなくなってくる」という人間の冷酷な一面をぽつりと明かす。

負の記憶は、身近であるほどに伝わることは難しい。足もとにひそむ戦争を知る一冊だ。

（奥山　恵）

ノンフィクション　読物

ゴジラ誕生物語

山口 理／著
2013年　文研出版　192p

●時代背景　日本／太平洋戦争1945～1959年
●キーワード　怪獣　水爆実験　ビキニ　第五福竜丸　恐竜　映画　特撮　ミニチュア　キングコング　太平洋

水爆の恐ろしさ、残酷さを伝えたいんだ

「ゴジラ」の映画が公開されたのは1954年。この年の3月、南太平洋のビキニ環礁で行われた水爆実験で、日本の漁船の第五福竜丸が死の灰を浴び、乗組員の一人が亡くなるという事件が報じられた。広島、長崎の原爆についで、3度目の核被害であり、これをきっかけに、原水爆禁止を呼びかける反核運動が起こった。そして、ゴジラも核への恐怖から誕生した。

　ゴジラの最初の企画は、当時44歳の東宝映画のプロデューサー田中友幸である。同じ頃、大怪獣を登場させる映画の企画を考えていたのが、円谷英二《つぶらやえいじ》だった。円谷は特殊技術に優れたカメラマンとして評価が高かったが、田中は迷わず円谷に協力を頼む。原作は小説家の香山滋《かやましげる》。企画のねらいを聞いた香山は、「ぼくなりに原子兵器に対するレジスタンス（抵抗）を精一杯投げつけて見よう」といい、怪獣の名も「ゴジラ」に決まる。

　監督は、円谷と何度も一緒に仕事したことのある、本多猪四郎《ほんだいしろう》。彼は戦争から帰ってくる途中で目にした、原爆で破壊されつくした広島の光景が忘れられなかったといい、その時の気持ちをゴジラに込めた。音楽を担当した伊福部昭《いふくべあきら》は、自分も被曝していて「ヒロシマやナガサキのような悲劇を二度とくり返してはいけない」との決意で、あの重々しい「ゴジラのテーマ」を作ったという。こうしてスタッフのそれぞれの思いを込めて、様々なアイディアと工夫をこらしながら、初めての巨大怪獣映画を作り上げていくドラマが、たくさんの写真とともに紹介されていく。

　2016年に公開された29作目の「シン・ゴジラ」もそうだが、ゴジラは人間が生み出した核の恐ろしさを象徴する生き物だとこの本は伝える。

（野上　暁）

ノンフィクション　読物

戦争といのちと聖路加国際病院ものがたり

日野原重明／著
2015年　小学館　157p

●時代背景　東京／太平洋戦争1940年～終結後1950年代
●キーワード　病院　医者　看護師　GHQ　太平洋戦争　東京大空襲

たとえ名前や方針が変わっても、患者のいのちを守る病院であり続けることを選択しよう

太平洋戦争の戦時中のことを書いた本は多いが、戦後、日本が連合国に占領されていた時代のことを書いた本は案外少ない。この本は、１００歳を超えても活躍している医師日野原重明が、１９４１年に内科医として勤め始めて以来、70年以上かかわってきた聖路加《せいろか》国際病院で、戦中戦後を通し、どんなことが起きたのかを、語りかけるように綴《つづ》った貴重な記録だ。

米国人の宣教医師が１９０２年に建てた診療所から発展し、キリスト教の精神のもと、戦前から米国の最新の設備と医療技術を誇ってきた聖路加国際病院。だが、１９４１年12月に太平洋戦争が勃発すると、米国人の医者や患者が帰国し、政府の指導により塔の上の十字架は切断され、名前も「大東亜中央病院」に改称させられる。食料や医療物資の不足に苦しんだり、スパイの嫌疑をかけられたりしつつも、いのちを守ることを第一に医療を続ける医者や看護師。とくに東京大空襲のときの証言はすさまじい。さらに戦後は、施設をＧＨＱに接収され米軍病院となってしまったため、都立整形外科病院を借り受けて医療を再開する。ようやく本館建物が返還され、現在の場所に戻れたのは１９５６年だった。

こんなことがあったのかと、改めて驚かされることも多い。多くの人に読んでほしい、医療現場の力のこもった証言だ。

最後に著者は、戦争はけっして幸せをもたらさない。戦争はいのちと尊厳の奪い合い。どの人間も支えているのは同じ血液だとし、若い読者にこう呼びかけている。

「きみたちは、人をにくむことに大切ないのちの時間を使わないでほしいと思います。ゆるし合う平和な世界の実現には、きみたちの力がどうしても必要なのですから。」

（宇野和美）

ノンフィクション　読物

東京大空襲を忘れない

瀧井宏臣／著
2015年　講談社　183p

●時代背景　東京／太平洋戦争末期1945年　2014年

●キーワード　家族　太平洋戦争　空襲　火事　焼夷弾　B29

B29爆撃機二七九機が東京に来襲。二時間半にわたって、三三万発、一六六五トンの焼夷弾を投下していきました

本書は10万人近い人が死亡し、１００万人をこえる人が被災した１９４５年３月10日の「東京大空襲」について、客観的事実と当時６歳～15歳だった７人の証言を紹介している。

死体をマネキンや大木だと思ってしまった体験を戦後70年たって初めて語った当時14歳の赤澤寿美子さん。火事で一酸化炭素中毒になりそうになったのを、父が一晩中おおいかぶさって名前を呼び続け、黒くこげた死体に周りを囲まれたために九死に一生を得た当時８歳の二瓶治代さん。荒川放水路にかかる葛西橋を渡るか渡らないかで両親の意見が割れ、渡ったことで助かったという当時14歳の竹内静代さんは、終戦後女学校に戻ると、トイレの壁に、避難した人が折りかさなって焼け死んだ跡のうすいピンク色のシミが残っていたと述べている。当時12歳の小林奎介さんは、福島に疎開《そかい》をし、卒業のために帰京した際に高台から東京大空襲を見たと述べ、当時６歳の西尾静子さんは、工業学校の地下室に逃げ込み、夜の間中、扉を開けなかったことで、地下室内にいた人は助かったが、扉の外に死体が重なり、なかなか扉を開けられなかったと言う。そして、著者の母親も東京大空襲を体験していた。

客観的事実については、著者の調査とともに、東京大空襲を生き延びて富山へ疎開し、そこで再び空襲にあって母と1歳8か月の妹を亡くした当時15歳の中山伊佐男さんの調査を紹介している。そして、アメリカによる日本での空襲・原爆が計画的に実行され、ターゲットとして間違いなく市民を想定していた事実が述べられる。

証言とともに、地図や焼け野原になった写真を掲載。東京大空襲の被害がいかに大きかったのかが実感できる。

（土居安子）

ノンフィクション　読物

「ネルソンさん、あなたは人を殺しましたか？」

ベトナム帰還兵が語る「ほんとうの戦争」

アレン・ネルソン／著
2003年　講談社　146p（講談社文庫　2010年）

●時代背景　アメリカ　ベトナム／ベトナム戦争1965年
●キーワード　伝える　経済的徴兵　海兵隊　PTSD　沖縄　憲法九条

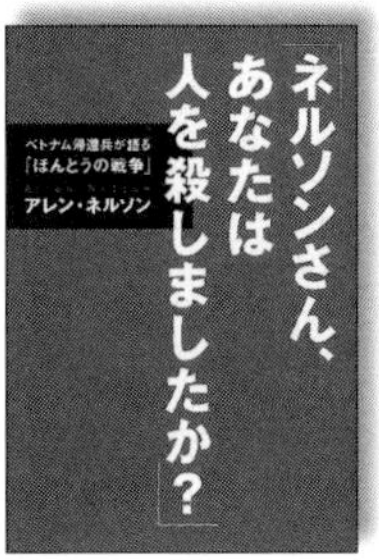

ほんとうの戦争のことをだれも教えてくれなかった

著者のアレン・ネルソンは、ニューヨーク生まれのアフリカ系アメリカ人。貧しいゲットーで育ち、暴力的な日常を過ごしていたが、ある日、海兵隊に勧誘される。入れば、立派な制服が着られて、おいしい食事が食べられて、お金と名誉も手に入り、みんなから尊敬されると言われたのだ（経済的徴兵ってことですね）。

本書は、ある意味では、誇り高い海兵隊員としてベトナムに出征し、命にも死にも無感覚になり、「野蛮人《やばん》」の敵を皆殺しにしようと血気に燃えて「勇猛果敢《ゆうもうかかん》に」戦った男の記録でもある。彼は、心身共にそういう殺人マシンと化すための訓練を受けていた。

そんな彼を変えた出来事が二つある。一つは、射殺する前のベトコン捕虜に、「わたしたちは自由のために戦っている。あんたたち黒人も自分の国では自由すらないじゃないか」と言われたこと。そしてもう一つは、たまたま隠れた防空壕《ごう》で、ベトナム人女性が出産するのに立ち会ったこと。著者はそこで初めて、自分が人間であることを忘れていたとハッとする。

帰国した著者は、PTSDを患って一時はホームレスになったり自殺を図ったりもした。そんな折、小学校で戦争の話をした際、「あなたは人を殺しましたか？」と4年生の少女にきかれる。長いことためらった後、イエスと答えると、子どもたちは「かわいそう」と言って抱きしめてくれた。このことをきっかけに、著者はベトナム戦争や兵士の現実を伝えようと活動しはじめる。日本の憲法九条に感激し、沖縄から基地をなくす運動をサポートするようにもなる。彼は2009年に多発性骨髄腫《こつずいしゅ》で死去するが、本書をはじめいくつかの著書を残してくれた。

（さくまゆみこ）

ノンフィクション　読物　伝記

はだしのゲン　わたしの遺書

中沢啓治／著
2012年　朝日学生新聞社　224p

●時代背景	広島／1939～2012年
●キーワード	家族　闇市　映画　マンガ　広島　原爆　防空壕　B29　原爆孤児　ABCC

「原爆をあびると、こういう姿になる」という本当の事を、子どもたちに見せなくては意味がないと思っていました

中沢啓治は、１９３９年広島に生まれ、小学校1年生の時に爆心地から１・３キロしか離れていない場所で被爆し、父と姉と弟と妹を亡くした。でも、原爆のことは忘れようと思っていた。においや光景がよみがえってきて落ち込んでしまうから。被爆したことも言いたくなかったし、描こうとも思わなかった。マンガというのは楽しいものでなければ、と思っていたから。

　考えを変えたのは、その後母親の遺骨が放射能ですかすかになっていたのを見たときだ。これからは、戦争と原爆のことをマンガに描くと決めた。悲しみやあきらめでなく、消せない怒りを燃やしながら。

　１９６８年に発表した『黒い雨にうたれて』は、被爆した青年（自分の分身）が殺し屋となって悪徳アメリカ人に復讐するというストーリー。そして１９７３年には「少年ジャンプ」で『はだしのゲン』の連載を始める。

　白内障でマンガが描けなくなってからも、中沢は原爆と戦争の恐ろしさを伝える講演活動は続けていた。この本は、２０１２年12月に死去した翌日に出版された遺書であり、被爆のことや子どもたちに伝えたいことを文章とマンガでつづっている。

　「はだしのゲン」をめぐっては、２０１１年頃から、こんな醜悪なマンガを子どもに見せるなという声が日本会議などを中心に広がった。「ゲンが伝える『悲惨な戦争』は、中国共産党のプロパガンダそのままである。」（『正論』２０１５年11月号）として図書館からの撤去運動が起こったりもした。

　しかし、醜悪《しゅうあく》なのは戦争そのものなのだ。中沢は自分が見たまま思ったままを描いているにすぎないということが、この本から伝わってくる。

（さくまゆみこ）

ノンフィクション　読物

ルワンダの祈り

内戦を生きのびた家族の物語

後藤健二／著
2008年　汐文社　110p

●時代背景　ルワンダ／ルワンダ大虐殺1994年～

●キーワード　母親　家族　憎しみ　ゆるし　ジェノサイド
ジャーナリスト　サバイバー

いつまでも泣いていないで、生きなければ

２０１５年にＩＳに殺害された後藤健二さんが残した本。日本では大手出版社や新聞社の記者は危険な場所へは行かない。行くのは山本美香さんや後藤さんのようなフリーのジャーナリストだ。しかもＩＳのようなグループにとらわれれば、日本政府は何もしてくれず自己責任だと突き放される。そんな危険を承知で飛び回る彼らが現地の普通の人たちのことを伝えてくれなかったら、私たちは表面的なことしか知らないで終わるだろう。

アフリカ中部にあるルワンダでは、１９９４年に大虐殺《ぎゃくさつ》が起こった。人口の多いフツ族が少数派のツチ族を攻撃したのだ。本書は、その時に夫と長男と親戚を殺されたアルフォンシン・ムカルゲマさんと、生き残った３人の息子へのインタビューが中心になっている。

ルワンダには大虐殺で孤児になった子どもや身寄りをなくした女性が大勢いる。運よく生き残った「サバイバー」の中には、レイプされてエイズになった女性も多い。

アルフォンシンさんもサバイバーのひとりだが、大虐殺のときには、末っ子をおぶって着のみ着のまま居場所を点々と移しながら隠れていた。「当時のわたしは、生きていてもまるで立ったまま死んでいました」。

しかしそれを乗り越え、今は国会議員として女性や孤児の問題に取り組んでいる。

それでも、失った多くのものを思って涙を流すこともあるし、ゆるしあうのが大事だとわかっていても夫を殺した犯人（同じ村の人）をすんなりゆるせるわけではないと言う。

後藤さんの著書には、シエラレオネの子ども兵士について書いた**『ダイヤモンドより平和がほしい：子ども兵士ムリアの告白』**（ｐ１２３）もある。

（さくまゆみこ）

ノンフィクション　読物

わたしたちのアジア・太平洋戦争

古田足日＋米田佐代子＋西山利佳／編
2004年　童心社　全3巻（1巻328p　2巻296p　3巻304p）

●時代背景　日本　アジア／アジア・太平洋戦争1931年〜現在
●キーワード　中国　朝鮮　フィリピン　マレーシア　インドネシア　義勇兵　原爆　砂川闘争　平和運動　現代民話

「知らない」ことがわたしたちの戦争責任なのだ

本書には1931年の満州事変から始まったアジア・太平洋戦争の時代を生きた人々が体験を書いたもの、またはその体験を聞き書きしたものが、時代の流れにそってまとめられている。

空襲体験や学童疎開など、戦時下でいかに悲惨な暮らしをしてきたか、という体験集は数多く出版されているが、それらの類書とは、読んだときの印象がずいぶん違って感じられる。それは、日本の戦争加害についての証言をしっかりとまとめていること、自らの戦時下の体験を現代の目で振り返り、その意味を自身に問い直していること、戦後、平和を求めて様々な立場で活動してきた人たちの証言を一冊にまとめていることからだろう。現代に生きる私たちに、この戦争が昔の人に降りかかった過去の出来事なのではなく、いまもその意味を考え続けなければならない事実そのものなのだと訴えかけてくる。

編者でもある古田足日が「忠君愛国大君のため――ぼくはアジア・太平洋戦争のなかでこう育った」で、忠君愛国の精神を植え込まれ、「侵略」という言葉を知らず日本の領土が広がっていくのを誇り、ゆかいに思っていた自身の少年期の心の有り様を克明に描いているのが印象的。これは当時のほとんどの日本人の心象ではないだろうか。他にも、中国や朝鮮、フィリピン、シンガポールなどで日本軍がおこなったことの体験談や証言では、抑えた文章で書かれてはいるが、これほどまでに人は残虐《ざんぎゃく》になれるのかと、おぞましく思うほど。被害と加害の両面を知ることで戦争の有り様が立体的に浮かび上がってくる。

文中の体験談には歴史用語の脚注がつき、歴史事項には解説、巻末には年表も付され、学習資料としても工夫あり。（ほそえさちよ）

ノンフィクション　絵本

終わらない冬
日本軍「慰安婦」被害者のはなし

カン・ジェスク／文　イ・ダム／絵　ヤン・ユハ＋都築寿美枝／訳
2015年（2010年）　日本機関紙出版センター　48p

●時代背景　韓国　日本（沖縄）／第二次世界大戦
●キーワード　よもぎ、母親、慰安所、慰安婦、日本軍、沖縄

わたしのからだと心は、めちゃくちゃにこわれてしまいました

韓国で出版された絵本の日本語版だが、日本での翻訳出版はなかなか難しかったという。

ジェスクさんは、金学順《きむはくすん》さんの「慰安婦《いあんふ》」証言を留学中の日本で聞き、韓国に戻ってからも元慰安婦の方たちの証言を集めて記録し、それをもとにして文章を書いた。「戦争のもたらす害は、銃弾の飛び交う戦場だけではない」と子どもたちに伝えるために。

畑でよもぎを摘んでいた主人公の少女は、だまされてトラックに乗せられ、手を縛られたまま汽車に乗せられて港へ。そして船で、どこかもわからない島（実は沖縄）へ連行される。日本名を強要され、布団と洗面器しかない小部屋に押し込まれ、わけもわからないうちに、毎日兵隊の性暴力にさらされる。組織的な性奴隷《どれい》である。主人公は、それでも同じ故郷から拉致《らち》されたスニといつか必ず故郷に帰ろうと言い合っているが、やがてスニは自殺。ある日、島が爆撃され、日本兵は慰安婦たちを置き去りにしていなくなる。

主人公は、なんとか故郷に帰り着くことができたものの、村人から後ろ指をさされているように感じて、心の平安が保てずに村を出てしまう。やがてある時、同じく慰安婦にさせられた他のおばあさんの話をテレビで聞いて、泣きながら思う。「罪があるのはわたしたちじゃなくて、戦争を起こしたおまえたちだ」と。そして、二度と同じような間違いが繰り返されることのないように、語り始める。

戦争の被害者でしかない者が自分を罪深いと感じてしまう悲しさ、女性であるがゆえに肉体的にも精神的にもぼろぼろになっていく様子が、ワックス画法を使った重厚な絵と、心にしみこむ文章で表現されている。

（さくまゆみこ）

フィクション　読物

語りつぐ者

パトリシア・ライリー・ギフ／作　もりうちすみこ／訳
2013年（2010年）　さ・え・ら書房　268p

●時代背景　アメリカ／アメリカ独立戦争18世紀末　現代
●キーワード　絵　内戦　おばさん　祖先　転校

今の今まで、独立戦争なんて ずっと遠くで起こったものと考えていた

エリザベスは、物心つく前に母親をなくし、父親と二人で暮らすアメリカ合衆国の少女。彫刻家の父親が仕事の関係で1か月オーストラリアに行くことになり、二度しか会ったことのない、母の姉リビーに預けられることになる。学校を転校し、ぎくしゃくした新しい生活。

おもしろくないことばかりのエリザベスは、玄関ホールにかかったズィーという、自分とどこか面影《おもかげ》の似た少女の絵に慰められる。そして、そのズィーという少女はどういう人だったのだろうと追ううちに、その昔、独立戦争のとき、その地方で何があったかを知ることに。

ふとしたことから、顔をのぞかせた祖先の歴史。ズィーを通して過去の歴史が精彩をおびてくる。現在と過去をつなぐ物語だ。

エリザベスとともに謎解きをしながら、200年以上前のズィーという女性の姿がだんだんと浮かびあがってくるのがおもしろい。

独立戦争の真っただ中、家を焼かれ、手に大やけどを負って母を亡くし逃げ惑う少女ズィー。アメリカ独立戦争が、アメリカとイギリスとのあいだではなく、植民地の人々が、独立支持派と独立反対派に分かれて争った内戦でもあったことがわかる。親しく近所づきあいをしていたお隣さんまで敵対する戦いだったのだ。

国の独立という歴史書に書かれた出来事の陰で、だれにも知られず犠牲になっていった人々。

本書はまた、エリザベスの成長と自己発見の物語でもある。過去の物語を発見しながらエリザベスは、おばのリビーや父親のことを理解し、自分がしたいのは物語を見つけ、語っていくことだと悟る。（宇野和美）

フィクション　読物

ジャック・デロシュの日記
隠されたホロコースト

ジャン・モラ／作　横川晶子／訳
2007年（1999年）岩崎書店　301p

●時代背景　フランス　ポーランド／第二次世界大戦1943年頃と現代
●キーワード　万引き　拒食症　ダイエット　祖母　悪夢　日記　ユダヤ人　恋　ホロコースト　収容所

今日、また食べ物を吐いた。でもこれが最後だ

この言葉は、作品の最初と最後に、繰り返される。主人公のエマは、1年以上前から深刻な拒食症に陥《おちい》り、自殺未遂ののち精神科に入院、ようやく退院したやさきに、近所のスーパーで万引きをする。物語はその万引きの一件から始まり、エマがこのような状況を抱えてしまった過去が語られていく。

過度なダイエットや恋愛や家族関係など、拒食症の原因はひとつではないが、実はその奥底には、エマが最も信頼していた祖母の、戦争の記憶が横たわっていた。

そもそもの始まりは、祖母が寝言で口走った「ソビブル」「ジャック」といった地名や名前だ。ソビブルは第二次世界大戦時、ポーランドに作られたユダヤ人絶滅収容所があった場所。エマは言い知れぬ不安を覚えるが、祖母はその寝言の意味を充分語らずに、闘病の末、息を引き取ってしまう。やがて祖母の遺品の中に、「ジャック・デロシュの日記」と書かれたノートを発見し、エマはとうとう隠されていた大量虐殺《ぎゃくさつ》の事実に突きあたるのだ。

作品の中盤は、このジャックの日記の引用が続く。そこからは、フランスからナチ党親衛隊に入り、ソビブルの絶滅収容所を運営した若者の姿が浮かび上がる。きまじめな社会変革への熱意、エリート意識や民族主義から、25万人ものユダヤ人を淡々と「処理」する日々。その一方で、ポーランドの美しい女性、すなわち若き日の祖母との一途な恋愛。他人と人生をすり替えて生きのびた戦後……。祖母やジャックの衝撃の事実を知ったエマは、最後の最後にひとつの告発を決意し、拒食症からの脱出を試みる。

とはいえ、命ぎりぎりまで痩せていった少女の姿は、だれの血の中にもあるおぞましい加害の可能性を、受け容れ難く、しかし生々しく伝えているのだ。（奥山　恵）

フィクション 読物

二つの旅の終わりに

エイダン・チェンバーズ／作　原田 勝／訳
2003年（1999年）　徳間書店　523p

●時代背景　オランダ　イギリス／第二次世界大戦1944～45年、1995年
●キーワード　家族　祖母　手記　「アンネの日記」　旅
異文化体験　兵士　疎開

澄みきった青空から、紙吹雪のように落下傘が舞いおりていました

イギリス人で17歳のジェイコブは、1995年、祖母の代わりに第二次世界大戦中に祖父が世話になったヘールトラウにお礼を言うためにアムステルダムへ行く。そして、彼女の娘のテッセル、孫のダーンと出会うが、ヘールトラウはガンに侵されており、安楽死を数日後に迎えるという難しい時期で、テッセルとダーンから歓迎されていない雰囲気を感じてしまう。

実はそれにはヘールトラウの秘密が関わっていた。ジェイコブの章と交互に1944～45年に起こったヘールトラウと祖父との間の出来事が詳細に語られる。その手記からはオランダ解放のためにイギリス兵が落下傘で降りてきて戦い、撤退を余儀なくされる「アルネムの戦い」に、ヘールトラウと祖父ジェイコブが巻き込まれたことがわかる。19歳のヘールトラウは両親とアルネムに住んでおり、ジェイコブに水を差し出したことが縁で知り合うが、しばらくして爆弾で負傷したジェイコブが家に運び込まれる。そして、イギリス兵が撤退する際、まだ歩けないジェイコブとともに、兄とヘールトラウに結婚を申し込んでいる兄の親友が隠れている、その田舎の家に身を寄せたのだった。

ジェイコブは、帰国する数日前までヘールトラウの手記を手渡されることのないまま、「アンネの家」を訪ねたり、ひったくりにあったり、親切な一人暮らしの夫人に出会ったりもする。ダーンが同性と異性の二人の恋人を持っていることを知ったり、「アルネムの戦い」から50年の記念式典でオランダ人の少女と恋に落ちたりとさまざまな経験をしながら、愛について、また自分らしさについて思いをめぐらせる。そして、ヘールトラウの手記を読み、自分の家族に対する大きな宿題を抱える。

（土居安子）

ノンフィクション　読物　演説

新版 荒れ野の40年

ヴァイツゼッカー大統領ドイツ終戦40周年記念演説

リヒャルト・フォン・ヴァイツゼッカー／著　永井清彦／訳・解説
2009年　岩波ブックレット　63p

●時代背景　ドイツ／第二次世界大戦終結後40年　1985年
●キーワード　演説　第二次世界大戦　ナチス　政治家　冷戦

若い人たちは、たがいに敵対するのではなく、たがいに手をとり合って生きていくことを学んでいただきたい

本書は敗戦40周年にあたる1985年5月8日、ヴァイツゼッカー大統領がドイツ連邦会議で行った記念演説の全文である。まだドイツが東西に分裂していたころだ。

戦争体験のない者にとって、過去のできごとをどのように受け止めればよいのか。ついつい自分には関係ないことと思いがちだが、大統領は語る。「罪の有無、老幼いずれを問わず、われわれ全員が過去を引き受けねばなりません。だれもが過去からの帰結に関わり合っており、過去に対する責任を負わされております」。続けて「過去に目を閉ざす者は結局のところ現在にも盲目となります」。引用されることの多い一節だ。どこかで聞いたことはないだろうか。

現在が現在のようにあるのはどうやってなのか。過去に起きたできごとから目を背けず心に刻み続けることが大事であり、歴史に学ぶことの大切さを訴える。「人間は何をしかねないのか（中略）われわれは今や別種のよりよい人間になったなどと思い上がってはなりません。（中略）これからも人間として危険にさらされつづけるでありましょう」。だが、その危険に耐えうる力をわたしたちは持っていると励ます。若い人たちへの希望をも語る大統領のことばは熱く、勇気とやさしさに満ちている。

この演説から30年もの月日が経つが、古めかしいなんてことはない。今読んでも、いや、今だからこそ胸に響くものがある。強い感動とともに深く考えさせられる一冊である。後半に付された訳者による「若い君への手紙」と題された解説は、この演説を理解するためにも必読。100ページにも満たない本だが、じっくりと何度でも読み返して言葉を「心に刻む」ようにしたいものだ。

（菅原幸子）

ノンフィクション　読物

オシムからの旅

木村元彦／著
2010年　理論社　202p
（イーストプレス　2011年）

●時代背景　ユーゴスラビア／コソボ紛争1997年から〜2008年
●キーワード　ルポルタージュ　サッカー　政治　歴史　民族主義　内戦

ユーゴの崩壊は、サッカー場からはじまった

ノンフィクション作品としてこの本が興味深い理由は四つある。

まずは、「ピクシー＝妖精」と呼ばれるサッカー選手ストイコヴィッチとサッカー日本代表監督も務めたオシム監督という二人の魅力的な人物像を知ることができるということ。第二に、その二人の出身地であり、かつてあった国ユーゴスラビアの紛争の歴史を、サッカーを切り口にして知ることができるということ。そして、その問題を世界の情勢の中でのさまざまな視点から浮き彫りにしようとしていること。その調べ方が、著者の興味関心に沿って書かれており、著者の生き方を探る旅としても読めるということである。

ユーゴスラビアは1945年に六つの共和国と二つの自治州から成った国で、いわゆる「アメリカグループ」と「ソ連グループ」の冷戦状態の中でチトー大統領が巧みなリーダーシップでまとめてきた国であった。ところがチトー大統領が死去し、1991年にソ連が崩壊した後、民族単位での国の独立が叫ばれ、紛争へと発展していく。紛争の契機となったのが、1990年5月のセルビアとクロアチアのチームのサッカーの試合前のサポーターによる暴動であった。

ストイコヴィッチは国連によるスポーツ制裁で「ワールドカップ」等の出場権を奪われてもプレーを続ける。オシム監督は、ユーゴスラビアの代表監督として、さまざまな民族の選手を選んで采配《さいはい》をふるっていたが、サラエボ包囲網に巻き込まれた妻子に2年半も会えなくなる。

著者は、ユーゴのことを通して、日本における在日韓国・朝鮮人のことや、スポーツを民族主義に利用するのではなく、平和に利用する可能性について考えることが必要であると締めくくっている。（土居安子）

ノンフィクション　読物

1945←2015
若者から若者への手紙

室田元美＋北川直実／聞き書き　落合由利子／写真
2015年　ころから　224p

●時代背景　日本　満州　シベリア　ニューギニア／第二次世界大戦
●キーワード　手紙　伝える　若者　東京大空襲　シベリア抑留　長崎　沖縄　学徒看護隊　マラリア　七三一部隊

若い人たちにはね、二度とだまされてほしくない

戦争体験者が戦時中に見聞きしたこと、やってしまったことを若い世代にリアルに伝えるのは難しい。特に、今の子どもや若者は、身近なところに体験者もいないので、ファンタジー物語でも読むような意識で、体験談を読んでしまう。

その点、本書の構成には工夫がある。まず最初にあるのは、戦争体験者（１９４５年の若者）たちからの聞き書きだ。被害者としての体験もあれば加害者としての体験もある。年齢を重ねたその人らしい顔写真もある。登場するのは、中国に出征して殺《さつ》戮《りく》が平気になったあげくシベリアに抑留された金子安次さん、満州で終戦を迎え中国人の妻になったものの子どもを他人に渡してしまった山谷伸子さん、ニューギニアに配属され極限の飢えとマラリアを体験した塚原守通さん、七三一部隊（細菌・毒ガス兵器の研究のため生体実験をしていた）の少年隊員だった篠塚良雄さん、辺野古に生まれ育ち沖縄戦で父を亡くし米兵相手のバーを経営したこともある島袋妙子さん、広島で被爆して人相が変わるほど火傷を負った石見博子さん、韓国で生まれ日本軍属の捕虜監視員にさせられ戦後死刑判決を受けた李鶴来（イ・ハンネ）さん、戦闘部隊の兵士として中国に出征し戦後は経済界の重鎮となった品川正治さんたち15人。一人ひとりの語り口を活かしながらの聞き書きが臨場感を生んでいる。

昔の若者の証言の後に登場するのは、「戦争体験者へ手紙を書いてみませんか？」という呼びかけに応じた今の若者たち。昔の若者の言葉はそれぞれに重いが、今の若者の言葉は重さもいろいろだ。ただ、昔の若者の体験をまっすぐ受け止め、考えて言葉を探していることは伝わってくる。

（さくまゆみこ）

ノンフィクション　読物

そこに僕らは居合わせた

語り伝える、ナチス・ドイツ下の記憶

グードルン・パウゼヴァング／著　高田ゆみ子／訳
2012年（2004年）　みすず書房　239p

●時代背景　ドイツ　チェコ／第二次世界大戦1945年頃と2000年頃
●キーワード　家族　友だち　人形　手紙　秘密　第二次世界大戦　ナチス

ナチス時代、ホルナウでなにがあったか話してくれる？

ナチス・ドイツ時代を生き残った人たちは、どんな暮らしをし、隣人であるユダヤ人が連行されることに対してどんな思いを抱き、どんな行動をしていたのか。戦争中10代であった人たちが約50年後に、秘めたる思いを語る20の連作集。

人間の身勝手さを痛感させられるエピソードがある。連行されたユダヤ人の家に入り込んで盗みをし、食べ残したスープを家族で味わう話。家族ぐるみで付き合っていたユダヤ人の家族を戦争中は迫害し、終戦後、国外に逃れて生き延びたそのユダヤ人家族に自分はユダヤ人に親切だったという潔白証明書を出して欲しいと依頼した母親。ユダヤ人の店というだけでツケで物を買い続け、店と家を安く買いたたいた村人たち。

一方で、自分の信念を曲げずにいた少数の人も描かれる。フランス人の捕虜《ほりょ》とドイツ兵にジャガイモを食べさせた貧しい農夫や、ナチスにもらった勲章を肥溜《こえだ》めに捨てた老女の行動には胸がすく思いがする。

そして、この時代は、戦争忌避者《きひしゃ》や共産主義者への弾圧、戦後の国境の変更による強制移住などの問題も抱えていたことが語られている。

エピソードの中には、17歳で終戦を迎えた著者の体験も含まれる。ナチスの思想をおとぎ話として幼い子どもに語った優しい先生のことと、学校で先生に人種には優劣があると言われ、自分は優れた人種だと思っていたらユダヤ人に次ぐ劣性な東方人種だと名指しされたという経験である。

一歩間違えば自分や家族の死を招く状況の中で、自分だったら何ができるか。同じ状況であれば、自分もナチスの考えを正しいと信じてしまうのではないか。他人事とは思えない告白に、戦争の恐ろしさをひしひしと感じる。

（土居安子）

ノンフィクション　読物

日本軍「慰安婦」にされた少女たち

石川逸子／著
2013年　岩波ジュニア新書　232p

●時代背景　日本／主に1937～45年　日清戦争～2013年
●キーワード　手紙　親友　14歳　セクハラ　証言　詩　従軍慰安婦　日本軍　満州事変　謝罪

これは過去のできごとのようで過去のできごとではない

本書は『「従軍慰安婦」にされた少女たち』（1993年）の改訂版である。テーマが重いものなので、「すこしでも親しみをもっていただけるように」と、14歳の秋とユミの手紙のやりとりを骨格とし、「戦争のことなんかにヘンにこだわってて、そいで『おばあちゃん』ってよぶといやがるヒト」川瀬さんのレポートを通して、日本軍「慰安婦」の事実を伝えるという構成を取っている。しかし、14歳の少女を登場させたのは、単に親しみを持たせる方便ではなく、これが決して過去の問題でないということをはっきり示すことになった。二人は、日本軍「慰安婦」の存在を知ったことから、自分のクラスで起きた教師のセクハラや、男子生徒のからかいに改めて怒りを覚え、そのままにしていてはいけないと考え、行動を起こす。そして、その中で、友人から実は韓国人であると打ち明けられ、さらに学びの輪が広がり文化祭や劇に発展していったりする。

もちろん、紙数の大半は、日本軍の性暴力被害者の惨《ひど》い体験だ。随所《ずいしょ》に詩が織り込まれ、被害者の心の痛みがしんしんと胸にしみてくる。この本は、被害女性たちに寄り添って心を痛める機会を与えてくれるといえるだろう。しかし、ただ気の毒にと人ごととして読んで終われる本ではない。なぜ「慰安所」が作られたのか、なぜ、日本兵はそんなに残虐《ざんぎゃく》になれたのか、その土壌として、大日本帝国の内への圧政、外への侵略という本質、男たちの人格破壊の元凶である家父長制と公娼制《こうしょうせい》についても明治にさかのぼってひもといている。

現在の日本に生きる若い世代が、過去を引き受け、二度と同じ惨劇を繰り返させないための力になる大事な一冊である。

（西山利佳）

ノンフィクション　読物

ひろしま国
10代がつくる平和新聞

中国新聞社／編
2009年　明石書店　269p

●時代背景　広島／2007年
●キーワード　新聞　サミット　原爆　被爆者　難民問題　国際理解　国際貢献　記者　子ども

世界は変えられるんじゃないかと思った

本書は、広島に本社がある中国新聞社が公募した小学6年生から高校生までのジュニアライターが、2007年から作ってきた折り込みページ「10代がつくる平和新聞 ひろしま国」の1号から50号までをまとめたダイジェスト版だ。

「『8・6』は世界共通」「NPOとNGO、草の根パワー」「アニメの平和力」「『おいでよオバマさん』第1弾」など、各号のテーマは多岐にわたり、見ているだけでわくわくする。

すばらしいのは、ジュニアライターたちが、政治家、研究者、地元の作家から町の人まで、多くの取材をして紙面を作っていることだ。欧州議会の各議長へのメール・インタビューもある。人の話を聞くことで、次々と興味、関心が広がっていた様子がうかがえる。

愛の反対語は無関心だという言葉がある。だとすると、「もっと知りたい」という好奇心が詰まった本書は愛にあふれている。そして活動を通して、「世界は変えられるんじゃないかと思った」「でもみんなに共感してほしいのです。私たちには『知ること』が求められていると気づいてほしいのです」というジュニアライターの発言がとびだす。なんと頼もしいことだろう。

付録の「8・6探検隊」は、ジュニアライターからの質問に記者が答える形式の35回の記事で、これだけでも広島の原爆を知るかっこうの読み物になっている。

大事だと思うことを、大人はもっともっと子どもたちに投げかけていくべきなのだ。過去を知り、平和を考える子どもたちの取り組みに注目したい。

「ひろしま国」のその他の記事は次のHP（※）で見られる。

（宇野和美）

※　http://www.hiroshimapeacemedia.jp/hiroshima-koku/

ノンフィクション　読物

私は「蟻の兵隊」だった
中国に残された日本兵

奥村和一＋酒井誠／著
2006年　岩波ジュニア新書　183p

●時代背景　中国／太平洋戦争末期1944年～戦後1954年（帰国した年）
●キーワード　第二次世界大戦　満州　中国残留日本兵　捕虜　映画化　対談

戦争というのは、どのように人間を変えるかということです

終戦の前年の1944年11月、当時20歳だった奥村和一さんは軍隊に召集され、中国の山西省に送られた。そこで終戦後も終戦の事実を知らず、武装したまま中国に残り、兵隊として中国内戦で戦い続け捕虜となった。同様の日本兵は2600人おり、そのうち550人が終戦後に戦死した。

ところが、1954年にようやく帰国してみると自分は現地除隊した逃亡兵とされていた。すべては命令と思って日本兵として中国に残り、終戦後も困難を負った奥村さんたちを、日本政府は黙殺したのだった。奥村さんはその後、軍の命令があったという事実を立証する史料を探し、日本政府に対して裁判を起こしたが、結局敗訴した。従軍慰安婦と共通する問題がここにはある。

本書はこの奥村さんの半生を対談形式でたどったもの。同内容は、池谷薫監督の手で2006年に『蟻《あり》の兵隊』というドキュメンタリー映画となっている。

実に恐ろしい話だ。

当時こんなことまであったとは。

初年兵教育の仕上げに課せられた、生きている中国人の首を刀で斬る「試し斬り」は、60年間、一度たりと忘れたことはないという。奥村さんの話の多くは軍隊の理不尽さをつきつける。また、中国人のエピソード——「日本鬼子《リーベングイズ》」と食ってかかる中国人の老女を、「この人は武器を捨てたから、もう敵ではない」となだめた若者、当時、40日間監禁され毎日、強姦《ごうかん》された中国人女性が「悪いのは戦争だ」と話すなど——も貴重だ。

当時、どれだけの人々がこのような体験をしたのだろう。戦地に人を送り出すということはこういうことなのだと、本書の事実は教えてくれる。

（宇野和美）

フィクション　マンガ

あとかたの街 1～5

おざわゆき／著
2014年6月～2015年11月　講談社　各192p

●時代背景　名古屋　愛知　岐阜／太平洋戦争　1944～47年4月
●キーワード　名古屋大空襲　家族　友だち　学校　焼夷弾　軍事訓練　ニワトリ　大地震　竹槍

ここは私達の街なのに　もう住めない

太平洋戦争末期の昭和19年（1944年）4月、名古屋の国民学校高等科（今の中学校）に入学した木村あいの目を通して、戦争がだんだん激しくなっていく日々の暮らしが、細やかに描かれていて強く心を打つ。

食料不足のため学校のグランドが畑に変えられ、授業の代わりに畑仕事。授業中に居眠りが見つかると、水を入れたバケツを両手に持って廊下に立たされる。午後は体練といって、竹の先をとがらせた槍を持って、敵をさす練習で、失敗すると竹刀でたたかれる。学校でも体罰は当たり前なのだ。

あいは4姉妹の次女だが、高等科2年生の長女のみねは6月から学徒動員で紡績工場に。あいも9月から、勤労動員で戦闘機に使う鋲《びょう》工場へ。熱が出ても、非国民といわれかねないから、休むこともできない。三女のときは、岐阜に学童集団疎開《そかい》させられるが、後に、あまりにひどい扱いを受けていたことを知った父親が、怒って名古屋に連れて帰ってくる。そのうち、米軍偵察機が名古屋上空にも現れる。そんな中で、12月7日に名古屋を襲ったのは、空襲ではなく巨大地震だった。

昭和20年3月になると空襲が激しくなり、あいの家も焼夷弾で燃え、防空壕《ごう》にも入れず、街中が火に包まれた中を逃げまどう。その空襲で、あいが心を寄せていた少年・洋三を失い、家の焼け跡で父と合流したあいたちは、あとかたもない街の中で洋三を弔うのだ。あいたちは親戚をたより岐阜に疎開し、そこで敗戦を迎える……。

マンガだからこその身近で具体的な表現で、作家の母の体験をもとに戦中の暮らしや皮膚感覚を描き出す。戦争は、懐かしい街や人々の幸せを粉々に打ち砕き、多くの人々の命を一瞬にして奪うのだ。

（野上　暁）

フィクション　マンガ

cocoon
コクーン

今日マチ子／著
2010年　秋田書店　210p

●時代背景　沖縄／太平洋戦争末期沖縄戦1945年頃
●キーワード　太陽の島　蚕　繭　転校生　親友　蛹　石鹸　看護婦　病院　星空　空襲　手りゅう弾　自決

わたしたちは空想の繭に守られている

「ｃｏｃｏｏｎ」とは、「繭」とか「繭にとじこもる」という意味の英語。「こどものころ戦争がとてもこわかった」という作者が「時代も場所もあやふやな、夢のなかで再生される戦争の話です」と、あとがきに書いている。ひめゆり学徒隊から着想を得たともいうから、沖縄戦が下地になっているのは明らかだ。

マユは東京から島に来た転校生。背が高く顔立ちがいいので、学園の人気者になる。島育ちのサンは、マユのいちばんの親友であることに誇りを感じているのだ。戦争がきびしくなり、二人は看護隊となって軍隊に協力する。地元の人がガマと呼んでいる自然の洞窟《どうくつ》を軍の病院にして、看護婦二人と女子生徒15人で、けがをした軍人の手当てするのが仕事だ。敵機の爆撃でガマの入り口でも死者が出る。けがをした友だちも、傷口がくさってウジがわく。

とつぜん軍の命令で看護隊を解散させられ、少女たちは激しい爆撃の中を逃げまどう。外に出ることのできない重症患者は、ガマの中で甘いミルクに見せかけた毒を飲まされて殺された。行く先々に死体が転がっている。暗闇の中でサンが日本兵におそわれる。助けようとしたマユはその兵士を絞め殺すが、相手はマユが女でないことに気づくのだ。

繭から羽化する直前のまどろみのときを少女時代に重ね、きびしい戦場で、誰もが壊すことのできない空想の繭に守られているという思いで生き抜くマユとサン。せっぱつまった少女たちは、手りゅう弾で集団自決するが、死ぬのは負けだとサンの手を引いて逃げたものの、マユは銃弾に倒れてしまう。柔らかで繊細な線で描かれたマンガだが、強い意志を感じさせ、深く心に刻まれる作品だ。

（野上　暁）

フィクション　マンガ

夕凪の街　桜の国

こうの史代／著
2004年　双葉社　103p

●時代背景　広島／1955年〜2004年
●キーワード　家族　友達　原子爆弾　被爆者　差別

このお話は　まだ終わりません

広島にルーツを持つ家族の歩みを1955年、1987年、2004年という三つの時を舞台として描いた連作。第一話「夕凪の街」では復興期の広島に生きる平野皆実の原爆症による死が、第二話「桜の国（一）」では舞台を東京に移して亡き皆実の姪と甥にあたる七波・凪生姉弟の小学生時代がそれぞれ描かれる。そして第三話「桜の国（二）」で凪生と七波の幼なじみ・東子の恋や、姉弟の両親にあたる旭（皆実の弟）と被爆者の京花とのなれそめが描かれ、半世紀にわたる家族史が大きな像を結ぶ。

原爆で身内や友人を失った皆実は自分が生き延びた意味を探しあぐね、お洒落や恋愛を謳歌することをためらう。戦後の東京で育った七波と凪生は原爆と一見遠く隔たったところにいるが、凪生は被爆二世であることを理由に東子の両親から交際を反対される。21世紀になっても原爆は終わらない。原爆によって幕を開けた歴史があること、そしてそれは私たちの日常のなかで今も続いているのだということが、静かに、しかし強い説得力をもって伝わってくる。本川のほとりにたたずむ初老の旭と、同じ場所にバラックが建っていた頃の若き日の旭とをそれぞれ大ゴマで描き見開きで配置したページのように、この連続性は表現面でも強調されている。平和大橋をはじめ大事な場面で繰り返し登場する橋も印象的だ。

こうの史代の漫画はユーモラスな会話やほのぼのとした味わいが魅力であり、シリアスな主題を扱った本作も全体のトーンは決して重苦しくない。なお、本作上梓後には戦時下の呉と広島を舞台とした**『この世界の片隅に』**（双葉社　2008〜2009）が描き継がれており、なぜ生き延びたのかという皆実の問いに対して一つの答えが出されている。

（酒井晶代）

ノンフィクション　マンガ

新装版 凍りの掌
シベリア抑留記

おざわゆき／著
講談社　2015年　262ｐ

●時代背景　日本　シベリア（ソ連）／1945年～2005年
●キーワード　大学　手紙　満州　ソ連　コーリャン　黒竜江　農場　炭鉱　共産主義　ゲーペーウー　強制収容所

そこに連れて行かれたものは、生きて日本に帰れない

敗戦により、ソ連軍の捕虜として、シベリアに強制的に連れて行かれ、過酷な労働をさせられた日本人は、76万人以上いるという。戦争について書かれた子どもの本はたくさんあるが、シベリアでの抑留《よくりゅう》体験を紹介する本はほとんどない。

作者は、高校3年生のときに「家族の戦争体験」を聞き書きしてレポート提出するようにと言われ、初めて父親の抑留体験を聞く。それから数十年後、マンガ家となった作者は改めて父の話を聞き、凍った大地での絶望的な体験をマンガにした。

父の名は小澤昌一。東洋大学の学生で東京にいたが、1945年2月、名古屋の実家に召集令状が来て出征《しゅっせい》する。着いたところはソ連国境に近い北満州の兵舎だった。そこには、開拓団に送られてきた少年たちもいた。そして8月9日、ソ連軍が攻めて来て16日に武装解除され、強制収容所に連れて行かれて、地獄のような生活を強いられる。

食事といえば雑穀が混じった黒パン一切れ。飢えと、マイナス30度の寒さの中での厳しい労働が体力をうばい、つぎつぎと死者が出る。死者は衣服をはぎ取られ、はだかのまま雪原に掘った穴に埋められる。この冬、昌一がいたキヴダでは、収容者の半分が亡くなったという。

凍った大地の下には仲間がたくさん埋まっている。「せめて　魂は共に帰ろう」と、奇跡的に帰国した昌一は思う。

この作品は、文化庁メディア芸術祭マンガ部門新人賞を受賞した。そして、父の戦争体験をマンガ化した延長に、母から取材した『あとかたの街』（ｐ198）を描くことになる。

（野上　暁）

Book Shelf

作家が語る戦争体験——個々の声に耳を傾けて

宇野和美

10年か20年前までは、だれでも自分のまわりに一人や二人は戦争の話をする人がいたものだ。だが、戦後70年がたち、そういう機会のない子どもも多くなった。直接話を聞くチャンスがなくなるほどに、戦争は具体性のない画一化したあいまいな概念になり、自分とは遠いことになってしまいそうだ。

　そこでここでは、作家たちが戦争体験を語った本を集めてみた。個人的なささやかなエピソードや、確かな手触りを持った実体験から、メディアの報道のとおりいっぺんの表現からは抜けおちてしまう、戦争の真の姿が立ち上がってくる。小さな声を胸にきざみつけよう。

『わたしが子どものころ
戦争があった：児童文学者が
語る現代史』
野上暁編　2015
理論社

『わたしが子どものころ戦争があった』は、神沢利子、森山京、あまんきみこ、三木卓、角野栄子、三田村信行、那須正幹、岩瀬成子の戦争体験を聞き書きしてまとめた本だ。戦争のときの年齢や場所、家庭環境によって各人各様の体験がある。東京で、地方で、満州で作家たちは何を見て、何を思ったのか。終戦を伝える天皇のラジオ放送を聞いたときどうだったか。原爆、空襲、疎開、引き揚げなど、太平洋戦争のさまざまな現実が見えてくる。

　兵隊からすれ違いざまにハガキを出してくれと頼まれた、列車で捕まって取り上げられた食べ物は、いったいどこに行くのかすごく気になったなど、ハッとさせられるエピソードが随所にある。当時の遊びや楽しみ、読んだ本の思い出を拾ってあるのも興味深い。語り口をそのまま生かした話し言葉で書かれているので、祖父母の昔語りを聞くように読み進められる。目についた章からひろい読みするもよし、手にとりやすい一冊だ。

『ぼくが見た太平洋戦争』（ＰＨＰ研究所　２０１４）は、「ぼくら」シリーズの著者・宗田理が自らの体験とともに、太平洋戦争前後の歴史をまとめた本だ。当時、著者は愛知県の三河にいた。商業学校が閉鎖になって、軍需工場に駆り出され一日12時間以上働かされたこと、海軍工廠《こうしょう》が空爆で壊滅したことなど、話し言葉で説明している。

『ヒロシマに原爆がおとされたとき』
大道あや著 2002
ポプラ社 CD付き

『ヒロシマに原爆がおとされたとき』は、36歳のときに広島で被爆した大道あやの絵本。「原爆の図」を描いた丸木位里の妹である大道あやは、「草花がいっぱい茂って、犬やら猫やら鶏やらが、餌を食べたり遊んだりできるんは、平和じゃけえでしょうが。戦争になってみんさい、みんな焼かれてしまう」と言って、60歳を過ぎてから穏やかな画風の絵本を描いた画家だが、この本の絵はとても激しい。語り部の語りのような広島弁の説明とともに、じっくり見たい。

『14歳（フォーティーン）
満州開拓村からの帰還』
澤地久枝著 2015
集英社新書

ノンフィクション作家・澤地久枝は14歳のとき、満州で終戦を迎えた。**『14歳《フォーティーン》：満州開拓村からの帰還』**は、14歳の少年に当時のことを伝えておこうと、体験を資料で裏づけつつまとめたもの。中国人のクラスメイトとのやりとり、学校の授業のかわりに駆り出された勤労奉仕、家に入りこんできたソ連将校、終戦後も戦争が終わったことを知らない不安の日々など、国が伝える歴史の陰で、満州で何があったのか、少女は大人たちは何を思っていたかが克明に綴《つづ》られる。

『わたしが外人だったころ』
鶴見俊輔 文 佐々木マキ絵
2015 福音館書店（1995）

『わたしが外人だったころ』は、哲学者、鶴見俊輔の稀有な戦争体験を絵本にしたもの。鶴見は15歳で渡米し、アメリカの大学に進学、太平洋戦争の開戦とともに留置所に入れられるが論文を仕上げて大学を卒業した。その後、交換船で日本にもどり、海軍で働いた。「日本にもどってからも、わたしはアメリカ人を憎むことができないでいました。自分が撃沈か空襲で死ぬとしても、憎むことはないだろうと思いました」と著者は言う。やや特殊な立場の戦争体験から、どんな平和が見えてくるのか。読者に問いを投げかけるような絵本だ。

学習資料で考える——戦争から平和へ

ほそえさちよ

戦争や平和をテーマにした学習資料セットは小学校高学年の社会科や修学旅行などの事前学習、国語科の作品読解などで使われ、ビジュアルで見せる図書館堅牢本、大型本などが小学校高学年、中学生向けに多く刊行されています。

教科書で戦時中の暮らしを読んでも、言葉がわからないとどうしようもありません。そんな時、見開きに写真などを入れ、用語解説をした**『戦争とくらしの事典』**（ポプラ社　２００８）がわかりやすい。赤紙、出征、教育勅語、隣組など、１９３５年から46年頃の暮らしを理解する言葉が50音順に並んでいます。一つの言葉から関連する言葉へ導く工夫もあり、巻末には地図、年表、歴史用語集も付いて、便利。

戦争中の体験談をもとにまとめられた**「語りつぎお話絵本　せんそうってなんだったの？」**シリーズ（第１期８巻　２００７、第２期12巻　２０１４　学研教育出版）は、総ルビ、絵本仕立てという親しみやすい作りで、小学校2、3年から読むことができます。巻末にはお話の背景を解説するページ、体験者からの写真付きメッセージも掲載。書かれていることが本当にあったことなのだと実感できるよう工夫しています。

当時の子どもたちが書き残したものが奇跡的に残され、博物館に所蔵されていたのが**『少女たちの学級日誌：1944〜1945年瀬田国民学校智組』**。日誌の見開きとその書き写し、当時これらの日誌を当番で書いていた生徒たちのコメントで構成されています。月ごとにまとめられたトピックの説明や用語解説などから、瀬田国民学校の教育方針や当時の状況を知ることができ、同じ解説者のまとめた**『戦争の時代の子どもたち——瀬田国民学校5年智組の学級日誌より』**（岩波ジュニア新書　２０１０）もあわせて読むことで理解が深まります。

写真と資料のバランスがよいのが**「シリーズ戦争　語りつごうヒロシマ・ナガサキ」**全５巻（安斎育郎文・監修　新日本出版社　２０１５）。原爆投下が現

『少女たちの学級日誌　1944〜1945年　瀬田国民学校智組』
吉村文成解説
絵日誌：大津市歴史博物館蔵
2015　偕成社

代に続く問題であることを、核廃絶運動や平和教育にまでつなげ、まとめているところが他のシリーズと大きく違います。また、**「シリーズ戦争孤児」**全5巻（本庄豊＋平井美津子編　汐文社　2015）では、「戦災孤児」「混血孤児」「沖縄の戦場孤児」「引揚孤児と残留孤児」「原爆孤児」という視点で、たくさんの写真をもとに戦争の実態を見せています。教科書では1行、2行しか紹介されていない言葉（混血孤児など）の裏にある事実の重さ。「子ども」というフィルターを通すことで、身に迫ってくる強さがあります。

　ガイドブックの体裁で手に取りやすい**『「ホロコーストの記憶」を歩く』**はホロコーストの記憶を留めるために作られた博物館や碑、アンネ・フランクの足跡をたどる記念館や収容所を紹介。コラムや対談、ブックリスト、映画リストなどまで掲載されており、盛り沢山。

『「ホロコーストの記憶」を歩く：過去を見つめ未来へ向かう旅ガイド』
石岡史子＋岡裕人著
2016
子どもの未来社

　戦争は過去のことではありません。**「池上彰と考える　戦争の現代史」**全4巻（ポプラ社　2016）では、東西冷戦から現在の対テロ戦争と新冷戦まで最新の世界状況を写真や図解で端的に説明します。池上ワンポイント解説、日本との関係というコラムを入れることで、自分たちと繋がるものであると意識させています。NIE（Newspaper in Education）教育のための基礎資料、現代社会の発展学習に。

　平和を考えるときに、それぞれの国でその捉え方が同じなのかどうか。それを16カ国の人にインタビューして、その国の平和の考え方や歴史的背景をまとめたのが**「世界の人びとに聞いた　100通りの平和」**全4巻（伊勢崎賢治監修　かもがわ出版　2016）。国情の違いがわかり、類書もなく読み物としても楽しめます。

　どのように平和な世界を作っていくのか。それを考えるにはやはり、日本国憲法をもっと知らなくては。**「いまこそ知りたい！　みんなでまなぶ日本国憲法」**全3巻では、「平和主義」の巻で戦争と平和について憲法の条文から考え、世界とのつながりを様々な事例で見せています。マンガやイラスト、年表なども入れ、親しみやすい。憲法から現代社会の様々な問題へ目が開かれるシリーズです。

『いまこそ知りたい！　みんなでまなぶ　日本国憲法』全3巻
明日の自由を守る若手弁護士の会編・著　2016　ポプラ社

第7章

勇気ある決断
未来への思い

勇気は未来を信じるところから生まれてくる。
ひとつの決断が命を救い、
希望を未来へとつなぐ本 22

フィクション　絵本

おしっこぼうや

せんそうに おしっこを ひっかけた ぼうやのはなし

ウラジミール・ラドゥンスキー／作　木坂 涼／訳
2003年（2002年）　らんか社　30p

●時代背景　ベルギー／むかし

●キーワード　おしっこ　ぼうや　小便小僧　戦争

へいの上からピューッとおしっこをしました

男の子のおしっこが戦争を止めるという、思わず笑えて楽しい絵本。

主人公は「ぼうや」で、美しい小さな町でお母さん、お父さんと楽しく幸せに暮らしている。ところがある日、戦争がやってきて、人々は昼も夜も戦うようになってしまう。すると、花の市場も笑い声も消えて、美しい町は陰鬱《いんうつ》な町に変わってしまう。

「なんて　さびしい　まちでしょう。みちで　あそぶ　こどもは　いません」

戦いが激しくなると、ぼうやは両親とはぐれ、ひとりぼっちになってしまう。聞こえるのは、銃撃や爆弾の音ばかりだ。

そのうち、ぼうやはおしっこがしたくてたまらなくなる。そしてがまんできずに塀の上からおしっこをしてしまう。すると、ぱっとすべてが止まり、おしっこを浴びた人たちが笑い出す。その笑いがどんどんまわりにも広がっていき、人々は笑い疲れて眠る。そして、朝起きてみると、だれも戦争をしたいとは思わなくなっていた。ぼうやはお母さんやお父さんにも再会できて、また幸せに暮らすことができる。

作者は１９５４年にロシアに生まれ、モスクワで建築を学んだ後にアメリカへ移住し、イラストレーターやデザイナーとして活躍している。ベルギーで小便小僧にまつわる伝説を聞いて感銘を受け、作った絵本がこれ。

ベルギーのブリュッセルにある元祖「小便小僧」のブロンズ像については、いくつかの由来が伝わっているらしい。ジュリアンという悪童が爆弾の導火線におしっこをひっかけて消したのがモデルだという説もあれば、揺りかごに入れて木から吊されていた2歳の公爵が敵に向かっておしっこをして味方を勝利に導いたのが元になっているという説もあるという。（さくまゆみこ）

フィクション　絵本

少年の木
希望のものがたり

マイケル・フォアマン／作・絵　柳田邦男／訳
2009年（2009年）　岩崎書店　32p

●時代背景　地球のどこかで／いまも
●キーワード　あきかん　雨水　ブドウの木　小鳥　ちょう　友だち　家族　鉄条網　兵隊たち

鉄条網《てつじょうもう》なんか 永久に なくなり、だれでも 自由に あの丘に 登れるようになる日が きっと来る

この物語の舞台がどこで、時代がいつのことであるかは、わからない。けれど、これは決して過去の話ではない。「いま」も「どこか」で起きている、絶望と、その中で発見した小さな希望の物語だ。

ある朝、少年はがれきの山で気がついた。夏の太陽のまぶしい光に向かって、緑の葉が顔を出していることを。小さな、弱々しいそれだったが、少年は空きかんにたまった雨水もかけてやり、古びた布袋と針金で日よけも作ってやった。

「しっかり　のんでね」。緑の葉にかけた言葉は、もしかしたら少年の自分への励ましの声であったかもしれない。

戦争で家々は破壊され、街には鉄条網がはりめぐらされていた。父さんと一緒に登ったあの丘も、鉄条網にさえぎられてしまった。

しっかり、のんで！　しっかり育て！

少年の祈るような思いが通じたのか、緑の葉は、日に日に成長し、生い茂り、つるを伸ばし、やがては鉄条網をおおい隠すほどになった。見事なぶどうの木。……けれど兵隊たちは、その木も草花もすべて引き抜いて、鉄条網の向こう側、溝の中に放りこんでしまった。

寒さと絶望の中で迎えた冬。それでも季節はめぐり、新しい春が来て……。少年は見つけた！　鉄条網の向こう、懐かしくも、決して忘れることのできない若い緑の葉がめぶいていることを。

水をやりたい。去年のように。

しかし、ある夕方。少年は気づいた。鉄条網の向こうで、ひとりの少女が緑の葉にせっせと水をやっていることに。

少年は信じている。鉄条網がなくなる日が、いつかやってくることを。そのために、できることはすべてやりたい。（落合恵子）

フィクション　絵本

はっぴぃさん

荒井良二／作
2003年　偕成社　32p

●時代背景　地球のどこかで／いまも
●キーワード　山　石　願い　バス　川　森　太陽　カタツムリ　兎　ハト　リス　戦車　廃墟

ぼくらの　ねがいを　きいてください

山の上の大きな石の上にときどき来て、困ったことや願いごとを聞いてくれる「はっぴぃさん」。「ぼく」も「わたし」も、まだ一度も会ったことがない「はっぴぃさん」に会いに、なんでものろのろの「ぼく」と、あわてんぼうの「わたし」が家を出る。

二人は、追いつ追われつ山をのぼり、森をぬけると大きな石が見えた。大きな石のはしとはしにすわった二人は、それぞれに願いごとをいうけど、「はっぴぃ」さんは現れない。「ぼく」と「わたし」は一緒にすわり、「ねがいごとって　なあに?」と聞き合う。

「どうしたら　のろのろじゃなくなるの か　ききたかったんです」と「ぼく」。「どうしたら　あわてなくなるのか　ききたかったの」と「わたし」。すると「わたし」は、「きっと　のろのろは　ていねいだからだと　おもうわ」といい、「ぼく」は、「あわてるのは　なんでも　いっしょうけんめいだからだと　おもうよ」と答える。二人は大きく笑い、太陽も二人を見て笑っている。おたがいが、自分の欠点だと思っていることを、長所だとほめあうところで、場面全体がまっ黄色に輝き、なんとも幸せな気分になる。

見返しには、戦争で破壊された町を戦車が進む絵があり、本文中でも、山のふもとにも戦車や戦乱の跡が見える。戦争という言葉は一つも出てこないのだが、笑いあった二人が、沈みかけた太陽に向かって「ぼくらの　ねがいを　きいてください　はっぴぃさん」と繰り返す場面は、争いのない未来を願う姿とも読み取れる。２００１年のアメリカの同時多発テロに続いてアフガン戦争が始まり、２００３年にはイラク戦争が起こった。その年の９月に刊行されているだけに、タイトルも含めていろいろと考えさせられる。

（野上　暁）

ノンフィクション　絵本

クラウディアのいのり

村尾靖子／文　小林 豊／絵
2008年　ポプラ社　35p

●時代背景　ロシア／1945～1997年
●キーワード　家族　ソ連（ロシア）　祖国　手紙　強制連行　抑留　スパイ容疑　強制収容所

いっさいの罪は、戦争にあるのです

戦後、スパイ容疑でシベリアの収容所に強制連行され、51年間ロシアで生きた日本人男性（蜂谷《はちや》彌三郎《やさぶろう》）と、彼の無実を信じ40年近く支えたロシア人女性クラウディアの実話。極寒の地を強制連行される人びとの列、日本人墓地、ロシアの風景が切々と描かれ、物語に厚みを加えている。

戦後10年以上たったロシアのプログレス村で、クラウディアは、陽気なロシア人たちから離れて一人さみしく食事をする男に声をかけた。男は日本人で、終戦直後の朝鮮半島で捕らえられ、妻と赤ん坊を残したままシベリアに送られてきた。無実の罪で7年間も収容所に入れられ、容疑が晴れぬまま出所。帰国は許されず、知らない土地で必死に生きてきたという。幼少時から孤独だったクラウディアには、彼の孤独がよく分かった。やがて男はずっとロシアで生きようと決め、ロシア名のヤコブとなりクラウディアと結婚。長い年月を支え合った。

しかし、ヤコブは祖国と家族がどうしても忘れられない。クラウディアは夫のために、彼の家族探しを知人に頼むが、ある日、日本の家族が50年前から彼の帰りを待っていると知ってしまう。クラウディアは、「人の悲しみのうえに、自分だけの幸せをきずくことはできないわ。」と、夫を日本に帰して自分が孤独に戻る道を選んだ。1997年3月の凍てつく朝、クラウディアは、シベリア鉄道の列車で日本に向かうヤコブを見送った。二つの家族、二つの愛が戦争に翻弄《ほんろう》され、戦争で引き裂かれたのだ。

巻末に、クラウディアが実際に書いたヤコブあての別れの詩が、ロシア語と日本語で載っている。ヤコブに感謝し彼の幸せを祈りながら、彼女はこう記した。「いっさいの罪は、戦争にあるのです」

（代田知子）

フィクション　絵本

エリカ
奇跡のいのち

ルース・バンダー・ジー／文　ロベルト・インノチェンティ／絵
柳田邦男／訳
2004年（2003年）　講談社　25p

●時代背景　ドイツ／第二次世界大戦中1944年　1995年
●キーワード　汽車　家族　養子　強制連行　ホロコースト　ナチス　黄色い（ダビデの）星

お母さまは、わたしを汽車から外にほうりなげたのです

生まれて2、3か月の赤ん坊の命を救うために両親がしたこと――それは、収容所に向かう汽車の窓から赤ん坊を放り投げることだった。

戦後50年がたったドイツで著者が出会った女性は、エリカと名乗り、ユダヤ教とユダヤ民族の国のシンボルである「ダビデの星」のペンダントを首にさげ、自らの数奇な運命を語る。

経験した時が赤ん坊ゆえに、記憶はなく、両親についてはすべて推測で語られ、それらのイメージが絵で表現されている。両親がゲットーに住んでいたであろうこと、牛を運ぶ貨車にぎっしり詰め込まれ、立ち続けなければいけなかったこと、そして赤ん坊を投げる行為に至るまでの決心が当時のユダヤ人の状況を踏まえて語られていく。

本作のスーパーリアリズムとも言える緻密《ちみつ》な絵は、事実の持つ恐ろしさを見る者に印象づける。戦中のシーンでは、赤ん坊と乳母車以外はすべてモノクロで描かれ、人々は首から下のみや後姿ばかりが描かれている。目の前に鉄条網《てつじょうもう》が描かれたり、汽車が通った後の長い線路が描かれたりして、危機感と孤独を抱かせる。

本書は50歳を超えたエリカが洗濯物を片付けている時、孫と思われる少女が、橋の上に立って汽車が走っていくのをながめている場面で終わる。見開きに広がる緑に白い洗濯物が風になびく様子は、平和を感じさせ、エリカが両親によって救われた家族の絆をつないでいる様子が読み取れる。

インノチェンティは、白バラという少女が強制収容所の人たちと心を通わせるが、終戦と同時にショッキングな出来事が起こる**『白バラはどこに』**（クリストフ・ガラーツ作　長田弘訳　みすず書房　2000）の挿絵も手掛けている。

（土居安子）

ノンフィクション　写真絵本

アフガニスタンの少女
マジャミン

長倉洋海／写真・文
2010年　新日本出版社　47ページ

●時代背景　アフガニスタン／取材2002年～
●キーワード　家族　山　学校　羊　イスラム教　友だち　ソ連軍侵攻　アフガニスタン

マジャミンという名前は「笑顔」とか「明るい人」という意味

表紙で、はにかんだようにこちらを見ている女の子。10人兄弟の7番目の小学4年生。アフガニスタンの標高2780メートルの山あいの村で暮らしている。本書は、この笑顔が印象的なマジャミンの毎日を紹介した写真絵本だ。

学校に行く前に、冷たい用水路で水を汲む。羊の世話をし、2時間かけて「山の学校」に通い友だちと勉強する。学校の休み時間や仕事の合間に友だちや兄弟と遊ぶ……。一見、牧歌的な風景だが、1979年のソ連軍の侵攻以来続いてきた紛争の爪痕が見てとれる。昔は200戸あったのに、今は人の住む家が5戸しかない村、戦争で脚が不自由になったマジャミンのお父さん、同じ学校に通う子の3分の1が父親を戦争で失ったという現実……。

生き生きとした子どもたちの表情や、「村に残って、この学校の先生になる」と夢を語るマジャミンを見ていると、それぞれの場所でどの子もけんめいに生きていることが伝わってきて、この笑顔を奪うようなことが起こりませんようにと願わずにいられない。

著者は、2002年に訪れて以来、継続してこの地方を取材し、「アフガニスタン山の学校支援の会」を立ち上げて、マジャミンの通う「山の学校」の支援を今も行っている。

写真集**『ワタネ・マン：わたしの国アフガニスタン』**（偕成社　2002）は、著者が22年にわたるアフガニスタンの取材で出会った子どもたちの姿を集めたもの。「ワタネ・マン」とは、アフガニスタンの言葉で「わたしの国」を意味する。紛争で傷つきながらも故郷を愛し、イスラムの教えをもとに助け合って生きる姿を見て、あなたは何を思うだろう。

（宇野和美）

ノンフィクション　絵本

彼の手は語りつぐ

パトリシア・ポラッコ／作　千葉茂樹／訳
2001年（1994年）　あすなろ書房　47p

●時代背景　アメリカ／南北戦争1861～1865年

●キーワード　友情　母親　伝える　奴隷制

少年がふたり、戦争に行く

アメリカの南北戦争を取り上げた絵本。主人公のピンクとセイは、どちらも北軍（リンカーン側）の少年兵士。絵本は、この二人が出征する場面から始まる。白人のセイ（シェルダン）にとってはわくわくする冒険なのかもしれないが、黒人奴隷の子ピンク（ピンクス）にとっては、社会を正すための真剣な戦いだ。

ある日、撃たれて負傷し、自分の部隊に置いていかれたセイをピンクが見つけてかつぎあげ、何日も歩いてピンクの母親モーモーベイの家に連れて行く。実の母親のように接して体と心の傷を癒してくれるモーモーベイに、セイは、自分は脱走しようとして撃たれたことを打ち明ける。一方ピンクは部隊に戻ろうとし、「この戦争でおれたちが勝たないことには、この国の病気は決してなおらないんだ」と言う。この国の病気とは奴隷《どれい》制のことだ。

しかし、戦争とはいつも理不尽《りふじん》なもの。二人をかくまっていた気丈《きじょう》なモーモーベイは南軍の兵士に撃たれ、ピンクとセイも部隊に戻る途中で南軍につかまる。その結果、黒人のピンクはすぐに縛《しば》り首にされ、白人のセイはやがて解放されて生きのびる。

セイの5代目の子孫である作者のポラッコは、後書きにこう書く。「この本は、ピンクス・エイリーを記憶にとどめるために書かれました。彼には語りついでくれる子孫がいないからです。この本を読み終えたあなたに、お願いがあります。本をとじる前に、どうか『ピンクス・エイリー』と口に出して言ってみてください。そして、この名前を決して忘れないと誓ってほしいのです」

昔のことではあるが、今の自分につながる物語として描いたポラッコの切実な思いが伝わってくる。

（さくまゆみこ）

ノンフィクション　写真絵本

シークレット・カメラ

ユダヤ人隔離居住区ルージ・ゲットーの記録

メンデル・グロスマン／写真　フランク・ダバ・スミス／文
落合恵子／訳
2001年（2000年）　BL出版　40p

●時代背景　ポーランド／第二次世界大戦1939年～1944年

●キーワード　パン　カメラ　写真　ゲットー　ナチス

だれも帰ってこなかった

第二次大戦中、ポーランドのルージにはユダヤ人が閉じ込められたゲットーがあった。写真を撮ったメンデル・グロスマンは、ルージで暮らしていたユダヤ人だが、ナチスがルージに侵攻すると、自分は人類の悲劇の目撃者になろうと決意した。そして、レインコートの下にカメラを隠し、ポケットの内側を切り取ってそこから手を差し込んでカメラを握り、ゲットーの人々の写真を撮《と》り続けた。「おそろしく悲惨《ひさん》な場所に囲いこまれた何千もの男や女、少年や少女に起きたことをあるがままに伝えるために」。

　モノクロの写真に写っているのは、星を衣服の背中や胸につけて、ヨーロッパ各地からゲットーに送りこまれてきた人々。ボロを着て、だれもいない通りを掃除する女。互いに背中を向け合ってスープをすする者たち。1週間分のパン1個を投げてよこす男。わずかな食料を分けあう兄妹（たぶん）。歌っている仕立て屋と行商人。ゲットーからどこかへ送り出される人々。引き離された家族。困惑、飢え、悲嘆、憤り、不安、愛、歌、そして笑い。

　ゲットーの人々は1944年8月末に絶滅収容所のアウシュヴィッツに送り込まれる。グロスマンは何とか写真を残そうとして1万枚ものネガを詰めたブリキ缶を窓枠の下に隠したり、プリントした何百枚もの写真を友人たちに預けたりした。

　もともと心臓を病んでいたグロスマンは、収容所に連行される途中で亡くなる。ネガも失われる。しかし、彼の写真の一部は友人に守られて後の世に伝えられた。その写真の中から17枚を選び、詩のような文章をつけたのが、この写真絵本。写真の1枚1枚が静かに語りかけてくる。

（さくまゆみこ）

ノンフィクション　絵本

バスラの図書館員

イラクで本当にあった話

ジャネット・ウィンター／文・絵　長田 弘／訳
2006年　晶文社　28p

●時代背景　イラク（バスラ）／イラク戦争開戦時2003年～

●キーワード　本、図書館　レストラン　新聞　友だち

本は、黄金の山よりもずっと、アリアさんにとって価値あるものです

アリア・ムハンマド・バクラさんは、バスラの図書館員。アリアさんの図書館には、本を愛する人たちが集まってきた。みんなで、世界の問題や精神の問題を話し合っていたが、だんだん戦争の話題ばかりになってきた。

そんな時、アリアさんはイラク戦争開戦の空爆から本を守るため安全な場所に本を移したいと当局に訴えたものの、かなわず、図書館の本を守りたい一心で自分の車に本を運び入れた。

2003年、戦争がバスラの町を襲ってきた。アリアさんは本を守るために、図書館に最後まで残り、友人やとなりのレストランにお願いをし、その周りの人の手も借りレストランに本を運んだ。

9日後、図書館は燃え落ちた。その3万冊の本はアリアさんの家と、友人たちの家に移した。アリアさんは平和の時が来る日を信じて本を守っている。その裏で守りきれなかった本もあったであろう。

バスラはイラクの文化都市。アリアさんは誰よりも本がどんなに価値があるかがわかっていて、守りたかったのだろう。このことは、ニューヨーク・タイムズに掲載された。

同じエピソードをもとに、アメリカの人気漫画家マーク・アラン・スタマティーが**『3万冊の本を救ったアリーヤさんの大作戦：図書館員の本当のお話』**（徳永里砂訳　国書刊行会　2012）で、その後、再建された図書館に3万冊の本が戻され、館長としてアリアさんが働いているところまで描いている。

戦争は人の大切な命を奪い、貴重な文化も壊していく。

（市川久美子）

ノンフィクション　絵本　伝記

パパ・ヴァイト

ナチスに立ち向かった盲目の人

イング・ドイチュクローン／作　ルーカス・リューゲンベルク／絵
藤村美織／訳
2015年（1999年）汐文社　32p

●時代背景　ドイツ（ベルリン）／第二次世界大戦1922年以降

●キーワード　障がい　ユダヤ人　強制労働　ゲットー　ホロコースト　ナチス　黄色い星

命がけで他人を守る勇気

「6歳以上のユダヤ人は全員、『ユダヤ人』と書かれた黄色い星を身につけなければならない」。第二次世界大戦中、ナチスと呼ばれていたドイツの軍隊はユダヤ人を迫害し、収容所に連行して毒ガスなどで600万人以上の人たちを殺害した。そんな時代の中で、目がほとんど見えなかったドイツ人、オットー・ヴァイトは、ベルリンに障がいのある人たちのための作業所を作った。そこでは、耳や目に障がいのある多くのユダヤ人たちが、ほうきとブラシを作る職人として働き、大切に守られていた。この絵本はユダヤ人として生まれ、ベルリンで育ち、隠れ家にもなっていた作業所で働きながら、ヴァイトを「パパ」と慕《した》った著者によって書かれたものだ。

　ナチスは次々に新しい規則を作ってはユダヤ人たちを苦しめた。表紙裏の見返しには「〜を禁止する」、「〜しなければならない」、「〜入ってはいけない」というたくさんの札《ふだ》が描かれている。ベルリンを「ユダヤ人のいない」町にするナチスの作戦のために、ユダヤ人たちは秘密警察によって追い立てられ、貨物列車に詰め込まれて収容所へと連れていかれた。作業所でも職人がいなくなっていったが、ヴァイトはユダヤ人をかくまい、必死で守りながら、したたかにナチスに立ち向かった。ユダヤ人を助けたために罪に問われた人たちがいた中で、屈することなく命がけで人々を守った勇気がこの絵本から伝わってくる。戦後もユダヤ人のために孤児院や老人ホームを作って支援を続けた盲目のヴァイトの功績がていねいに描かれている。ベルリンにあった作業所は、現在、「オットー・ヴァイト博物館」となっていて、ドイツの小学生や中学生が見学をしているという。

（近藤君子）

ノンフィクション　写真絵本

平和の種をまく

ボスニアの少女エミナ

大塚敦子／写真・文
2006年　岩崎書店　43p

●時代背景　ボスニア・ヘルツェゴビナ／1992年ボスニア紛争（取材2003年）
●キーワード　コミュニティガーデン　ワークセラピー　友だち　民族紛争　復興

ふつうのひとは、だれも、戦争なんかしたくなかったのに

ヨーロッパ南東のバルカン半島にある、ボスニア・ヘルツェゴビナという国は、主にボスニアク、セルビア人、クロアチア人が暮らす国でしたが、1992年から3年にわたりその民族間で戦争が起こりました。25万人以上の人が亡くなり、国の約半分の人が家を失いました。

この戦争のさなかに生まれたボスニアクのエミナがこの絵本の主人公です。戦争が終わっても国が混乱していて、10年たってやっと家を建て直し始めているところです。そんな頃、エミナのお母さんは、アメリカの援助団体から「コミュニティガーデン」に区画をもらいました。これは、共同農園のようなもので、ここで作った野菜はみんなの食料になります。畑仕事をしながら、食料を得ることはもちろん、戦争で受けた体や心の傷を癒す場でもあります。さらに素晴らしいのは、違う民族の人も一緒に働き、収穫の喜びを分かち合っているということです。

エミナもここで手伝いをし、様々な人と出会い、戦争の体験や今の思いを聞きました。ナダというセルビア人の大好きな友だちもできました。戦争をしていた敵の民族の人とも交流し仲良くなると、再び敵になり、争うなんて考えられません。エミナは「戦争にならないようにするには、どうしたらいいんだろう?」と問い、答えを見つけます。ナダと一緒に畑に種をまきながら、それがまさに「平和の種をまく」ことだということにも気づくのです。

戦争がなければ本当に美しい国、戦争がなければ人々は輝いている……。写真はそんな様子を伝えてくれます。人と人はまたつながることができるのです。もう二度と争いはごめんです。エミナの笑顔がそう教えてくれる本です。

（右田ユミ）

フィクション　読物

お話きかせてクリストフ

ニキ・コーンウェル／作　渋谷弘子／訳　中山成子／絵
2014年（2006年）　文研出版　127p

●時代背景　ルワンダ　イギリス／1990年代
●キーワード　物語　友だち　難民　内戦　おじいさん　傷跡　サッカー

先生にお話のしかたを教えてあげます！

クリストフは、アフリカのルワンダから戦火を逃れて家族でイギリスに来た8歳の男の子。故郷とは異なる環境で、2年ぶりに学校に通いはじめた。ある日、サッカーで転んだ拍子に、友だちに脇腹の傷跡を見られてしまう。驚くみんなにクリストフは、戦争で自分が銃で撃たれたときのことを話す。担任のフィンチ先生はその話を書きとめ、みんなに読んでもらおうと提案するが、クリストフは、お話は紙に閉じこめてはいけない、口で語るものだと怒りだす。そこでフィンチ先生は、クリストフにもっと大勢の前で話をするように誘う。

　このあとクリストフが語る自らの戦争体験が、この物語の最大の山場だ。表情豊かに語られたお話を想像してみたい。お話をめぐるクリストフとフィンチ先生とのやりとりは、他者の文化との向き合い方を考えるきっかけにもなるだろう。

　続編『君の話をきかせてアーメル』（文研出版　2016）は、その4年後の物語。クリストフの中学校に、コンゴからやってきた難民アーメルがクリストフに見せる憎悪をきっかけに、ルワンダ内戦の概要《がいよう》が説明され、ヨーロッパの支配によりツチ族とフツ族の対立が引き起こされた戦争の構図が明らかになる。巻頭にコンゴとルワンダの略年表と地図がある。

　著者は、ボランティアで難民の通訳をした経験を持ち、クリストフの家族の暮らしぶりには、そこで見た多くの難民の現実が反映されていると思われる。二冊あわせて読むと、遠い国の戦争と、憎しみにとらわれた人びとの姿がいっそうくっきりと浮かびあがってくる。

（宇野和美）

ノンフィクション　写真絵本

私たちは いま、イラクにいます

シャーロット・アルデブロン／文　森住 卓／写真
2003年　講談社　48p

●時代背景　アメリカ　イラク／湾岸戦争2003年
●キーワード　子ども　死　がん　薬　路上　新聞売り　話し合い　平和集会　演説　爆弾　劣化ウラン弾　経済制裁

だから、私のことを見てください

戦火のただ中《なか》で苦しんでいる当事者が声をあげることは難しい。とりわけ離れた国の子どもの声は、「小さすぎて、遠すぎて」世界には届かない。本書は、イラクの子どもたちの代わりに、アメリカ人の12歳の少女シャーロットが、地元の教会の平和集会で読みあげたスピーチを絵本にしたものだ。

彼女が生まれた頃に始まった湾岸戦争（1991年）と、その後の経済制裁、そして、2003年の「今」、ブッシュ大統領が始めようとしているイラク戦争。度重なる攻撃に対してスピーチの中で、彼女は言う。「イラク国民2400万人の半分以上が、15歳以下の子どもなのです」。だから、爆撃の前に「私」をよく見てほしい、と。

彼女が生きた12年間は、イラクの子どもたちにとっては、苦しみの連続だった。「スマート（高性能）」爆弾に一瞬で殺された300人の子どもたち、劣化ウラン弾の放射能による悪性リンパ腫《しゅ》に苦しむアリ、寄生虫に効く薬が入手できないムスタファ、空襲警報の悪夢にうなされるサルマン、教育も受けられず路上で新聞を売るルアイ……。シャーロットは、イラクで苦しむ子どもたちの具体的な状況と名前をあげて、同じ世界の子どもとして「私たち」が「どう感じているかを伝えたい」と語る。

このスピーチに添えられているのは、長年、イラク爆撃や、劣化ウラン弾による核汚染を撮り続けてきた森住卓のモノクロの写真だ。がれきの中にたたずみ、ベッドで泣く子どもたちもいるが、ほとんどは好奇心いっぱいにこちらを見つめ、抱き合い、手をつなぎ、笑っている。

この写真絵本を読むことは、当事者の子どもたちを知り、笑顔の意味を想像し、彼らへの支援の広がりに、武力ではない力で参加することなのだ。

（奥山　恵）

フィクション　読物

銃声のやんだ朝に

ジェイムズ・リオーダン／作　原田 勝／訳
2006年（2006年）　徳間書店　231p

●時代背景　イギリス／第一次世界大戦1914年　1964年
●キーワード　サッカー　クリスマス　友だち　祖父　孫　手紙　フランス　墓　記憶　いじめ　ドイツ兵　イギリス兵

ほんとうにドイツ人を殺したの？

1964年、イギリス。ペリーは第一次世界大戦で戦ったおじいちゃんに「ほんとうにドイツ人を殺したの？」と聞き、二人はかつての戦場であったフランスの墓地を訪ねる。すると、イギリス兵の墓に花と写真を供えた元ドイツ兵と孫娘に出会う。そして、おじいちゃん（ジャック）は、ペリーに、自らの戦争体験、写真の由来、元ドイツ兵との出会いなどを語る。

ポーツマスに住むサッカー好きの17歳のジャックとハリーはサッカーの訓練のためにと言われ、軍事教練に行かされる。そして、ふと気づくと、年齢を偽って入隊させられ、フランスの前線に送られていた。同じ町から来た心配性の母親を持つフレディと3人、何とか生き延びようとするが、生き残っているのはただの偶然と思われるような毎日が続く。そんな中、妹のフロスとの手紙のやりとりは、ジャックの心をなごませ、生きる希望を与える。

ジャックは一度負傷し、病院に送られるが、回復し、前線に戻される。雪が降るクリスマス・イヴに、突然ドイツ軍から「きよしこの夜」が聞こえてくる。そして、イギリス軍も歌を返し、ドイツ軍から「おーい、イギリス人、クリスマス休戦にしないか？　撃ちあいはおあずけだ。いい（ヤー）だろ？」と声をかけられる。クリスマスの日、イギリス軍とドイツ軍の間では信じられないようなことが起こる。

クリスマスの休戦は歴史的事実が元になっており、戦意高揚《こうよう》のためのプロパガンダ、イギリス軍内の階級差別、軍隊内でのいじめ、戦場での悲惨さなども描かれる。孫が話を聞くという設定によって、読者が孫の立場でジャックの体験を知り、未来につなげて欲しいという著者の思いが明らかになっている。

（土居安子）

フィクション　読物

ジュリエッタ荘の幽霊

ベアトリーチェ・ソリナス・ドンギ／著
エマヌエーラ・ブッソラーティ／挿絵　長野 徹／訳
2005年（1992年）　小峰書店　182p

●時代背景　イタリア／第二次世界大戦　1944年
●キーワード　川遊び　犬　母親　ファシスト　パルチザン　疎開　友情

春が来ると、パルチザンたちが谷に下りてきた

　舞台は第二次世界大戦が終わろうとしているころの北イタリア。当時のイタリア南部は、ファシストを追い出した連合軍が占領していたが、北部には、ヒットラーの支援を受けるムッソリーニが新しいファシスト政権を樹立していた。そして、ファシスト政権を倒そうとするパルチザンたちが、ゲリラ戦を展開していた。

　町から母親の故郷へ疎開《そかい》してきた少女リッリは、ある日ジュリエッタ荘に白い服を着た女の子がいるのを見る。ジュリエッタ荘のレバウディさんはひとり暮らしで他とのつき合いもないので、それは幽霊かもしれないとリッリの仲間たちは言う。

　ところが、レバウディさんは、ユダヤ人の女の子をひそかにかくまっていたのだった。それを知ったリッリは、絶対に秘密を守ると約束して、時々ジュリエッタ荘でその女の子レジーナと会うようになり、二人の間に友情が芽生える。

　ある日、ファシストがやってきて村の出入り口を封鎖し、一軒一軒をしらみつぶしに捜索して、パルチザン狩りをする。レバウディさんとレジーナがあわてているのを見て、リッリは、パルチザンだけでなくユダヤ人であるレジーナの命も危ないのだとさとる。

　リッリはとっさの判断で、レジーナを逃がす方法を提案する。

　ストーリーの展開もじょうずで、人物造型も生き生きとしたイタリアの児童文学。結末もハッピーエンドだし、豊かな自然が背景にあるせいか、戦争を描いてはいても、トーンは明るい。パルチザンたちを村人の多くがひそかにかくまっていたことが後でわかったり、リッリやレジーナやレバウディさんの後日談が載っていることも、明るい印象をかもしだすのに一役買っている。

（さくまゆみこ）

ノンフィクション　読物

地雷の村で「寺子屋」づくり

カンボジアひとりNGO・栗本英世の挑戦

今関信子／著
2003年　PHP研究所　187p

●時代背景　カンボジア／1996年〜
●キーワード　寺子屋　学校　ボランティア　NGO　子ども　貧困　地雷

支援される人と同じところに身をおく

私がかかわっているNGO「アフリカ子どもの本プロジェクト」のメンバーであるコンゴ（コンゴ民主共和国もずっと政情不安定な国）人のトコさんは、「金や物を恵むな。金を送ったら、その金がどう使われるかまで考えろ」といつも言う。

この本の主人公である栗本さんも同じ意見だ。どういうNGOが本当に現地の人のためになるかをつきつめて考えている。だから大きな組織をつくらず、地元の人々の中にとけこんで、一緒に泣いたり笑ったりしながら、できることを考えてきた。「支援は、支援される人と同じところに身を置く。その姿勢がなかったら、だめなんですよ」その支援の一つが、地雷原から地雷を取り除いて学校を建てるという活動だ。

カンボジアは、１９７０年から99年まで内戦が続いた。その間ポル・ポト政権の残《ざん》虐《ぎゃく》性は世界中に報道され、カンボジア人はかわいそう、なんとかして助けてあげたいという人たちも多くなった。でも、お金や物を送ると、どうなるか？　送った先の人々は、それに慣れて徐々に自立心を失っていく。本来は働き者の人たちが、働いても働かなくても同じだと思うようになり、しまいには、海外からの援助や「おめぐみ」ばかりに頼るようになる。その結果ひどい場合には、生まれた子どもが飢え死にするのを恐れ、子どもの手足や目を傷つけて障がい者に仕立てて「おめぐみ」をもらおうとするようになると栗本さんは言う。「よかれ」と思った善意の行為がただの自己満足におわっただけでなく、結局現地の人たちをさらにどん底に突き落とす。そんな例は山ほどある。

そうならないための援助や協力について考えるなら、ぜひこの本を読んでほしい。

（さくまゆみこ）

ノンフィクション　読物　伝記

マララ

教育のために立ち上がり、世界を変えた少女

マララ・ユスフザイ＋パトリシア・マコーミック／著
道傳愛子／訳
2014年 (2014年) 岩崎書店 289p

●時代背景　パキスタン　イギリス／2005年〜2014年

●キーワード　家族　学校　イスラム教　脅迫　テロリズム　銃撃　タリバン

二〇一二年、十月九日、タリバンはわたしの額の左側を撃ちました

１９９７年生まれのマララ・ユスフザイは、２０１２年学校から帰る途中のバスで銃撃されたが、イギリスに搬送されて一命をとりとめる。そして、２０１４年にノーベル平和賞を受賞する。

本書は、８歳から17歳までにマララが経験した出来事が「わたし」の語りで書かれており、パキスタンでの生活と銃撃後のイギリスでの入院生活が紹介されている。

最も興味深かったのは、タリバンのパキスタンへの影響が突然のものではなく、少しずつ人々の生活に入り込んできた様子がマララの視点から紹介されている点である。

２００５年８月の地震の際、保守的イスラム組織は、死者を弔《とむら》い、孤児を引き受けたことがきっかけで人々の信頼を得る。そして、地震を神からの警告だと人々を不安にさせ、ラジオでイスラムの教えだと女子教育の禁止や女性の服装について説教した。そして、教えに反する者に対して暴力行為が始まる。「２００８年だけでタリバンは２００の学校を爆破したので、」学校の校長をしていたマララの父は命の危険を感じたとのこと。マララの身の回りでも国全体にも死の危険が迫る。政府とタリバンの和平協定はなしくずしになり、戦いが始まり、マララの家族は疎開。政府軍の勝利の後、また、町に戻ってくる。

そんな中でマララは、10歳から女子の教育を求める活動を始め、11歳の時にイギリスの放送局ＢＢＣの依頼を受けて偽名でパキスタンの生活を日記に綴《つづ》って公表する。世界のマスコミに注目されたマララをタリバンが放っておくわけはなかった。

随所に親友や兄弟とのけんかのことなどが書かれていて、マララを血の通った一人の少女だと思って読める点もこの本の興味深い点である。

（土居安子）

ノンフィクション　読物　伝記

夢へ翔けて

戦争孤児から世界的バレリーナへ

ミケーラ・デプリンス＋エレーン・デプリンス／著
田中奈津子／訳
2015年（2014年）　ポプラ社　314p

●時代背景　シエラレオネ　アメリカ合衆国／1995〜2013年
●キーワード　家族　養女　孤児院　バレエ　民族差別　内戦　虐殺　障がい

わたしはさまざまなことにめぐまれてきたけれど、とりわけ、たくましく希望を持ちつづける力にはずっとめぐまれてきた

1995年シエラレオネ生まれのミケーラ・デプリンスがアメリカ合衆国で養女となり、バレリーナとして成功を収めた17歳までの生涯を語ったノンフィクション。

最初に描かれるのは、5歳までのシエラレオネでの苛酷《かこく》な生活。シエラレオネでは内戦が続き、「デビル」という反政府勢力が人々を虐殺し、ミケーラの父は殺され、母は病に倒れて孤児になる。生まれつき白斑と呼ばれる皮膚病で体に模様があったため、おじさんは、ミケーラを孤児院に連れて行く。そこでは子どもたちが世話人の好みの順に番号を付されて呼ばれていたが、ミケーラはグループの最後の番号で呼ばれていた。けれど、ミケーラは、自分を魔女だと言っていじめる子を追いかけてやめさせた。そして、たまたま拾った雑誌の表紙のバレリーナにあこがれ、そのことを信頼できる先生に相談するが、その先生は身重のまま、「デビル」に虐殺され、ミケーラはその現場を目の当たりにする。

苛酷な日々は全36章のうち10章までに書かれ、アメリカ合衆国で養母に会った時、ミケーラはずっと大切にしていた雑誌の表紙を見せてバレエが習いたいことを伝える。それ以降は、同じ孤児院の親友とアメリカで引き取られた生活、バレエに夢中になる様子、義兄のテディーがエイズで亡くなったこと、白人がほとんどの世界での黒人バレリーナであることの葛藤などが丁寧に綴られている。

ミケーラが注目されたきっかけは、ドキュメンタリー映画「ファースト・ポジション　夢に向かって踊れ！」でバレエ・ダンサーを目指しコンクールに挑む少年少女の一人として紹介されたこと。インターネットでは、ミケーラのバレエの画像や講演の様子を見ることができる。

（土居安子）

ノンフィクション　読物　伝記

六千人の命を救え！外交官・杉原千畝

白石仁章／著
2014年　PHP研究所　159p

●時代背景　リトアニア／第二次世界大戦1940年代
●キーワード　外交官　ビザ　外務省　ホロコースト　ユダヤ人　ナチス

見捨てるわけにはいかない。でなければ、わたしは神にそむく

杉原《すぎはら》千畝《ちうね》は、太平洋戦争が始まる直前の１９４０年、ヨーロッパはリトアニアの日本領事館で、六千人のユダヤ人に日本の通過ビザを出し、命を救った外交官だ。領事館に救いを求めにきたユダヤ人は、放っておけばナチスの手に落ちてしまう。外務省の上部が要求する条件を満たしていないのを知りつつ、最後までビザを発給し続けた。

この事実を描いた児童書では、すでに『杉原千畝物語：命のビザをありがとう』（杉原幸子ほか著　金の星社　１９９５）があるが、本書は、千畝の生い立ち、学生時代、リトアニアに赴任する前のことから、ビザの発給、終戦後の人生まで、その生涯を追い、『杉原千畝物語』では触れられていないこと――前任地フィンランドに向かうとき、ソ連への入国を拒否されたため、太平洋経由の航路をとったこと、ビザ発給のとき、ポーランドから逃れてきたミール神学校の生徒たちのエピソードなど――までカバーした伝記となっている。

しかし、異例なことだ。千畝が上からの命令に黙って従っていたなら、六千人の命は救われなかったのだから。「日本人の誇りだ」「やはり命は尊いものだ」といった感慨をもった読者が、現在の難民にも共感を広げ、難民を生み出す社会や時代へと関心を広げていったなら、さらにもう一歩平和へと近づけるのではと思う。

また、**『杉原千畝と命のビザ：自由への道』**（ケン・モチヅキ作　ドム・リー絵　中家多恵子訳　汐文社　２０１５）は、領事館のまわりをユダヤ人に囲まれた千畝が、決心してビザを発給したときのことを描いた絵本。千畝の長男の視点から描かれているので、小学校低学年くらいの読者が親しみをもって読めるだろう。

（宇野和美）

ノンフィクション　読物

臆病者と呼ばれても

良心的兵役拒否者たちの戦い

マーカス・セジウィック／著　金原瑞人＋天川佳代子／訳
2004年（2003年）　あかね書房　158p

●時代背景　イギリス／第一次世界大戦時1916年～

●キーワード　列車　クエーカー教徒　徴兵　体罰　死刑　労働組合　白い羽根　ダービー計画　徴兵反対同盟

われわれは、死刑にするとたえずおどされていた

日本でも自衛隊への体験入隊や、徴兵制を若者に課したい政治家が登場する時代になった。なので、良心的兵役拒否という手段も考えておいたほうがいいかもしれない。戦争というのは所詮《しょせん》人殺しである。個人的に人を殺したら罰せられるが、国家が敵とみなした国の人を殺すのであれば、それは賞賛され、場合によって勲章までもらえる。

　でも、世の中には、国家が認めた・認めないに関係なく、どんな場合でも人殺しは絶対に嫌だという人たちがいる。凡人は、戦時になると国家の戦意高揚《こうよう》プロパガンダに踊らされて「戦うことが正義だ」と思い込んでしまうが、こういう人たちはウソやごまかしを見抜き、正気を失わない。

　今は、西側の多くの国で良心的兵役拒否が基本的人権の「良心の自由」として認められるようになってきた。ドイツでは、兵役の代替として社会福祉活動を行う者たちがどんどん増えたという話も聞く。

　本書で扱っているのは第一次世界大戦時に、「たとえ戦争でも人殺しは罪であるとかたく信じて」兵役を拒否した若者たち。政治への関心が高い家庭に生まれて、ピアノ調律師見習いをしているアルフレッドと、クエーカー教徒の銀行員ハワードがその中心だ。彼らは、周囲から臆病者、売国奴とののしられ、軍の暴言や脅迫《きょうはく》や拷問《ごうもん》にさらされ、死刑になる恐怖に脅えながらも信念を貫き通した。

　セジウィックはファンタジー作家として知られており、それらとはずいぶんトーンの違う作品ではあるが、自分の父親や母方の祖父が良心的兵役拒否者だったことから、本書を書いたという。

　翻訳は直訳調でいささか読みにくい。それでも、自分が自分であることを失わないために毅然《きぜん》としてノーと言い続けた人たちがいたことを、この本でぜひ知ってほしい。

（さくまゆみこ）

ノンフィクション　読物

ヒバクシャになったイラク帰還兵

劣化ウラン弾の被害を告発する

佐藤真紀／編著
JIM-NET（日本イラク医療支援ネットワーク）／協力
2006年　大月書店　176p

●時代背景　アメリカ　イラク／イラク戦争　湾岸戦争1991年～
●キーワード　家族　子ども　教育　小児がん　先天性異常　ペルシャ湾　放射能汚染　NATO　大量破壊兵器

この問題は、みなさんとも無関係ではありません

イラク戦争に参加したアメリカ兵が、日本の子どもたちに呼びかける。「あなたは、軍隊に入りたいですか?」。兵士の名は、ジェラルド・マシュー。軍隊に入ってイラクに行き、劣化ウラン弾で破壊された戦車や武器の片づけをしていた。そして6日目、顔が腫れて頭痛が続き、半年くらいで帰国する。その後、娘が生まれたが、右手の指は2本だけしかない。劣化ウラン弾による放射能汚染が、娘にまで影響をおよぼしたのだ。

「みなさんにお願いしたいのは、劣化ウラン弾のような兵器について、できるだけくわしく学んでほしいということです」と、ジェラルドはいう。

劣化ウラン弾は、原子力発電所などから出る「核のゴミ」を利用した兵器だ。重くて硬い劣化ウランを砲弾の弾頭にすると戦車をも貫き、非常に燃えやすいから命中すると同時に細かい粉末となって燃え上がり、すべてを焼きつくす。値段も安く、とても便利な兵器なので、湾岸戦争（1991年）に使われて以来、ボスニア戦争（95年）やコソボ攻撃（99年）、アフガン戦争（01年）でも使われた。戦場で使用され、細かな粒子となって散らばった劣化ウランは、体内に入るとがんや白血病や先天性奇形の原因になると科学者は警告している。

ジェラルドは、イラクから帰国した兵士たちとともに劣化ウラン弾被害を告発し、日本でも講演して回った。ウラン兵器廃絶を求める運動も世界中に拡がっている。イラクでは先天性奇形や小児がんが爆発的に増加し、その救済支援に関わっている佐藤真紀さんは、この本のほかに『戦火の爪あとに生きる—劣化ウラン弾とイラクの子どもたち』（童話館出版　2006）も出版している。

（野上　暁）

ノンフィクション　読物

ぼくが見てきた戦争と平和

長倉洋海／著
2007年　バジリコ　237p

●時代背景　アフガニスタン／1980年代〜現代
●キーワード　地震　写真　カメラマン　辺境　結婚　パレスチナ　内戦　ゲリラ　難民キャンプ

一つ一つの戦争の姿を知って、初めてその戦いを止める方法が見つかるはず（中略）「戦争は愚かだ」とひとからげにしてしまっては、何の解決にもつながっていきません

アフガニスタン、コソボ、エルサルバドルなどの人々の写真を撮りつづけてきたフォト・ジャーナリストの長倉洋海。彼はどんなふうにしてカメラを手にするようになったのか。世界の紛争地や辺境で生きる人々から何が見えてくるのか。本書は、長年の取材をもとに、著者が今、日本の若者たちに伝えたいことを写真とともに綴《つづ》ったメッセージだ。

「テレビも新聞も簡潔に言い切ってしまうけれど、そこから切り捨てられたところ、削りとられたところにこそ大切なことがある」「ともすると陥りがちな二分論から脱却し、目の前の現実を見つめ直すことで、いまの世界の本当の姿が初めて見えてくる」……価値観も暮らし方もさまざまな世界の人々の、喜怒哀楽を見てきた著者は言う。

大切なのは、メディアに出回っている言葉をうのみにせず、自分の目で見て、自分の頭で熟考すること。たとえば、アフガニスタンのゲリラ指導者マスードが草原で本を読む写真が出てくるが、著者は、戦争をする人間は自分と違うと思いこんでいたが、それを見てそうではないとわかったと告白する。普段、私たちは、どれほどの偏見を身にまとっているのだろう。メディアの情報に踊らされてやしないか。

この本には、戦争と本当の平和を考えるためのヒントがあふれている。

『ヘスースとフランシスコ：エル・サルバドルの内戦を生きぬいて』（福音館書店2002）では、著者が1982年から20年あまり取材を続けてきた中央アメリカの国、エルサルバドルの記録。難民キャンプの女の子ヘスースを中心に、1992年まで続いた内戦中はゲリラ兵だった夫のフランシスコの話も聞き、人々の真の姿を浮き彫りにしている。

（宇野和美）

読みつぎたい

原爆の記憶

野上　暁

世界で初めての核被害となった、広島と長崎に投下された原子爆弾体験を、子ども向けの本にするには時間が必要だったのだろう。物語として出版されるのはかなり後になってからだ。最初に話題になったのは、自分も被爆者でもある教育学者の長田新が、子どもたちの手記をまとめて1951年に刊行した**『原爆の子』**（長田新編　岩波文庫　1990）である。しかしこれは、子ども向けではなかった。4歳のとき被爆した子は小学4年生になっていたが、幼い頃に原爆にあった子どもたちの手記は反響を呼び、この本をもとに、新藤兼人『原爆の子』と、関川秀雄『ひろしま』の2本の映画がつくられ、日本中が原爆の恐ろしさを映像で知ることになった。

『わたしがちいさかったときに』（長田新編　岩崎ちひろ画　童心社　1967）は、『原爆の子』などをもとにいわさきちひろが広島を取材して絵本にしたもので、後にフォア文庫（童心社　1989）にもなっている。子ども向けの文庫だから、小学生でも読める。

『二年2組はヒヨコのクラス』は、原爆の悲惨さを訴えるだけではなく、それを自分たちの問題として受け止めていく子どもたちの視点が新鮮だった。

ヒヨコとは、東京から来た新米の山田ひな子先生のニックネーム。原爆投下から20年ちょっと経った広島の中学2年生のクラスを舞台に、子どもたちがさまざまなできごとに出会い、それぞれが自分の頭で考え、子ども同士で話し合い行動する。そして何よりも事実を知ること、たくさんの人たちにそれを知ってもらって一緒に考えることの大切さを伝える。

『二年２組はヒヨコのクラス』
山下夕美子作　1990
フォア文庫　（1968　理論社）

『ふたりのイーダ』（松谷みよ子　講談社　1980）も、広島の原爆をテーマにした記念碑的な作品だ。小学5年生の直樹と2歳のゆう子は、夏休みのあいだ広島に近い祖父母の家で過ごす。直樹は、「イナイ、イナイ」とつぶやきながら、歩く木の椅子に出あう。椅子は昨日まで一緒に遊んでいたイーダちゃんを探しているという。そして、ゆう子のことをイーダだといいはるのだ。椅子の話を聞いた直樹は、イーダが誰なのか探そうとする。原爆の恐怖と重なる記憶を軸にした、ちょっと不思議なファンタジーだ。直樹とゆう子の物語は第5作まで続く。

『ヒロシマの歌』（今西祐行　岩崎書店　1982）は、広島に原爆が投下された直後に作者が、海軍から救援隊として広島に派遣された時の体験をもとにした物語だ。目が見えなくなった母親が「ミーちゃん、ミーちゃん」と、わが子を探しながら息絶えた。作者は、リヤカーに荷物を積んで逃げる夫婦に赤ちゃんを預ける。

それから7年過ぎた頃、ラジオで赤ちゃんを預けた人を探していると放送されたのを聞き、もしやと思って連絡すると、赤ちゃんはリヤカーの夫婦に育てられ、夫が白血病で死んだため、身内が判ったら返したいと奥さんがいう。作者が事情を話すと、私が本当のお母さんになりますと奥さんは決心する。戦争の無残と平和の尊さを伝える名作である。

『八月がくるたびに』
おおえひで作　2001
（1971）　理論社

『八月がくるたびに』は、長崎の原爆で姉とその子を失った作者が、被爆した子どもたちのその後をリアルに描いた作品である。主人公のきぬえは5歳で被爆したが、奇跡的に助かる。浦上の町がどす黒く変わってしまい、ひどい死臭が漂う。きぬえは何度も手術してやっと包帯がとれるが、周囲は母の死を伝えることができない。

それから20年。8月9日の祈念式にきぬえも参加するが、原爆反対のシュプレヒコールをする向こう側に、死者たちの真っ白い行列を見る。まるで形だけになった原爆反対運動に疑問を投げかけているようで、その気持ちは今日にも鋭く突き刺さる。

那須正幹**『折り鶴の子どもたち』**は、広島の平和記念公園に建つ〝原爆の子の像〟のモデルになった佐々木禎子の級友たちに取材したノンフィクション。

3歳で被爆し禎子とほぼ同世代の著者は、〝原爆の子の像〟を建てずにはいられなかった当時の少年少女たちの熱意に寄り添い、熱い思いで取材を続け、白血病と闘った少女とそれを励まし続けた仲間たちの気持ちを次世代に伝える。刊行後に高く評価された一冊だ。

『折り鶴の子どもたち』
那須正幹著　1984　PHP研究所

Book Shelf

中高生に勧めたい新書
——戦争と平和を考える

ほそえさちよ

　中高生になると本を手に取る子と全く取らない子に二極化します。また、好きなジャンルにしか手を伸ばさないということも。でも、自分の将来を見据え、次のステップに踏み出していくために、〈知らない世界〉に触れ、自分の幅を広げることが大切な時期。中高生向けに刊行される新書では、戦争の記憶の継承や現代社会のあり方への問い、歴史から今を照らす視点などが、最新の知見をもとに綴《つづ》られています。混迷する現代社会を知るために、これらのシリーズを使わない手はありません。

　岩波ジュニア新書は長く読み継がれている**『戦争と沖縄』『ひめゆりの沖縄戦』**などから現代の語り部に取材した**『被曝アオギリと生きる』『綾瀬はるか「戦争」を聞く』**Ⅰ、Ⅱや**『30代記者たちが出会った戦争』**などのように、テレビや新聞で発表されたものや人にさらに解説をつけ、さまざまな手法で戦争体験を次世代へ引き継ごうとしています。**『シベリア抑留とは何だったのか』**は教科書にも掲載されている詩人石原吉郎の作品と人生から、歴史や社会を問いかけます。また、世界的な視野で平和や戦争を考える**『国際協力と平和を考える50話』**や**『中東から世界が見える』『紛争・対立・暴力』**からは現代を知るさまざまな視点を得ることができます。中高生の生活や興味から世界や平和への意識を広げる**『社会の真実の見つけかた』『10代の憲法な毎日』**もおすすめ。

　ちくまプリマーブックス、プリマー新書は中高生、大学生にむけた学問の入門書。プリマーブックスからはちくま文庫になったものも多く、**『アフガニスタンの診療所から』**もそのケース。1980～90年代初頭のパキスタン、アフガニスタンの医療活動のレポートなので、今の状況とは違う部分もありますが、国際協力とはどういうものなのかを考えるための必読書です。**『「無言館」にいらっしゃい』**は戦没画学生の作品を集め展示している美術館の館主によるもの。出征体験を持つ画家・野見山暁治とともに全国をまわり、遺族から絵を受け継ぎました。その絵から伝わる願いや想いを熱く語った一冊。

このあと「無言館」をテーマに何冊もの本が生まれました。最近のプリマー新書からは物事の根本を見つめ直し、自分で考えるための指針となるような本が多く刊行されています。**『戦争とは何だろうか』**は、そもそも「戦争」を国民が担うようになったのはいつのことか、国家と個人の関係や国家対非国家の争いについて、歴史や政治学からだけでなく、そのあり方を問う哲学的なアプローチが新鮮。続けて**『国家を考えてみよう』**を読めば、自分で考えることの大切さに気づきます。

「娘／子どもたちと話すシリーズ」は写真や図表もなく、とっつきにくい印象ですが、対話形式で語られているため、説明がすっと頭に入ってきます。**「娘と映画をみて話す　民族問題ってなに？」**では「ホテル・ルワンダ」や「北極のナヌーク」など7本の映画を見て、そこから考えを広げていくのがおもしろい。

多彩な執筆者がそろう「14歳の世渡り術」。本ブックガイドでも紹介している本が何冊かありますが、**『世界を平和にするためのささやかな提案』**は絵本作家から憲法学者までさまざまな分野で活躍する人22名が考える平和へのアイデア。この本をとっかかりに、それぞれの著作を手にするのもいい。

岩波ジュニア新書（岩波書店）

『ひめゆりの沖縄戦：少女は嵐のなかを生きた』
井波園子 1992

『戦争と沖縄』池宮城秀意 1980

『被曝アオギリと生きる：語り部・沼田玲子の伝言』
広岩近広　2013

『綾瀬はるか「戦争」を聞くⅠ』『Ⅱ』
TBSテレビ『NEWS 23』取材班編
2013、2016

『30代記者たちが出会った戦争：激戦地を歩く』
共同通信社会部編　2016

『シベリア抑留とは何だったのか：詩人・石原吉郎のみちのり』畑谷史代　2009

『中東から世界が見える：イラク戦争から「アラブの春」へ』
酒井啓子　2014

『紛争・対立・暴力：世界地域から考える』
西崎文子＋武内進一　2016

『国際協力と平和を考える50話』森 秀樹　2004

『10代の憲法な毎日』伊藤 真　2014

『社会の真実の見つけかた』堤 未果　2011

ちくまプリマーブックス＋プリマー新書（筑摩書房）

『アフガニスタンの診療所から』
中村哲　1993→ちくま文庫　2005

『「無言館」にいらっしゃい』窪島誠一郎　2006

『戦争とは何だろうか』西谷 修　2016

『国家を考えてみよう』橋本 治　2016

娘／子どもたちと話すシリーズ（現代企画室）

『娘と映画をみて話す　民族問題ってなに？』
山中速人　2007

14歳の世渡り術（河出書房新社）

『世界を平和にするためのささやかな提案』
黒柳徹子＋木村草太＋春香クリスティーンほか　2015

第8章

平和をつくるために

平和=「戦争がない」ということではありません。
どんな社会にしたいのか、イメージしよう。考えよう。
編集委員5名が選ぶ平和への本 15

フィクション　読物

おすのつぼにすんでいたおばあさん

ルーマー・ゴッデン／文　なかがわちひろ／訳・絵
2001年（1972年）　徳間書店　110p

●時代背景　どこか／いつかの時代
●キーワード　ネコ　おばあさん　湖　さかな　猟師

おばあさんは、いいました。「ほかには、なあんにも、いらないさ」

細長いビンみたいなお酢のつぼの家に住んでいるおばあさん。ぎりぎりの暮らしだけれど、ネコといっしょに満足して暮らしています。そんなある日、湖に小さな魚を逃がしてやったところ、その魚が、自分は魚の王様だ、なんでも望みをかなえてやろうと言います。最初は遠慮するおばあさんですが、思い切って食べ物を頼むと、どっさりのごちそうが。するとおばあさんは味をしめ、次は家、次に洋服と願いはエスカレートしていきます。とうとう魚の王様は怒りだし、おばあさんはお酢のつぼの家に逆もどりという、ルーマー・ゴッデンの家で語り継がれてきた昔話です。

　タイトルを見ると、「おすのつぼ」って何？　そんなところに住めるの？って思います。が、住めるのです。そして結末では、あーあと思う一方で、ちょっとホッとします。だって「そんなに頼んでだいじょうぶ？」と途中で心配になりませんか？

　このお話を読んで、世界各地をめぐった冒険家の関野吉晴さんの講演で聞いた言葉を思いだしました。「世界を見渡すと、ものを持たない人たちが住んでいる地域のほうが持つ人が住む地域よりもずっと広い。そして、ものを持たない人はみなとても気前がいい」

　たえず便利で楽しいモノの売り込み攻勢にさらされている日本の子どもたち。無分別に押し寄せるモノの中で、感じる心が鈍くなっていきそうです。

　このお話は、「足るを知る幸せ」をそっと教えてくれます。戦争とは一見関係ないようですが、こういう人間らしい心情が平和を醸成する気がします。欲望に踊らされる方向ばかりにベクトルが向いている社会で、ふと足を止めてみませんか。（宇野和美）

ノンフィクション　絵本

いのり
聖なる場所

フィリモン・スタージス／文　ジャイルズ・ラロッシュ／絵
さくまゆみこ／訳
2004年（2000年）　光村教育図書　41p

●時代背景　世界各地／現代

●キーワード　教会　大聖堂　寺院　キリスト教　ユダヤ教　イスラム教　ヒンドゥー教　仏教　塔　宗教

宗教がちがっても　いのる気持ちはおなじ

細かな彫刻を施された空をつく尖塔、外壁じゅうが神様の像でおおわれた建物、川におりていく階段、石積みの壁、一見サボテンのような日干しれんがの塔……。

無数の小さな紙を緻密《ちみつ》に貼り合わせて作られた、独特の質感と奥行のあるペーパークラフトで世界の聖地を描いた絵本。その製作に要した気が遠くなるほどの手作業を思いながら何度でも見たくなる。たいていの絵に、さまざまな肌の色、さまざまないでたちの人の姿も描きこまれているのがいい。祈りの形はさまざまだが、だれにとってもそれは生きていくことと深く結びついた大切な営みだというのがわかる。違っているようでいて、みななんとよく似ているのだろう。

「禍福《かふく》はあざなえる縄《なわ》のごとし」というように、生きていれば、よいことばかりではなく、苦しいことが必ずある。信仰は、そんな人間を支えてくれる一つの要素だ。なのに、昔も今も、宗教が多くの権力争いや紛争の原因になってきたのは皮肉なことだ。信じることから不寛容が生まれるのも、また人の性《さが》なのか。

世界各地の聖なる場所の後、本書の最後には夜空が描かれている。「そして、ここもまた聖なるいのりの場所」だと。宗教を超えて平和を願う思いが伝わってくるページだ。

戦うのなんてよそうよ、みんなで生きていくことを考えようよ、ほんとうはだれもがみなそう思っているのではないだろうか。

それぞれの聖地については、場所と作られた年代と簡潔な説明がつき、巻末には、5つの宗教――ヒンドゥー教、仏教、ユダヤ教、キリスト教、イスラム教――の歴史と教えの解説がある。

（宇野和美）

ノンフィクション　読物

世界でいちばん貧しい大統領からきみへ

ホセ・ムヒカ／著　くさばよしみ／編
2015年　汐文社　72p

●時代背景　ウルグアイ／現代
●キーワード　大統領　貧困　豊かさ　リオ　自由　農業　演説（スピーチ）

貧乏とは、無限に多くを必要とし、もっと欲しがることである

貧乏とは、物を持っていないことではなく、いくら物があっても満足しないこと。今、見直すべきは私たちの生き方だ――2012年、ブラジルのリオデジャネイロで開催された国連持続可能な開発会議で行ったスピーチで、南アメリカの国、ウルグアイの前大統領ホセ・ムヒカ氏は世界じゅうから注目を集めた。日本でもその内容をまとめた絵本『世界でいちばん貧しい大統領のスピーチ』（くさばよしみ編　中川学絵　汐文社　2014）がベストセラーになった。

　本書は、その後の会議でのスピーチや取材をもとに、ムヒカ氏の考えにさらに深く迫り、そのように考えるようになった背景やその考えを実践している日常生活までをさわやかなイラストとともにコンパクトに紹介している。

　反体制ゲリラとして活動し、のべ13年にわたって収監されていたこと、獄中の読書で人間は何なのかを考えたこと、農園で一国民として普通の暮らしをし、ピザを焼き、農業学校で人を育てている現在の生活が語られる。「人間」「自由」「多様性」「哲学」「愛」など、ムヒカ氏が大切にしていることは、そのまま平和へのキーワードのよう。「崇高な目的を達成するための正義の戦争と、悪い戦争があると思っていた」が、「どんな戦争であれ、社会でもっとも弱い人の犠牲で終わることを知った」と語るムヒカ氏。一人ひとりの幸せを願い、理想を追い続けるその姿は、利権に縛られたどこかの政治家とは対照的だ。ムヒカ・ブームを一過性のものにしてはもったいない。この本を読んで、自分の今をふりかえると同時に、ムヒカ氏の生きてきたラテンアメリカや世界の現実にも目を向け、一歩平和に近づきたい。

　中学、高校の図書室にもぜひ。（宇野和美）

フィクション　絵本

あさになったので まどをあけますよ

荒井良二／作
2011年　偕成社　32p

●時代背景　地球上すべて／現在

●キーワード　朝　窓　雨　空　海　川　山

きみのまちは　はれてるかな

朝になったら窓をあける。すると、そこには、山がそびえ立っているかもしれない。そこには、にぎやかな町が広がっているかもしれない。そこからは、魚がはねる川が見えるかもしれない。そこからは、空と海の境目が見えるかもしれない。夜明けのほのかな彩りに染まっていく雲が見えるかもしれない。

ふだん暮らしている家の窓から見えるのは、やっぱりいつもの景色。「だから、ぼくは（わたしは）ここがすき」とこの絵本は言う。絵本に描かれている「窓をあける」とは、一日一日を新たに迎えられたことを喜び、そこから見えるいろいろなものを、ていねいに感じ取っていく行為なんだろうな、と私は思う。

東北の被災地の人たちと何度もワークショップをしたことから、この絵本が生まれたと聞く。地震や津波や原発事故で、家が壊れたり流されたりした人は、いつもの窓をあけることができない。家はあっても、空気が汚染されているので窓をあけられない人もいる。

そんなふうに考えてみると、日常あたりまえだと思っていたことが、じつはあたりまえではなかったことに私は気づく。

絵本には窓をあけている子どもたちが描かれているけれど、作者は、きみのまわりも見てね、と読者をうながす。

世界に広く目を向ければ、スパイにのぞかれないようにふさいだ窓もあるだろう。爆撃でガラスが吹っ飛ばされ、窓枠だけになった窓もあるだろう。難民キャンプの、窓のないテントで暮らしている人もいるだろう。

どんな子どもたちにも、窓をあけて「ここがすき」と言ってもらえるような、そんな日常の居場所をつくる。それが大人のつとめだよね。

（さくまゆみこ）

ノンフィクション　絵本　詩

へいわってすてきだね

安里有生／詩　長谷川義史／画
2014年　ブロンズ新社　32p

●時代背景　日本／現代
●キーワード　友だち　家族　笑顔　猫　やぎ　けんか　平和　戦争

へいわって　なにかな。ぼくは、かんがえたよ

沖縄県与那国島の当時小学校1年生の男の子が書いた詩を絵本にしたもの。詩の作者・安里君は２０１３年6月23日、沖縄慰霊の日に全戦没者追悼式でこの詩を読んだので、覚えている人もいるだろう。

　安里君の詩は、子どもが平和をどう考えているかをまっすぐに伝えてくれる。「おともだちと　なかよし。かぞくが　げんき。えがおで　あそぶ。ねこが　わらう。おなかが　いっぱい。やぎが　のんびり　あるいてる。けんかしても　なかなおり」といった、日常の普通の暮らしが、子どもにとっての平和なのだ。

「ああ、ぼくは、へいわなときにうまれてよかったよ」と安里君は書いたが、辺野古や高江を抱え、米軍専用施設の75パーセントを負担する沖縄県には、まだまだ平和とは言えないと考える方も多いかもしれない。日本で唯一地上戦が行われ、20万人もの死者を出した70年前から比べれば、少しはましになったのかもしれないけれど。

　私の気持ちにも不安がよぎる。今は平和だって安心していられる？　それをお金のために壊してもかまわないと思ってる大人はいない？　子どもたちはみんな、おなかいっぱい食べられてる？　日本の外にいる子どもたちは？

　地球の南側の子どもたちの話をすると、若い人たちの中には、「日本に生まれてよかったな」と言う人もいる。でも、このままいくと、安里君の言う平和は壊れてしまわない？　安心してはいられないよ、と私は思う。

　安里君の願いは、地球に暮らすすべての子どもたちの願いだろう。安里君は、詩の最後に「ぼくも、ぼくのできることからがんばるよ」と言っている。

　大人も、子どもたちの願いを裏切らないように、もっとがんばらないとね。

（さくまゆみこ）

ノンフィクション　写真絵本

おじいちゃんは水のにおいがした

今森光彦／写真・文
2006年　偕成社　64p

●時代背景　日本（琵琶湖畔）／2002~2004年（撮影時）
●キーワード　琵琶湖　水　漁師　木舟　ヨシ　自然　共存

水の中には命が流れている

ひとりのおじいちゃんを主人公にして1年のめぐりを伝える写真絵本。おじいちゃんとは、80歳をこえた田中三五郎さんのこと。琵琶湖にそそぐ川で、木舟に乗って漁師をしている。捕れるのは、コイ、フナ、ナマズ。でも、家族が食べる分だけとる「おかずとり」なので、自分が食べない魚や小さな子どもの魚は逃がしてやる。木舟は大正時代に作られたものだけど、いつも手入れを欠かさないので、まだ現役だ。

アオサギやバンやトビは、時々おこぼれをくれる三五郎さんをよく見ていて、仲間だと思っているらしい。水鳥たちも、三五郎さんが藻の掃除をしてくれると、餌《えさ》をとりやすくなるのでうれしい。

三五郎さんをはじめとする町の人たちは、「かばた」という小屋をつくり、川の水や井戸をうまく使って暮らしている。人が使った水は、苔や水草や貝やバクテリアが濾《ろ》過《か》して生き返らせてくれる。ここでは、コイや小魚も人と共存している。

三五郎さんの家には、心地よい風が通り、ゆっくりした時間が流れる。三五郎さんは、友だちと話したり昼寝をしたり網の手入れをしたりする。豊かな自然に感謝して、神様にお供えものをして祈る。

平和って、こういうことだろうな、と私は思う。たとえ戦争をしなくても、ほかの生物が死に絶えたり、空気や水が汚れたりしたら、人間だって早晩《そうばん》生きていけなくなる。そんなにたくさんお金なんかなくてもいい。そんなにたくさん物がなくてもいい。自分たちが生きていくだけの命をいただき、あまったものはお返しする。自然やほかの生き物のことも心にかけながら、命のめぐりの中で生きていく。平和って、ただの言葉じゃないんだよね。

（さくまゆみこ）

フィクション　絵本

やくそく

ニコラ・デイビス／文　ローラ・カーリン／絵　さくまゆみこ／訳
2014年（2013年）　BL出版　40p

●時代背景　どこか／現代
●キーワード　おばあさん　種（ドングリ）　カバン　泥棒　旅

わたしが手に入れたのは、森かもしれない

コンクリートの高い建物がひしめき合い、「ぎすぎすして、ずるくて、すさんだ街」に住む10代のスリの少女が、ある晩、弱そうなおばあさんからカバンをひったくろうとする。おばあさんは抵抗を見せた後、「おまえさんにやるよ。これを植えるってやくそくするんならね」と言ってカバンを少女に託す。カバンの中に入っていたのは、きれいな緑色のドングリで、少女は、ドングリを街じゅうに植え始める。すると、緑を育てる気持ちは街じゅうに伝染し、人々は微笑みを取り戻し、雨がもたらされる。

寓話《ぐうわ》性の強い本書は、それだけでは終わらない。少女はヤシの木が生えていると思われるような街や、布を頭からかぶっている女性たちがいる街や、お箸《はし》を使ってごはんを食べている街にも緑をもたらす。そして、彼女自身もまた、若い泥棒に、カバンを盗まれる。世界中に「ドングリ」を待っている地域があり、「ドングリ」が人から人へと手渡されていく様子が描かれている。

この絵本はこのように、現代人の殺伐《さつばつ》とした気持ちと、植物による生きる希望と豊かさが文章と絵によって表現されている。見出し引用文は、心の中に緑が広がるさまがイメージとして浮かぶような詩的な文である。また、殺伐とした場面は、息苦しい構図と、灰色や黄色がかった壁の色が使われ、ドングリが広がる場面では、開放感のある構図と、落ち着いた色調ながらも、赤や緑など豊かな色彩が画面全体に広がっている。

指切りに象徴される「やくそく」は、人と人とを結びつける。両者間には信頼関係が前提となっており、人を信じ、人の信頼にこたえることこそが、平和への鍵だと感じられる。

（土居安子）

フィクション　読物

ハルーンとお話の海

サルマン・ラシュディ／著　青山南／訳
2002年（1990年）　国書刊行会　245p

●時代背景　どこか／いつかの時代
●キーワード　家族　お話　父親　王子　冒険　旅　ファンタジー　自爆テロ　寓話

ほんとうでもないお話がなんの役に立つ?

アルファベー国の悲しい町に住むハルーンは、母が役所の職員セングプタと駈落《かけお》ちしてしまい、ストーリーテラーの父ラシードと残される。ラシードは、ハルーンが「ほんとうでもないお話がなんの役に立つ?」と言ってからお話が語れなくなってしまう。

ハルーンは、ある夜、水の精モシモが、ラシードが権利を持つお話の水の回線の切断に来たのに出会い、モシモの切断器を取り上げて、お話の提供を続けてもらうため、オハナシーという星のセイウチに会いに行く。

オハナシーのオシャベリ町に着いたハルーンはラシードと再会。お話が湧《わ》いている海がチンモク町のシキタリ団によって汚染され、歯と鼻に特徴があり、とんでもない歌を歌うパーチク王女も誘拐《ゆうかい》されたため、二つの町で戦争が始まる。チンモク町では暗闇が続き、影が人々と離れて生きることができるようになっており、イッカンノオワリという独裁者が権力を握っている。そのことを知ったハルーンは、願いの水を使って奇想天外な願いを実現し、オハナシーを救い、ラシードのお話の力を取り戻す。

『悪魔の詩』を書いて当時のイラン最高指導者ホメイニに死刑宣告を受けたラシュディが潜伏生活の中で息子のために書いた作品。モシモやデモモなどの登場人物の名前がユーモラスかつ意味深で、青山南が言葉遊びを巧みに訳出している。

物語こそが、人を自由にし、愛を育み、平和を生むという信念が読み取れ、現代文明批判、言論の自由、環境問題、宗教問題、王権批判、文化の継承、文学批判、家族問題など、ユーモアをこめたメッセージがちりばめられている寓話《ぐうわ》ファンタジー。

（土居安子）

ノンフィクション　読物

弱虫でいいんだよ

辻 信一／著
2015年　ちくまプリマー新書　223p

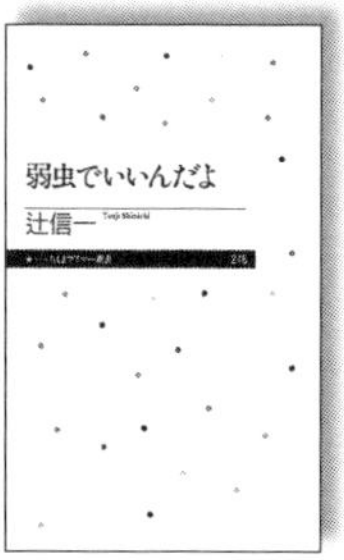

●時代背景　世界／現在
●キーワード　宮沢賢治　ナマケモノ　ゴリラ　生き方

一言で言うと、ナマケモノから学ぶべきことは、平和ということかしら

著者は、乱獲や森林破壊のために絶滅の危機にある「ナマケモノを救う」運動をしていておこがましいと感じるようになり、「ナマケモノになる」ための「ナマケモノ倶楽部」を作ったというユニークな人。その理由は、ナマケモノが「弱さ」を最大限に利用して生きていることによる。

ナマケモノがすごいのは、まず、消費エネルギーを抑えるために、なるべく動かない、他者と争わない、なるべく食べない、そして草食を実践していること。じっとしているために、体が苔むすようになり、それが敵から見つかりにくくもしている。加えて排泄は、自分がいる木から降りて、その根元に穴を掘って行う。それによって、木に栄養を戻す循環を実践している。見出し引用文は、負傷したり親とはぐれたりしたナマケモノを救護して森に返す運動をしているジュディさんの言葉。本書を読むと、ナマケモノが尊い存在に思え、微笑みを浮かべた顔が魅力的で著者のあこがれの気持ちが理解できる。

この本は「弱い」とは何かを通して人間の生き方を考えようとしているが、大きく三つの考え方を検証している。まずは、強弱、勝ち負けという二項対立の無意味さ。スポーツでは一定のルールのもとで勝敗が決められるが、生物の世界では同じ土俵に立たずに、いわゆるニッチを狙って、強弱では位置づけられない多様な生き方が可能であること。そして、「人間が上である」という考えの間違いを宮沢賢治の作品や進化論等から指摘する。もう一つは「弱い」ことが「強い」ことにつながるということ。ナマケモノのみでなく、ライオンとシマウマの関係やゴリラやバクテリア、人間などを例に挙げながら、弱さを持つことが生きる輝きにつながると説いている。（土居安子）

フィクション　絵本

むこう岸には

マルタ・カラスコ／作　宇野和美／訳
2009年（2007年）　ほるぷ出版　32p

●時代背景　どこか／いつかの時代
●キーワード　川　橋　髪の毛　服　ボート

わたしたちはちがってる。だけど、とってもよくにている

川のこちら側の「わたし」は褐色《かっしょく》の肌で、まっすぐな黒髪《くろかみ》、シンプルな白いワンピースを着ています。むこう岸にも村がありますが、あっちの人たちは自分たちと違う、むこう岸には絶対行ってはいけないと両親は言います。「むこう岸の人たちは、わたしたちのことを、なんといっているのかな？」とわたしは考えます。そうやって、むこう岸の人へ思いを寄せられるのは、子どもならではでしょうか。ある日、向こう岸の男の子が手をふってきて、わたしは男の子がよこしたボートで川を渡ります。むこう岸の人たちは、肌の色も、髪の色も、髪質も、服の趣味も、違います。でも、やきたてのパンのにおいは同じでした。

自分たちと違う「向こう側」を、違うからと隔て、隔てるからますます得体の知れない存在になりそれが恐れや嫌悪《けんお》を育ててしまう……そんな悪循環を越えてつながる子どもたちこそ、平和な未来を作っていくという確信に支えられている絵本です。絵本ならではの絵の力で、目に見える違いは明白です。でも、違う人たちが仲良くしてもそれがとても自然なことだということも、はっきりと見せてくれます。

『むこうがわのあのこ』（ジャクリーン・ウッドソン／文、E・B・ルイス／絵　さくまゆみこ／訳　光村教育図書　2010）も、同様のテーマの絵本です。柵に隔てられている黒人の女の子と白人の女の子は、越えてはならないと大人から言われている柵に並んでこしかけて、そのうちこんな柵は取り壊されるだろうと語り合います。

残念なことに壁を作りたがる政治家は後を絶ちません。違う存在が共に生きるという平和の基本を思い出させてくれるこれらの絵本の役割は大きいと思います。

（西山利佳）

フィクション　読物

アースシーの風

アーシュラ・K.ル=グウィン／作　清水真砂子／訳
2009年　岩波少年文庫　386p

●時代背景

●キーワード　魔法　竜　王　王妃　船　猫　会議　火　言葉　夫婦　言葉　多文化　ファンタジー

どうしたらわたしたちは戦争と破滅から協調と平和への方向転換をなしうるのか

「ゲド戦記」シリーズ最終巻の本書をこのリストに加えるのは、「戦記」の一つだからではありません。友好的でない大国も出現するし、竜たちの襲撃が始まっているというのに、この作品には戦闘は書かれません。派手な魔法も、王と竜の戦いも、美しくはかなげな姫の救出というドラマもありません。

　では、このファンタジーを満たしているのは何でしょう。多彩で重層的な世界ですが、「戦争と平和を考える」という観点からキーワードを三つ挙げたいと思います。それは、「話し合い」、「多様性」、「女たち」です。「詩や歌にうたわれることもない議員たち」を、ル＝グウィンはきっちり書き込みます。アースシーの危機は、一人の英雄の活躍で救われるのではなく、竜と人間の（その人間も様々！）会議で乗り越えられるのです。

　そして何より、この作品で魅力的なのは、女性たち。これまでの重要人物テナーやテハヌー、娘の姿に変化した竜のアイリアン、そして、政治の道具としてレバンネン王のもとに送り込まれたカルガド帝国の王女セセラクが、暴風雨にもまれる船の中で賭け事遊びに興じている場面は素敵です。髪の色も肌の色も違う女たちが、様々な彩《いろど》りの服を身にまとい打ちとけ合っている姿は、のぞきに来たレバンネン王を圧倒します。また、「女たちがいっしょになってしゃべったり、働いたり、互いを弁護したりすると、男たちは（略）恐れる」という記述もあります。作者は、協調と平和に女たちの連帯が力を持つと確信しているようです。

　その時々の社会の状況に響いて警句のように読める部分も多く、読み合い語り合うことが平和への力になるに違いありません。

（西山利佳）

フィクション　読物

月夜のチャトラパトラ

新藤悦子／著
2009年　講談社　214p

●時代背景　トルコ（カッパドキア）／現代

●キーワード　ホテル　洞窟　占い　絵　コーヒー　キャンディー　ターキッシュ・ディライト　考古学　徴兵

戦争に行くなんて……
この岩屋は穏やかで、想像もできないのに……

キノコのような形の岩が立ち並ぶ奇妙な光景で有名な、トルコのカッパドキアが舞台の物語です。主人公のカヤは12年前に洞《どう》窟《くつ》の岩棚で発見され、洞窟ホテルペリバジャスの主人夫妻アタとアナに育てられてきました。カヤには、秘密がありました。猫かウサギぐらいの大きさの小さな3人組と仲良くなっていたのです。カヤは彼らのことを「チャトラパトラ」と呼んでいます。

この不思議なファンタジーはことさら戦争をテーマにしているわけではありません。ただ1カ所、村の女たちの賑やかなお茶会の中、戦争が話題になります。息子が兵役に取られて隣国の戦場へ送られている女性がふさいでいるのです。「終わらない戦争はない」なら「はじまらない戦争」もないものかと、カヤも思います。

この物語は戦争とは最も遠い穏やかさ、朗らかさに満ちています。なにしろ、チャトラパトラたちときたらおいしくて甘い物を食べると飛び跳ねて笑いが止まらなくなるし、甘いものをくれる人はみんないい人だと信じていて、カヤが嫉妬してしまうくらい簡単に皆と仲良くなってしまうのです。甘くておいしいお菓子の前では、古代ローマの幻の町も大して関心をはらわれません。独占欲などどこ吹く風のゆるさです。洞窟ホテルで親しい人たちが冬ごもりしているという状況も戦争と対極にあるほっこりしたイメージです。

こんなに穏やかなのに、このファンタジーは現実の現代のトルコが舞台なのです。屈託なく満月の夜に歌い踊るチャトラパトラたちはどうしているか、カヤはそろそろ徴兵年齢になるのではないかと、敢えて架空の世界を現実に重ねて、私はせめてトルコに心を寄せようと思います。（西山利佳）

ノンフィクション　絵本

あなたこそ たからもの

いとうまこと／ぶん　たるいしまこ／え
2015年　大月書店　40p

●時代背景　日本／現代
●キーワード　花　命　心　ハンディキャップ　友だち　しあわせ　ゲーム　ルール　憲法　平和　戦争　民主主義

みんなゆたかで、しあわせになれば、だれも、せんそうをしなくなる

可愛い花のキャラクターがたくさん登場し、憲法とはどういうものなのか、小さな子どもでも理解できるような、漢字を一つも使わないやさしい言葉で語りかけながら、一人一人の命と心の大切さを呼びかける。

「はな、はな、たくさんのはな。」「みんなおなじで、みんなちがう」と、色とりどりの花が画面いっぱいに広がる。ページをめくると、前のページの花々が、みんなそろってカラフルな花のキャラクターに大変身。

「いのちのおもさは、みんなおなじ。」「ひとりひとりが、たいせつにされる。だって、いのちは、ひとりにひとつ。」と、まず憲法のいちばん大切な、根っこにある「個人の尊重」から語られる。

「つよくて、ちからのあるひとが、かってにルールをやぶったり、あたらしいルールをおしつけてきたら、いやでしょ。」「だから、じてんしゃにブレーキがついているように、わたしたちのくにには、けんぽうがある。」「たとえ、たくさんのひとがさんせいしても、ただしくないこともあるんだ。わたしたちは、ぜったいまちがえない、とはいえない。わたしたちが、えらんだだいひょうも、いつも、ただしいことをするとは、かぎらない。だから、ほんとうにたいせつなことを、けんぽうに　かいておくことにしたんだ。」

このように国の力を制限し、多数決によっても奪えない国民の権利（人権）を保障するために、憲法に基づいた政治を行うことを「立憲主義」と言うと、巻末で著者は解説する。擬人化されたそれぞれの花のキャラクターの、しぐさや表情がのびやかでユーモラスで、世界にたった一つだけの平和憲法の精神をやさしく語りかけ、読んでいると心が温かくなる。

（野上　暁）

フィクション　詩

きんじょのきんぎょ

内田麟太郎／作　長野ヒデ子／絵
2006年　理論社　142p

●時代背景

●キーワード　ことば遊び　語呂合わせ　ユーモア　動物　神さま

かみさまは　ほっとして　ひるねする

幼い子でもわかるやさしい言葉と、ほとんどひらがなで書かれた、とってもゆかいな詩集。本のタイトルからもわかるように、語呂合わせやことば遊びがいっぱいつまっていて楽しい。

「うれしい　たのしい　いちねんせい／おっとせい　くんせい　らっかせい／せいせきおちたら　きがせいせい」で始まる「いちねんせい」。語尾を「せい」でつなげ、成績が落ちたら気がせいせいだなんて、親が聞いたらびっくりするが、だれもが当たり前だと思っている常識を、笑いとともにひっくり返してしまうのがいい。この詩は、「せいがのびたら　にねんせい」で終わる。

「サンタ」という作品は、「サンタ　なんだ　どんなんだ／あかいいしょうに　しろひげだ／えんとつおちて　まっくろだ」と、始まる。なるほど、煙突から家に入るというから真っ黒になる。「サンタ　なんだ　どんなんだ／しごとは　たったいちにちだ／あとはひるねで　ぶくぶくだ」と続く。確かに仕事はクリスマスイブだけ。太っているのは、毎日昼寝ばかりしているからなのかと納得。

「ありのまま」という詩は、「ありは／みたとおり／ありのままだけど」と始まって、「ぞうは／みたとおり／ぞうのママかしら」で締めくくられる。「まま」が「ママ」になると、突然意味が違ってくるところがおもしろい。

「タヌキとクヌギ」では、「タ」の字は「ク」より一角多いからちょっと偉い。でも「ギ」は「キ」より点が二つ多い。タヌキはクヌギにちょっといばり、ちょっとへこむ。「へこんで　くやしい　タヌキは／クヌギ林へ　行って／こっそり　へをしてくる」。ちょっとくさいけど、この脱力感がなんとも魅力的。大らかでユーモラスで、心底平和な詩集だ。

（野上　暁）

フィクション　読物

狐笛のかなた

上橋菜穂子／作
2003年　理論社　342p

●時代背景	日本／中世
●キーワード	風　野山　里　獣　狐　犬　胡桃餅　蜂蜜　熊笹　雷　座敷　領土　馬　盗賊　梅　桜　城　呪者

まろい闇の中を巡ると、小さな光が見えた

呪者の使い魔にされて霊狐《れいこ》となった子狐の野火は、主人の命令で人を殺し、自分も深い傷を負って夕暮れの野を猟犬に追われていた。それを助けたのは、里はずれの森で祖母と二人きりで暮している少女小夜《さよ》だった。小夜は死にそうな野火をふところにかくして、追いかける犬たちから里の人が出入りを禁じられている奇妙な屋敷に逃げ込む。そこで小夜は、事情があって屋敷に閉じ込められている少年小春丸に出会い友だちになる。

冒頭からスリリングである。三者三様の深い闇を背負った小夜と野火と小春丸という若い命は、領地の奪い合いをめぐり憎みあっている領主同士の怨念と呪術的な戦いに巻き込まれていく。

「狐笛《こてき》」とは、強い力を持った呪者が、使い魔の霊狐を好きなようにあやつる笛で、霊狐は死ぬまでその笛の音から逃れられない。小夜は、幼い日に目にしたいまわしい記憶の封印を解かれ、土着の神々から受け継いだ呪力を持ったことから、呪者によって命を狙われる。そのピンチを、主《あるじ》の命に背いて霊狐の野火が救うのだ。

領主の隠し子であった小春丸の跡継ぎをめぐる策謀に、たがいに敵対する呪力を持つ少女小夜と、狐笛に呪縛《じゅばく》された子狐野火の異類間の愛の行方はどうなるのか？　歯切れの良い文体が緊迫感を盛り上げ、読み手をぐいぐいと作品世界に引き込んでいく。

満開の桜が白雲のように山肌をおおい、花びらが舞い散る春の野に、まるで幻影のようにのどかに繰り広げられる終章は、それまでと見事なコントラストをなし、対立する者同士ばかりか、人と動物との垣根も越えた作者のヒューマニズムと、平和への願いがしっかりと込められているようだ。

（野上　暁）

おわりに

戦争を描いた本なんて読みたくない、と思う方もたくさんいると思います。だって、暗くて、重苦しくて、子どもが笑ってくれないからね、という声も聞こえてきそうです。朝の読書の時間に、戦争が出てくる本はふさわしくないよね、とおっしゃる方がいるのも知っています。

「だけどね」と、私たち編集委員の五人は思いました。「だけど、戦争が出てくる本も読んでみようよ」と。とりわけ日本の国が戦争に向かおうとしているように思える今、読んでおく必要があるようにも思いました。

それで、戦争と平和に関する子どもの本のブックリストを作ることにしました。私たちは集まって話し合い、どの本を取り上げるかを決めていきました。ほそえさちよさんに編集をお願いすることも決めました。そのうち、「一つのテーマで何点かの本を概観できるようなコラムも必要だね」、「今この国を戦争に向かわせないために、頑張ってる仲間たちにも参加してもらおうよ」ということにもなりました。

今はまだこの日本には、小鳥の声で目を覚ます人もいるかもしれません。働きに行く前に犬を連れて林の中を散歩する人もいるかもしれません。友だちや仲間と楽しくおしゃべりしながらお昼ご飯を食べる人もいるかもしれません。子どもたちと水辺や牧場や公園で遊んでいる人もいるかもしれません。でも、戦争はそういうものの一切を徹底的に壊してしまいます。

私たちはこのブックガイドをつくりながら、こんな発見をしました。

- ほんとうの戦争って、ゲームとは全然違うということ
- 戦争で儲ける人がいる以上、起こしたくなる人もいるということ

・戦争って、一度始まるとなかなか終わらせることができないということ
・戦争で死ぬのは、ほとんどが市民や子どもだということ
・戦争は、殺した方も大きな傷を負わなくてはならないということ
・このブックガイドに取り上げた本には、戦争や平和だけでなく、人間の奥深さが描かれているということ

ちょっと世界を見わたしてみてください。私たちには見えにくいけど、世界のあちこちに戦争や紛争で日常のくらしを壊されてしまった人たちがいます。生まれてからこの方ずっと戦争しか知らない子どもたちもいます。その人たち、その子どもたちは、私たちとは関係ないのでしょうか？　見ないですますことができれば、関係ないと言えるのかもしれません。でも、私たちの国でつくられた兵器がその人たちを殺してはいないでしょうか？　私たちが選んだはずの政治家が、その人たちの命を奪う手伝いをしてはいないでしょうか？　そんなことにも目を向けていったほうがいいと私たちは考えました。

このブックガイドには、ここに載っている３００冊の本の作家・画家たちだけでなく、紹介文を書いたみんなの気持ちもつまっています。そのうえに、読んでくださるみなさんの気持ちものせていただければ幸いです。

おもしろそうだなと思ったら、このブックガイドで取り上げた作品そのものを手に入れて読んでみてください。本屋さんになければ図書館でさがしてみてください。ブックトークの時に、取り上げてみてください。子どもが手に取れるようにしておいてください。そこから、何かが少しずつ変わっていくかもしれません。

さくまゆみこ

資料編

本の舞台となった地域MAP［世界］

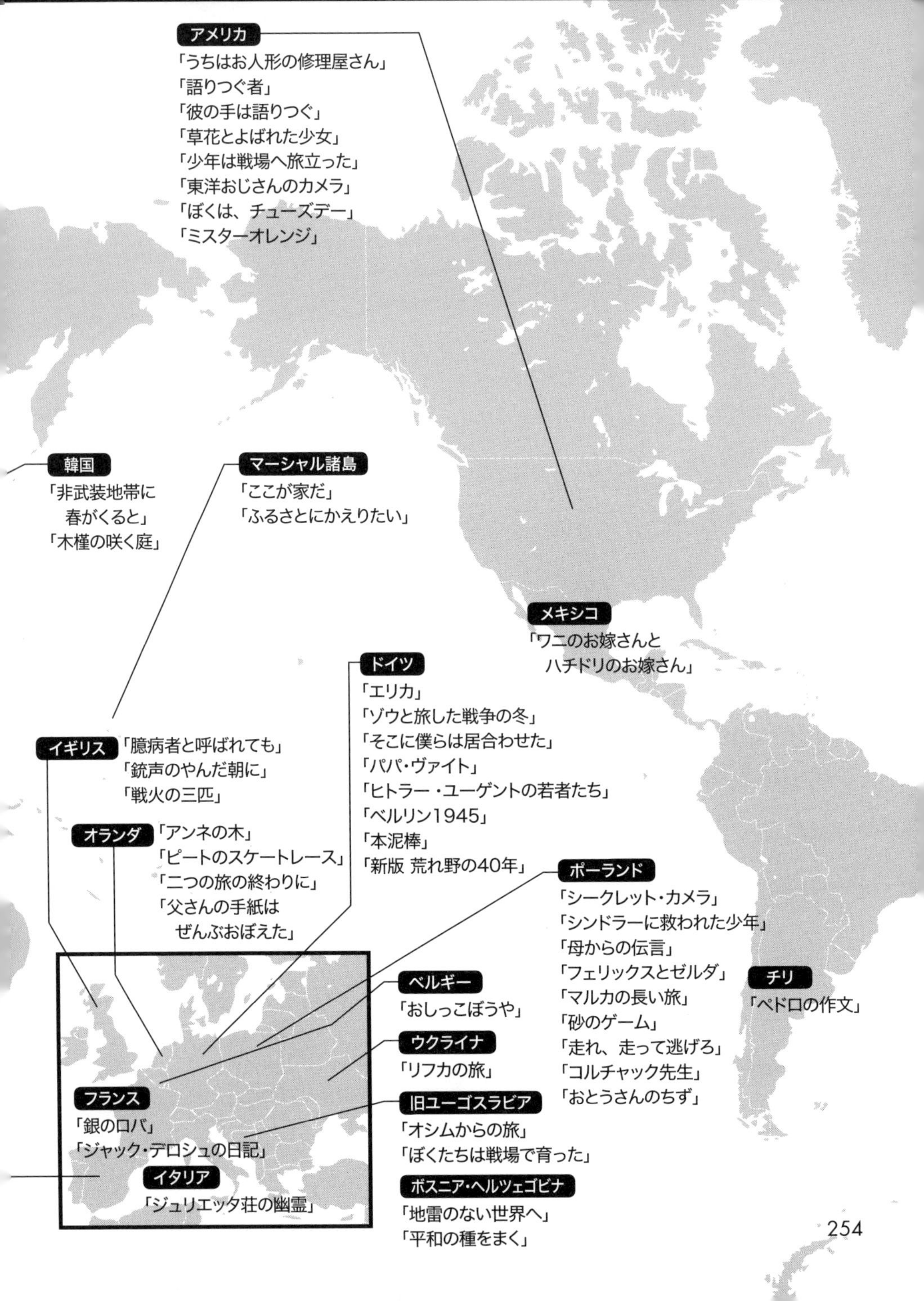

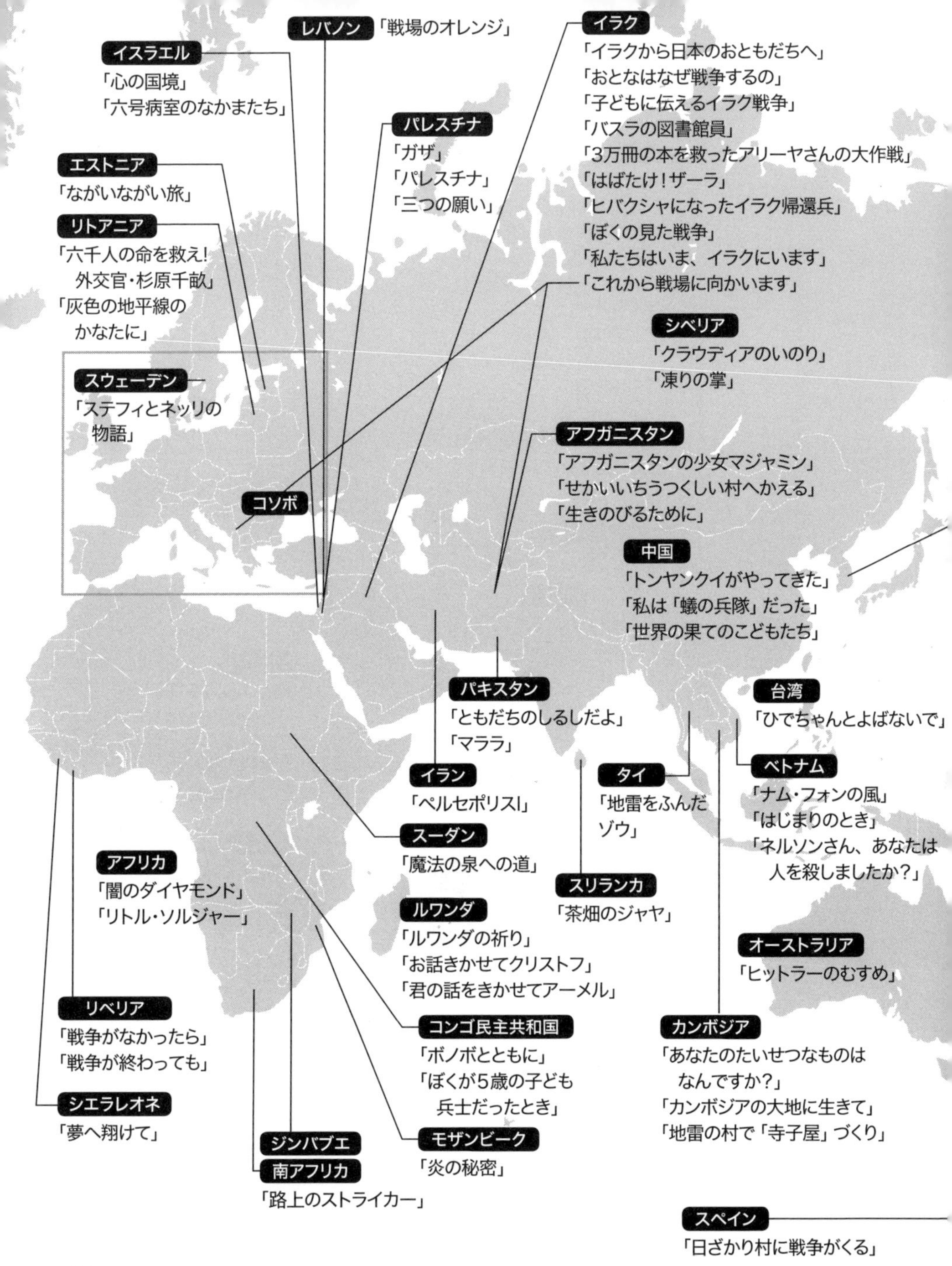

レバノン
「戦場のオレンジ」
イスラエル
「心の国境」
「六号病室のなかまたち」
パレスチナ
「ガザ」
「パレスチナ」
「三つの願い」
イラク
「イラクから日本のおともだちへ」
「おとなはなぜ戦争するの」
「子どもに伝えるイラク戦争」
「バスラの図書館員」
「3万冊の本を救ったアリーヤさんの大作戦」
「はばたけ！ザーラ」
「ヒバクシャになったイラク帰還兵」
「ぼくの見た戦争」
「私たちはいま、イラクにいます」
「これから戦場に向かいます」
エストニア
「ながいながい旅」
リトアニア
「六千人の命を救え！ 外交官・杉原千畝」
「灰色の地平線の かなたに」
シベリア
「クラウディアのいのり」
「凍りの掌」
スウェーデン
「ステフィとネッリの 物語」
アフガニスタン
「アフガニスタンの少女マジャミン」
「せかいいちうつくしい村へかえる」
「生きのびるために」
コソボ
中国
「トンヤンクイがやってきた」
「私は「蟻の兵隊」だった」
「世界の果てのこどもたち」
パキスタン
「ともだちのしるしだよ」
「マララ」
台湾
「ひでちゃんとよばないで」
イラン
「ペルセポリスI」
タイ
「地雷をふんだ ゾウ」
ベトナム
「ナム・フォンの風」
「はじまりのとき」
「ネルソンさん、あなたは 人を殺しましたか？」
スーダン
「魔法の泉への道」
アフリカ
「闇のダイヤモンド」
「リトル・ソルジャー」
スリランカ
「茶畑のジャヤ」
ルワンダ
「ルワンダの祈り」
「お話きかせてクリストフ」
「君の話をきかせてアーメル」
オーストラリア
「ヒットラーのむすめ」
リベリア
「戦争がなかったら」
「戦争が終わっても」
コンゴ民主共和国
「ボノボとともに」
「ぼくが5歳の子ども 兵士だったとき」
カンボジア
「あなたのたいせつなものは なんですか？」
「カンボジアの大地に生きて」
「地雷の村で「寺子屋」づくり」
シエラレオネ
「夢へ翔けて」
ジンバブエ
南アフリカ
「路上のストライカー」
モザンビーク
「炎の秘密」
スペイン
「日ざかり村に戦争がくる」

本の舞台となった地域MAP［日本］

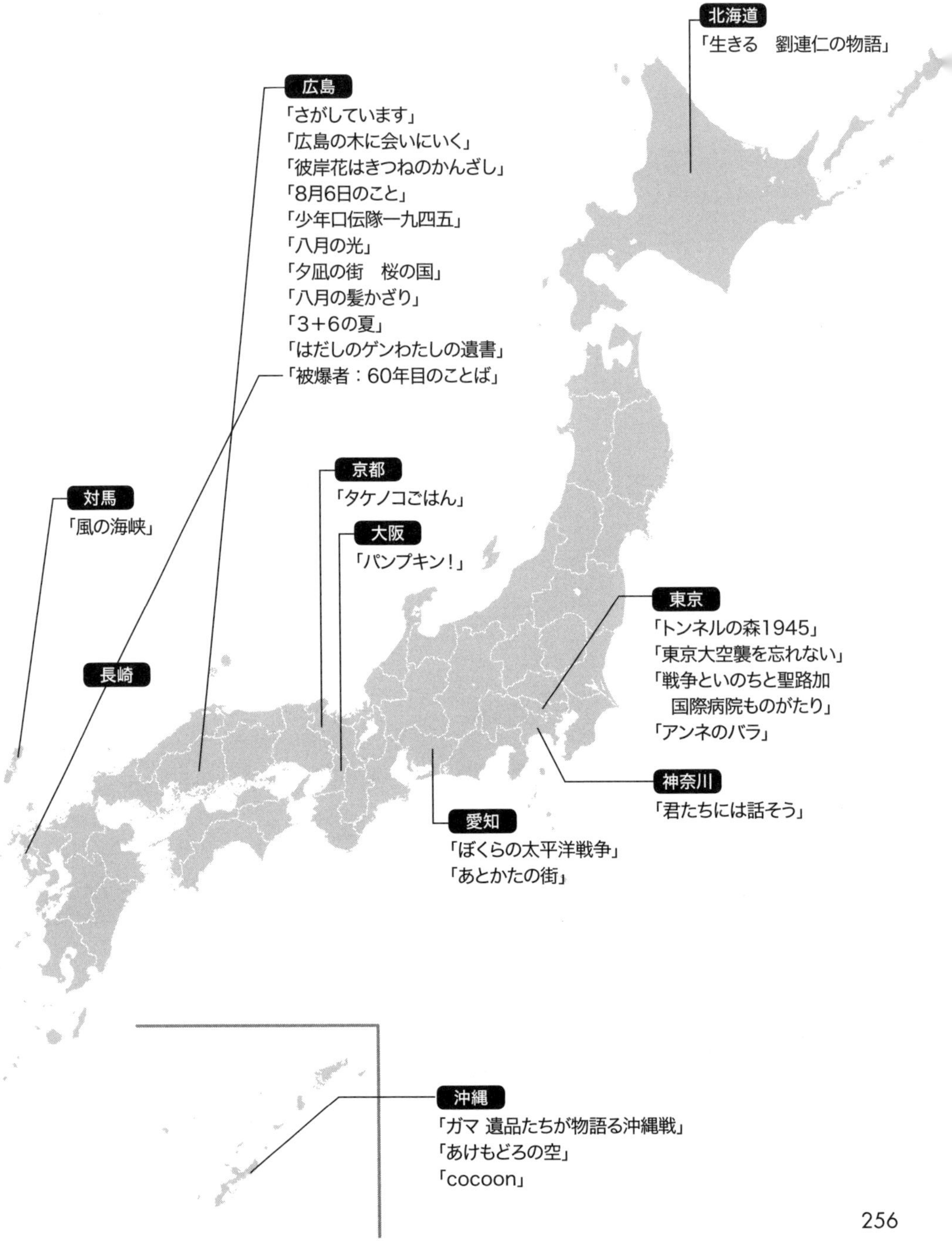

本の舞台となった時代　年表

本に描かれた歴史的事件や年号などをもとに制作。同じテーマをグループにして記載しています。

西暦	世界の出来事	日本の出来事	関連する本(タイトルのみ)
1592		文禄・慶長の役	風の海峡
1775	アメリカ独立戦争		語りつぐ者
1861	アメリカ南北戦争		少年は戦場へ旅立った／彼の手は語りつぐ
1894		日清戦争	
1904		日露戦争	詞華集　生きていてほしいんです　所収「きみしにたまふことなかれ」
1910		韓国併合	
1912	タイタニック号沈没		
1914	第一次世界大戦始まる～1918 ドイツ対イギリス西部戦線　クリスマス休戦		銀のロバ／兵士ピースフル／戦火の馬 うちはお人形の修理屋さん 銃声のやんだ朝に／世界で一番の贈りもの
1916			臆病者と呼ばれても／月にハミング
1917	ロシア革命		
1919			リフカの旅
1922	ムッソリーニ、イタリアファシスト政権樹立		
1928		関東大震災	
1929	世界恐慌		
1931		満州事変	
1932		五・一五事件	
1933	ドイツ、ヒットラー内閣成立／日本、国際連盟脱退		それでも、日本人は「戦争」を選んだ
1934	ユダヤ人　迫害始まる		きれいな絵なんかなかった／ハンナのかばん パパ・ヴァイト／母からの伝言
1935			オットー：戦火をくぐったテディベア 戦争をくぐりぬけたおさるのジョージ
1936	スペイン内戦～1939		日ざかり村に戦争がくる
1936		二・二六事件	
1937		日中戦争	トンヤンクイがやってきた／日本軍「慰安婦」にされた少女たち
1939	第二次世界大戦始まる～1945	ノモンハン事件 陸軍登戸研究所設立	本泥棒／ヒトラーのはじめたゲーム／戦火の三匹／ステフィとネッリの物語：海の島／シークレット・カメラ 君たちには話そう
1940			走れ、走って逃げろ／ヒトラー・ユーゲントの若者たち／ながいながい旅／おとうさんのちず／父さんの手紙はぜんぶおぼえた 木槿の咲く庭 六千人の命を救え！ 外交官・杉原千畝
1941	ドイツがソ連に宣戦布告	太平洋戦争始まる	灰色の地平線のかなたに／ピートのスケートレース
1942		ミッドウェー海戦	フェリックスとゼルダ／名前をうばわれた少女／海辺の王国／ゾウと旅した戦争の冬
1942	日系人収容始まる		草花とよばれた少女／東洋おじさんのカメラ

1943			マルカの長い旅／ジャック・デロシュの日記 ミスターオレンジ
1944	ノルマンディー上陸		エリカ／白バラはどこに ジュリエッタ荘の幽霊
1945		東京大空襲 名古屋大空襲 沖縄戦 広島原爆投下 長崎原爆投下 ポツダム宣言受諾	砂のゲーム／風に向かっての旅／ベルリン1945／ブルンディーバール／モーツァルトはおことわり／なぜ、おきたのか？／ヒットラーのむすめ／シンドラーに救われた少年 東京大空襲を忘れない／戦争といのちと聖路加国際病院ものがたり／ちいちゃんのかげおくり／トンネルの森1945 あとかたの街 タケノコごはん あけもどろの空／ガマ：遺品たちが物語る沖縄戦／ cocoon／てっぽうをもったキジムナー／おきなわ島のこえ まちんと／広島の原爆／ひろしまのピカ／さがしています／広島の木に会いにいく／彼岸花はきつねのかんざし／8月6日のこと／八月の光／少年口伝隊一九四五／オリバー・ストーンの告発：語られなかったアメリカ史1、2／パンプキン！ ひでちゃんとよばないで 凍りの掌 世界の果てのこどもたち／生きる：劉連仁の物語／私は「蟻の兵隊」だった／少年たちの戦場
1946	鉄のカーテン（チャーチルの演説）		
1947	第一次インド・パキスタン戦争		
1948	ガンジー、暗殺／第一次中東戦争／イスラエル建国		心の国境
1950	朝鮮戦争始まる		
1951		サンフランシスコ平和条約調印	
1953	朝鮮戦争停戦		非武装地帯に春がくると
1954		ビキニ環礁で水爆実験	ここが家だ／トビウオのぼうやはびょうきです／ふるさとにかえりたい／ゴジラ誕生物語
1955			夕凪の街　桜の国
1956	第二次中東戦争	国際連合加盟	クラウディアのいのり
1961	ベルリンの壁作られる		かべ
1962	中印国境紛争／キューバ危機		
1964		東京オリンピック	
1965	アメリカ、北ベトナムに爆撃／第二次インド・パキスタン戦争		
1973	第四次中東戦争／チリ軍事政権～1989		戦場のオレンジ／ペドロの作文
1975	ベトナム戦争終結		「ネルソンさん、あなたは人を殺しましたか？」 ナム・フォンの風／はじまりのとき アンネのバラ
1976		日中平和友好条約	アフガニスタンの少女マジャミン／炎の秘密
1979			カンボジアの大地に生きて
1980	イラン・イラク戦争		ペルセポリス　Ⅰ
1980			ぼくが見てきた戦争と平和

1981	北アイルランド紛争（1960年代から1998年和平成立）		魔法の泉への道 ボグ・チャイルド
1982	フォークランド紛争		新版 荒れ野の40年
1986	チェルノブイリ原発事故		
1987			はばたけ!ザーラ
1988	ソマリア内戦		
1989	リベリア内戦／ベルリンの壁崩壊		せかいいちうつくしい村へかえる
1990	湾岸戦争／ドイツ統一／ルワンダ内戦～1994		弟の戦争 お話きかせてクリストフ
1991	シエラレオネ内戦		
1992	サラエボ包囲～1996／ボスニア内戦		ぼくたちは戦場で育った／オシムからの旅
1993			六号病室のなかまたち
1994	第一次チェチェン戦争～96／ルワンダ虐殺(ルワンダ紛争末期)		ルワンダの祈り／夢へ翔けて
1995		阪神淡路大震災	
1996	コンゴ内戦～97、98～2003		生きのびるために／ぼくが5歳の子ども兵士だったとき
1998		長野オリンピック	地雷の村で「寺子屋」づくり
1999	第二次チェチェン戦争・空爆～09		廃墟の上でダンス
2000			三つの願い
2001	アメリカ同時多発テロ／アフガニスタン侵攻		これから戦場へ向かいます
2003	イラク戦争～2011年		バスラの図書館員／3万冊の本を救ったアリーヤさんの大作戦／ぼくの見た戦争 ダイヤモンドより平和がほしい 平和の種をまく／私たちはいま、イラクにいます 世界中のこどもたちが103／はっぴぃさん
2004			被爆者：60年目のことば
2005	ロンドン同時爆破テロ／アメリカ陸軍省に損害賠償を求める裁判／イスラエル、ガザ地区からの入植者の撤退		ヒバクシャになったイラク帰還兵 ガザ：戦争しか知らないこどもたち
2007			闇のダイヤモンド ともだちのしるしだよ
2008			路上のストライカー ぼくは、チューズデー マララ：教育のために立ち上がり、世界を変えた少女 地雷のない世界へ
2010			戦争がなかったら
2011		東日本大震災	
2012	6月国連持続可能な開発会議		世界でいちばん貧しい大統領からきみへ
2013		沖縄慰霊の日全戦没者追悼式	へいわってすてきだね
2015			新・戦争のつくりかた／わたしの「やめて」

索引

[凡例] 本書の1章から8章（コラムを含む）で紹介された本の書名索引です。一部、シリーズ名も含んでいます。2000年以前に刊行された本の書名は細い書体で表記。タイトル末尾のマークは、＊絵本、◆マンガを示しています。対象（読者対象年齢）：♥小学校低学年、♣小学校中学年、♠小学校高学年、マークなし：中学・高校以上（YA）

書名	作者名	出版社	対象	ページ
あ				
アースシーの風	アーシュラ・K.ル＝グウィン＝作 清水真砂子＝訳	岩波少年文庫	♠	246
あおいくも ＊	トミー・ウンゲラー＝作　今江祥智＝訳	ブロンズ新社	♥	8
あけもどろの空：ちびっこヨキの沖縄戦	高柳杉子＝著	子どもの未来社	♣	110
あさになったのでまどをあけますよ ＊	荒井良二＝作	偕成社	♥	239
あたらしい戦争ってなんだろう？	山中恒＋山中典子＝著	理論社		27
あとかたの街1～5 ♦	おざわゆき＝著	講談社		198
あなたこそたからもの ＊	いとうまこと＝文　たるいしまこ＝絵	大月書店	♥	248
あなたのたいせつなものはなんですか？：カンボジアより ＊	山本敏晴＝写真・文	小学館	♠	156
兄貴	今江祥智＝作	理論社	♠	95
あのこ ＊	今江祥智＝文　宇野亜喜良＝絵	BL出版	♠	38
あのころはフリードリヒがいた	ハンス・ペーター・リヒター＝作 上田真而子＝訳	岩波少年文庫		164
あの年の春は早くきた	C・ネストリンガー＝作　上田真而子＝訳	岩波書店	♠	164
アノネ＝anone ♦	今日マチ子＝著	秋田書店		37
あの世からの火	松谷みよ子＝作	偕成社	♠	96
アフガニスタンの診療所から	中村哲＝著	ちくま文庫		232
アフガニスタンの少女マジャミン ＊	長倉洋海＝写真・文	新日本出版社	♣	213
綾瀬はるか「戦争」を聞くI、II	TBSテレビ『NEWS 23』取材班＝編	岩波ジュニア新書		232
アライバル ＊	ショーン・タン＝作	河出書房新社		58
あらしのあと	ドラ・ド・ヨング＝作　吉野源三郎＝訳	岩波書店	♠	164
あらしの前	ドラ・ド・ヨング＝作　吉野源三郎＝訳	岩波書店	♠	164
荒れ野の40年：ヴァイツゼッカー大統領ドイツ終戦40周年記念演説	リヒャルト・フォン・ヴァイツゼッカー＝著 永井清彦＝訳・解説	岩波ブックレット		191
アンナの赤いオーバー ＊	ハリエット・ジィーフェルト＝文 アニタ・ローベル＝絵　松川真弓＝訳	評論社	♥	74
アンネの木 ＊	イレーヌ・コーエン＝ジャンカ＝作 マウリツィオ・A.C・クゥアレーロ＝絵 石津ちひろ＝訳	くもん出版	♠	36
アンネの日記　増補新訂版	深町真理子＝訳	文春文庫		36
アンネ・フランク：平和を願いつづけた悲劇の少女 ♦	大塚信＝監修　よしまさこ＝漫画 和田奈津子＝シナリオ	集英社	♣	36
アンネ・フランク：短い生涯を日記に残した少女 ＊	アン・クレイマー＝著　小木曽絢子＝訳	BL出版	♠	36
アンネ・フランクをたずねて	小川洋子＝作　吉野朔実＝絵	角川つばさ文庫	♠	37
アンネのバラ：40年間つないできた平和のバトン ＊	國森康弘＝文・写真	講談社	♣	81
生きていてほしいんです：詞華集　戦争と平和	田中和雄＝編	童話屋	♠	175
生きのびるために	デボラ・エリス＝作 もりうちすみこ＝訳	さ・え・ら書房	♠	46
生きる：劉連仁の物語	森越智子＝著	童心社	♠	56
池上彰と考える：戦争の現代史　全4巻	池上彰＝監修	ポプラ社	♠	205

石切り山の人びと	竹崎有斐=作	講談社文庫		96
いちご戦争♦	今日マチ子=著	河出書房新社		140
いのり：聖なる場所 ＊	フィリモン・スタージス=文 ジャイルズ・ラロッシュ=絵 さくまゆみこ=訳	光村教育図書	♣	237
いまこそ知りたい！みんなでまなぶ 日本国憲法 全3巻	明日の自由を守る若手弁護士の会=編・著	ポプラ社	♠	205
イラクから日本のおともだちへ：小さな画家たちが描いた戦争の10年 ＊	佐藤真紀＋堀切リエ=文 JIM-NET=協力	子どもの未来社	♣	151
うちはお人形の修理屋さん	ヨナ・ゼルディス・マクドノー=作 おびかゆうこ=訳	徳間書店	♣	155
海辺の王国	ロバート・ウェストール=作 坂崎麻子=訳	徳間書店		71
絵で読む 広島の原爆 ＊	那須正幹=文 西村繁男=絵	福音館書店	♠	39
絵本アンネ・フランク ＊	ジョゼフィーン・プール=文 アンジェラ・バレット=絵 片岡しのぶ=訳	あすなろ書房	♠	36
エリカ：奇跡のいのち ＊	ルース・バンダー・ジー=文 ロベルト・インノチェンティ=絵 柳田邦男=訳	講談社	♣	212
オウリィと呼ばれたころ	佐藤さとる=著	理論社		160
大久野島からのバトン	今関信子=作 ひろかわさえこ=絵	新日本出版社	♠	163
Oじいさんのチェロ ＊	ジェーン・カトラー=作 グレッグ・コーチ=絵 タケカワユキヒデ=訳	あかね書房	♥	144
おきなわ 島のこえ ＊	丸木俊＋丸木位里=作	小峰書店	♥	40
臆病者と呼ばれても：良心的兵役拒否者たちの戦い	マーカス・セジウィック=著 金原瑞人＋天川佳代子=訳	あかね書房		227
おじいちゃんが孫に語る戦争	田原総一朗=作 下平けーすけ=絵	講談社	♠	24
おじいちゃん、戦争の話を聞かせてください。	八木湧太郎＋編集企画室群=著	ぐんBOOKS	♠	25
おじいちゃんは水のにおいがした ＊	今森光彦=写真・文	偕成社	♣	241
おしっこぼうや：せんそうにおしっこをひっかけたぼうやのはなし ＊	ウラジーミル・ラドゥンスキー=作 木坂涼=訳	らんか社	♥	208
オシムからの旅	木村元彦=著	イーストプレス		192
おすのつぼにすんでいたおばあさん	ルーマー・ゴッデン=文 なかがわちひろ=訳・絵	徳間書店	♥	236
オットー：戦火をくぐったテディベア ＊	トミー・ウンゲラー=作 鏡哲生=訳	評論社	♥	76
おとうさんのちず ＊	ユリ・シュルヴィッツ=作 さくまゆみこ=訳	あすなろ書房	♥	34, 148
弟の戦争	ロバート・ウェストール=作 原田勝=訳	徳間書店		71
弟を地に埋めて	ロバート・スウィンデルズ=作 斉藤健一=訳	福武書店		166
おとなはなぜ戦争するのII イラク編 ＊	佐藤真紀＋本木洋子=著	新日本出版社	♣	102
お話きかせてクリストフ	ニキ・コーンウェル=作 渋谷弘子=訳	文研出版	♣	219
おもいだしてください あのこどもたちを ＊	チャナ・バイヤーズ・アベルス=構成・文 おびただす=訳	汐文社	♣	73
おやすみなさいトムさん	ミシェル・マゴリアン=著 中村妙子=訳	評論社		165
折り鶴の子どもたち	那須正幹=著	PHP研究所	♣	231
オリバー・ストーンの告発 語られなかったアメリカ史	オリバー・ストーンほか=著 鳥見真生=訳	あすなろ書房		28
おれたちのおふくろ	今江祥智=作	理論社	♠	95
終わらない冬：日本軍「慰安婦」被害者のはなし ＊	カン・ジェスク=文 イ・ダム=絵 ヤン・ユハ＋都築寿美枝=訳	日本機関紙出版センター		187
か				
かあさんはどこ？ ＊	クロード・K・デュボア=作 落合恵子=訳	ブロンズ新社	♥	42
隠れ家：アンネ・フランクと過ごした少年	シャロン・ドガー=作 野沢佳織=訳	岩崎書店	♠	37
ガザ：戦争しか知らないこどもたち ＊	清田明宏=著	ポプラ社	♣	103
火城：燃える町1938 ＊	蔡 皋=文・絵 翱 子=絵 中 由美子=訳	童心社	♥	69
風が吹くとき ＊	レイモンド・ブリッグズ=作 さくまゆみこ=訳	あすなろ書房	♣	72

風に向かっての旅	ペーター・ヘルトリング=作 上田真而子=訳	偕成社	♠	47
風の海峡　上下	吉橋通夫=著	講談社	♠	113
語りつぎお話絵本　せんそうってなんだったの？＊	田代脩=監修	学研教育出版	♥	204
語りつぐ者	パトリシア・ライリー・ギフ=作 もりうちすみこ=訳	さ・え・ら書房		188
かべ：鉄のカーテンのむこうに育って＊	ピーター・シス=作　福本友美子=訳	BL出版	♠	157
ガマ：遺品たちが物語る沖縄戦	豊田正義=著	講談社	♠	86
神がくしの八月	さねとうあきら=作	てらいんく	♣	95
彼の手は語りつぐ＊	パトリシア・ポラッコ=作　千葉茂樹=訳	あすなろ書房	♣	214
カンボジアの大地に生きて	ミンフォン・ホー=作 もりうちすみこ=訳	さ・え・ら書房	♠	48
“機関銃要塞”の少年たち	ロバート・ウェストール=作 越智道雄=訳	評論社		70
君たちには話そう：かくされた戦争の歴史	いしいゆみ=著	くもん出版	♠	179
君の話をきかせてアーメル	ニキ・コーンウェル=作　渋谷弘子=訳	文研出版	♣	219
京劇がきえた日＊	ヤオホン=文・絵　中由美子=訳	童心社	♥	68
キラキラ応援ブックトーク	キラキラ読書クラブ=著	岩崎書店		35
きれいな絵なんかなかった：こどもの日々、戦争の日々	アニタ・ローベル=作　小島希里=訳	ポプラ社	♠	121
金色の流れの中で	中村真里子=作　今日マチ子=絵	新日本出版社	♠	163
きんじょのきんぎょ	内田麟太郎=作　長野ヒデ子=絵	理論社	♣	249
銀のロバ	ソーニャ・ハートネット=著 野沢佳織=訳	主婦の友社		125
空白の日記　上下	ケーテ・レヒアイス=著 松沢あさか=訳	福音館書店	♠	165
草花とよばれた少女	シンシア・カドハタ=著 代田亜香子=訳	白水社		126
くつがいく＊	和歌山静子=作	童心社	♥	69
クラウディアのいのり＊	村尾靖子=作　小林豊=絵	ポプラ社	♥	211
原水爆漫画コレクション　全4巻♦	山田英生=編	平凡社	♣	141
原爆の子：広島の少年少女のうったえ	長田新=編	岩波文庫	♠	230
凍りの掌♦	おざわゆき=著	講談社		201
cocoon♦	今日マチ子=著	秋田書店		140, 199
国際協力と平和を考える50話	森 秀樹=著	岩波ジュニア新書		232
ここが家だ：ベン・シャーンの第五福竜丸＊	ベン・シャーン=絵 アーサー・ビナード=構成・文	集英社	♥	149
心の国境	デボラ・オメル=著　ヨナ・マフ=挿絵 母袋夏生=訳	日本図書センター	♣	105
心の国境をこえて：アラブの少女ナディア	ガリラ・ロンフェデル・アミット=作 母袋夏生=訳　高田勲=絵	さ・え・ら書房	♠	165
ゴジラ誕生物語	山口 理=著	文研出版	♠	180
国家を考えてみよう	橋本 治=著	ちくまプリマー新書		233
狐笛のかなた	上橋菜穂子=作	理論社		250
子どもたちへ、今こそ伝える戦争：子どもの本の作家たち19人の真実	長新太ほか=著	講談社	♠	122
子どもに伝えるイラク戦争＊	石井竜也+広河隆一=著	小学館	♠	174
子どものためのコルチャック先生	井上文勝=著	ポプラ社	♣	139
この世界の片隅に♦	こうの史代=著	双葉社		200
コルチャック先生：子どもの権利条約の父＊	トメク・ボガツキ=作　柳田邦男=訳	講談社	♣	139
コルチャック先生	近藤康子=著	岩波ジュニア新書		139
これから戦場に向かいます＊	山本美香=写真・文	ポプラ社	♣	18

さ				
最後の子どもたち	グードルン・パウゼヴァング=著 高田ゆみ子=訳	小学館		166
さがしています ＊	アーサー・ビナード=作 岡倉禎志=写真	童心社	♣	79
さくら ＊	田畑精一=作	童心社	♥	69
さよなら、アルマ：ぼくの犬が戦争に	水野宗徳=作	集英社みらい文庫	♣	137
サルビルサ ＊	スズキコージ=作	架空社	♥	40
30代記者たちが出会った戦争：激戦地を歩く	共同通信社会部=編	岩波ジュニア新書		232
3+6の夏：ひろしま、あの子はだあれ	中澤晶子=作　ささめやゆき=絵	汐文社	♣	106
3万冊の本を救ったアリーヤさんの大作戦 ♦	マーク・アラン・スタマティー=作 徳永里砂=訳	国書刊行会		216
シークレット・カメラ：ユダヤ人隔離居住区ルージ・ゲットーの記録 ＊	メンデル・グロスマン=写真　フランク・ダバ・スミス=文　落合恵子=訳	BL出版	♣	215
シベリア抑留とは何だったのか：詩人・石原吉郎のみちのり	畑谷史代=著	岩波ジュニア新書		232
社会の真実の見つけかた	堤 未果=著	岩波ジュニア新書		232
ジャック・デロシュの日記	ジャン・モラ=作　横川晶子=訳	岩崎書店		189
銃声のやんだ朝に	ジェイムズ・リオーダン=作 原田 勝=訳	徳間書店	♠	221
10代の憲法な毎日	伊藤 真=著	岩波ジュニア新書		232
14歳からの戦争のリアル	雨宮処凛=著	河出書房新社		29
ジュリエッタ荘の幽霊	ベアトリーチェ・ソリナス・ドンギ=著 長野 徹=訳	小峰書店	♠	222
少女たちの学級日誌：瀬田国民学校智組 1944〜1945年	吉村文成=解説 大津市歴史博物館蔵=絵日誌	偕成社	♠	204
少年口伝隊一九四五	井上ひさし=作　ヒラノトシユキ=絵	講談社	♠	176
少年たちの戦場	那須正幹=作　はたこうしろう=絵	新日本出版社	♠	162
少年の木：希望のものがたり ＊	マイケル・フォアマン=作・絵 柳田邦男=訳	岩崎書店	♥	34, 209
少年は戦場へ旅立った	ゲイリー・ポールセン=著 林田康一=訳	あすなろ書房		127
ジョバンニの島	杉田成道=原作	集英社みらい文庫	♣	137
地雷のない世界へ：はたらく地雷探知犬 ＊	大塚敦子=写真・文	講談社	♣	35, 82
地雷の村で「寺子屋」づくり	今関信子=著	PHP研究所	♠	223
地雷をふんだゾウ ＊	藤原幸一=写真・文	岩崎書店	♣	83
シリーズ戦争　語りつごうヒロシマ・ナガサキ　全5巻	安斎育郎=文・監修	新日本出版社	♣	204
シリーズ戦争孤児　全5巻	本庄 豊+平井美津子=編	汐文社	♣	205
白バラはどこに ＊	クリストフ・ガラーツ=作　ロベルト・インノチェンティ=絵　長田弘=訳	みすず書房		212
人権は国境を越えて	伊藤和子=著	岩波ジュニア新書		30
新・戦争のつくりかた ＊	りぼん・ぷろじぇくと=文 井上ヤスミチ=絵	マガジンハウス	♠	20
シンドラーに救われた少年	レオン・レイソン=著　古草秀子=訳	河出書房新社		132
杉原千畝と命のビザ：自由への道 ＊	ケン・モチヅキ=作　ドム・リー=絵 中家多恵子=訳	汐文社	♥	226
ステフィとネッリの物語　全4巻	アニカ・トール=著　菱木晃子=訳	新宿書房		128
砂のゲーム	ウーリー・オルレブ=著 母袋夏生=訳	岩崎書店	♠	57
すべては平和のために	濱野京子=作　白井裕子=絵	新日本出版社	♠	163
ズラータの日記	ズラータ・フィリポヴィッチ=著 相原真理子=訳	二見書房		165
せかいでいちばんつよい国 ＊	デビッド・マッキー=作 なかがわちひろ=訳	光村教育図書	♥	9
せかいいちうつくしいぼくの村 ＊	小林豊=作	ポプラ社	♥	35, 145

せかいいちうつくしい村へかえる *	小林豊=作	ポプラ社	♥	145
世界中のこどもたちが103 *	平和を作ろう！ 絵本作家たちのアクション=著	講談社	♥	146
世界中の息子たちへ *	堤江美=詩 高橋邦典=写真	ポプラ社	♣	19
世界で一番の贈りもの	マイケル・モーパーゴ=作 マイケル・フォアマン=絵 佐藤見果夢=訳	評論社	♠	93
世界でいちばん貧しい大統領からきみへ	ホセ・ムヒカ=著 くさばよしみ=編	汐文社	♠	238
世界の果てのこどもたち	中脇初枝=著	講談社		129
世界の人びとに聞いた100通りの平和 全4巻	伊勢崎賢治=監修	かもがわ出版	♠	205
世界を平和にするためのささやかな提案	黒柳徹子＋木村草太＋春香クリスティーンほか=著	河出書房新社		233
零戦少年 ♦	葛西りいち=著	秋田書店		140
戦火の馬	マイケル・モーパーゴ=作 佐藤見果夢=訳	評論社		92
戦火の三匹：ロンドン大脱出	ミーガン・リクス=作 尾高薫=訳	徳間書店	♠	85
戦火のなかの子どもたち *	岩崎ちひろ=作	岩崎書店	♥	40
1945←2015 若者から若者への手紙	室田元美＋北川直実=聞き書き 落合由利子=写真	ころから		193
戦場のオレンジ	エリザベス・レアード=作 石谷尚子=訳	評論社	♠	49
せんそうしない *	谷川俊太郎=文 江頭路子=絵	講談社	♥	10
戦争が終わっても：ぼくの出会ったリベリアの子どもたち	高橋邦典=写真・文	ポプラ社	♣	35, 111
戦争がなかったら：3人の子どもたち10年の物語	高橋邦典=写真・文	ポプラ社	♣	111
せんそうごっこ *	谷川俊太郎=文 三輪滋=絵	いそっぷ社	♥	40
戦争の時代の子どもたち：瀬田国民学校5年智組の学級日誌より	吉村文成=著	岩波ジュニア新書		204
戦争児童文学は真実をつたえてきたか	長谷川潮=著	梨の木舎		90
戦争するってどんなこと？	C・ダグラス・ラミス=著 市川はるみ=構成・編集	平凡社		31
戦争といのちと聖路加国際病院ものがたり	日野原重明=著	小学館	♠	181
戦争童話集	野坂昭如=著	中公文庫		96
戦争と沖縄	池宮城秀意=著	岩波ジュニア新書		232
戦争とくらしの事典		ポプラ社	♣	204
戦争とは何だろうか	西谷修=著	ちくまプリマー新書		233
戦争めし ♦	魚乃目三太=著	秋田書店		141
戦争をくぐりぬけたおさるのジョージ *	ルイーズ・ボーデン=文 アラン・ドラモンド=絵 福本友美子=訳	岩波書店	♣	152
戦争を取材する：子どもたちは何を体験したのか	山本美香=著	講談社	♠	18
ゾウと旅した戦争の冬	マイケル・モーパーゴ=作 杉田七重=訳	徳間書店	♠	92
象のいない動物園	斎藤 憐=作	偕成社	♣	91
ゾウのいない動物園：上野動物園 ジョン、トンキー、花子の物語	岩貞るみこ=著	講談社青い鳥文庫	♣	91
続・被爆者：70年目の出会い *	会田法行=写真・文	ポプラ社	♣	170
そこに僕らは居合わせた	グードルン・パウゼヴァング=著 高田ゆみ子=訳	みすず書房		194
そして、トンキーもしんだ *	たなべまもる=文 かじあゆた=絵	国土社	♥	90
その時ぼくはパールハーバーにいた	グレアム・ソールズベリー=作 さくまゆみこ=訳	徳間書店	♠	165
そらいろ男爵 *	ジル・ボム=文 ティエリー・デデュー=絵 中島さおり=訳	主婦の友社	♥	11
それでも、日本人は「戦争」を選んだ	加藤陽子=著	朝日出版社		32

た				
大砲のなかのアヒル＊	ジョイ・コウレイ=文　ロビン・ベルトン=絵 ロニー・アレキサンダー+岩倉務=訳	平和のアトリエ	♥	73
ダイヤモンドより平和がほしい：子ども兵士・ムリアの告白	後藤健二=著	汐文社	♠	123
タケノコごはん＊	大島渚=文　伊藤秀男=絵	ポプラ社	♥	100
多文化に出会うブックガイド	世界とつながる子どもの本棚プロジェクト=編	読書工房		35
小さな魚	エリック・C・ホガード=著 犬飼和雄=訳	冨山房	♠	165
ちいちゃんのかげおくり＊	あまんきみこ=作　上野紀子=絵	あかね書房	♥	38
茶畑のジャヤ	中川なをみ=作	鈴木出版	♠	50
中東から世界が見える：イラク戦争から「アラブの春」へ	酒井啓子=著	岩波ジュニア新書		232
月にハミング	マイケル・モーパーゴ=作 杉田七重=訳	小学館		93
月夜のチャトラパトラ	新藤悦子=著	講談社	♠	247
土のふえ＊	今西祐行=作　沢田としき=絵	岩崎書店	♥	40
翼もつ者	みおちづる=作　川浦良枝=絵	新日本出版社	♠	163
ディエンビエンフー　0♦	西島大介=著	角川書店		140
てっぽうをもったキジムナー＊	たじまゆきひこ=作	童心社	♥	39
とうきび＊	クォン・ジョンセン=詩　キム・ファンヨン=絵　おおたけきよみ=訳	童心社	♥	69
東京大空襲を忘れない	瀧井宏臣=著	講談社	♠	182
父さんたちが生きた日々＊	岑 龍=作　中 由美子=訳	童心社	♥	69
父さんの手紙はぜんぶおぼえた	タミ・シェム=トヴ=著　母袋夏生=訳	岩波書店		161
東洋おじさんのカメラ：写真家・宮武東洋と戦時下の在米日系人たち＊	すずきじゅんいち+榊原るみ=文 秋山泉=絵	小学館	♣	153
トビウオのぼうやはびょうきです＊	いぬいとみこ=作　津田櫓冬=絵	金の星社	♥	38
トミーが三歳になった日＊	ミース・バウハウス=文　ベジュリフ・フリッタ=絵　横山和子=訳	ほるぷ出版	♣	73
ともだちのしるしだよ＊	カレン・リン・ウィリアムズ+カードラ・モハメッド=作 ダーグ・チャーカ=絵　小林葵=訳	岩崎書店	♥	98
鳥よめ＊	あまんきみこ=作　山内ふじ江=絵	ポプラ社	♥	77
トンネルの森1945	角野栄子=作	角川書店	♠	114
トンヤンクイがやってきた	岡崎ひでたか=著	新日本出版社	♠	115
な				
ナオミの秘密	マイロン・リーボイ=作 若林ひとみ=訳	岩波少年文庫	♠	165
ながいながい旅：エストニアからのがれた少女＊	ローセ・ラーゲルクランツ=文　イロン・ヴィークランド=絵　石井登志子=訳	岩波書店	♥	150
ナガサキの命	吉永小百合=編	角川つばさ文庫	♣	137
なぜあらそうの？＊	ニコライ・ポポフ=作	BL出版	♥	12
なぜ、おきたのか？：ホロコーストのはなし＊	クライヴ・A.ロートン=作 大塚信=監修訳　石岡史子=訳	岩崎書店	♠	21
なぜ世界には戦争があるんだろう。どうして人はあらそうの？	ミリアム・ルヴォー・ダロンヌ=文 ジョシェン・ギャルネール=絵　伏見操=訳	岩崎書店	♠	26
なぜ戦争はよくないか＊	アリス・ウォーカー=文　ステファーノ・ヴィタール=絵　長田弘=訳	偕成社	♥	15
名前をうばわれた少女：わたしはエファじゃない	ジョアン・M・ウルフ=作 日当陽子=訳	フレーベル館	♣	107
ナム・フォンの風	ダイアナ・キッド=作 もりうちすみこ=訳　佐藤真紀子=絵	あかね書房	♣	45
二十四の瞳	壺井栄=著	講談社青い鳥文庫ほか	♠	94
二年2組はヒヨコのクラス	山下夕美子=作	理論社	♠	230
日本軍「慰安婦」にされた少女たち	石川逸子=著	岩波ジュニア新書		195

日本という国	小熊英二=著	イーストプレス		33
庭のマロニエ：アンネ・フランクを見つめた木 ＊	ジェフ・ゴッテスフェルド＝文 ピーター・マッカーティ=絵 松川真弓=訳	評論社	♥	37
猫の帰還	ロバート・ウェストール=作 坂崎麻子=訳	徳間書店		71
「ネルソンさん、あなたは人を殺しましたか?」	アレン・ネルソン=著	講談社	♠	183
は				
灰色の地平線のかなたに	ルータ・セペティス=作 野沢佳織=訳	岩波書店		159
廃墟の上でダンス：チェチェンの戦火を生き抜いた少女	ミラーナ・テルローヴァ=著 橘明美=訳	ポプラ社		66
はじまりのとき	ティン＝ハ・ライ=作 代田亜香子=訳	鈴木出版	♠	51
走れ、走って逃げろ	ウーリー・オルレブ=作 母袋夏生=訳	岩波少年文庫		57, 59
バスラの図書館員：イラクで本当にあった話 ＊	ジャネット・ウィンター=文・絵 長田弘=訳	晶文社	♣	216
はだしのゲン　わたしの遺書	中沢啓治=著	朝日学生新聞社	♠	184
はたらく地雷探知犬	大塚敦子=著	講談社青い鳥文庫	♣	82
八月がくるたびに	おおえひで=作	理論社	♣	231
八月の髪かざり	那須正幹=作 片岡まみこ=絵	佼成出版社	♣	108
八月の光	朽木 祥=作	偕成社	♠	177
8月6日のこと ＊	中川ひろたか=文 長谷川義史=絵	ハモニカブックス	♥	168
はっぴぃさん ＊	荒井良二=作	偕成社	♥	210
パパ・ヴァイト：ナチスに立ち向かった盲目の人 ＊	インゲ・ドイチュクローン=作 ルーカス・リューゲンベルク=絵 藤村美織=訳	汐文社	♣	217
母からの伝言：刺しゅう画に込めた思い ＊	エスター・ニセンタール・クリニッツほか=著 片岡しのぶ=訳	光村教育図書	♣	169
はばたけ!ザーラ	コリーネ・ナラニィ=作 野坂悦子=訳	鈴木出版	♠	52
ぱらいそ ♦	今日マチ子=著	秋田書店		140
はらっぱ：戦争・大空襲・戦後…いま ＊	西村繁男=絵 神戸光男=構成・文	童心社	♥	39
ハルーンとお話の海	サルマン・ラシュディ=著 青山 南=訳	国書刊行会	♠	243
パレスチナ　戦火の中の子どもたち	古居みずえ=著	岩波ブックレット		133
ハンナのかばん	カレン・レビン=著 石岡史子=訳	ポプラ社	♣	84
パンプキン!：模擬爆弾の夏	令丈ヒロ子=作 宮尾和孝=絵	講談社	♣	172
半分のふるさと	イ サンクム=著	福音館書店	♠	166
ピース・ヴィレッジ	岩瀬成子=著	偕成社	♠	116
ピートのスケートレース：第二次世界大戦下のオランダで ＊	ルイーズ・ボーデン=作 ニキ・ダリー=絵 ふなとよし子=訳	福音館書店	♣	44
光のうつしえ	朽木 祥=作	講談社	♠	177
彼岸花はきつねのかんざし	朽木 祥=作 ささめやゆき=絵	学習研究社	♣	109
日ざかり村に戦争がくる	フアン・ファリアス=作 宇野和美=訳 堀越千秋=画	福音館書店	♠	117
ヒットラーのむすめ	ジャッキー・フレンチ=作 さくまゆみこ=訳	鈴木出版	♠	35, 178
ひでちゃんとよばないで ＊	おぼまこと=作	小峰書店	♥	99
ヒトラーのはじめたゲーム	アンドレア・ウォーレン＝著 林田康一=訳	あすなろ書房		67
ヒトラー・ユーゲントの若者たち：愛国心の名のもとに	S.C.バートレッティ=著 林田康一=訳	あすなろ書房		134
被曝アオギリと生きる：語り部・沼田玲子の伝言	広岩近広=著	岩波ジュニア新書		232
ヒバクシャになったイラク帰還兵	佐藤真紀=編著 JIM-NET=協力	大月書店		228
被爆者：60年目のことば ＊	会田法行=写真・文	ポプラ社	♣	170

非武装地帯に春がくると ＊	イ・オクベ=文・絵　おおたけきよみ=訳	童心社	♥	34, 68
ひめゆりの沖縄戦：少女は嵐のなかを生きた	井波園子=著	岩波ジュニア新書		232
ビルマの竪琴	竹山道雄=著	中央公論社	♠	94
ひろしま国：10代がつくる平和新聞	中国新聞社=編	明石書店		196
ヒロシマに原爆がおとされたとき ＊	大道あや=著	ポプラ社	♣	203
ヒロシマの歌	今西祐行=作	岩崎書店	♣	231
ヒロシマの風	吉永小百合=編	角川つばさ文庫	♣	137
広島の木に会いにいく	石田優子=著	偕成社	♠	87
ひろしまのピカ ＊	丸木俊=文・絵	小峰書店	♥	39
フェリックスとゼルダ	モーリス・グライツマン=著 原田勝=訳	あすなろ書房	♠	53
フェリックスとゼルダその後	モーリス・グライツマン=著 原田勝=訳	あすなろ書房	♠	53
14歳(フォーティーン)：満州開拓村からの帰還	澤地久枝=著	集英社新書		203
二つの旅の終わりに	エイダン・チェンバーズ=作 原田勝=訳	徳間書店		190
ふたりのイーダ	松谷みよ子=作	講談社	♠	96, 230
ふたりの星	ロイス・ローリー=著　掛川恭子+ 卜部千恵子=訳	童話館出版	♠	164
ブックトークのきほん	東京子ども図書館=著	東京子ども図書館		35
ブラッカムの爆撃機：チャス・マッギルの幽霊／ぼくを作ったもの	ロバート・ウェストール=作 金原瑞人=訳	岩波書店		70
ふるさとにかえりたい ＊	島田興生=写真　羽生田有紀=文	子どもの未来社	♣	171
ブルムカの日記：コルチャック先生と12人の子どもたち ＊	イヴォナ・フミレフスカ=作 田村和子+松方路子=訳	石風社	♥	139
ブルンディバール ＊	トニー・クシュナー再話　モーリス・セン ダック=絵　さくまゆみこ=訳	徳間書店	♥	147
浮浪児の栄光	佐野美津男=作	小峰書店		94
紛争・対立・暴力：世界の地域から考える	西崎文子＋武内進一=著	岩波ジュニア新書		233
兵士ピースフル	マイケル・モーパーゴ=作 佐藤見果夢=訳	評論社	♠	93
へいわってすてきだね ＊	安里有生=詩　長谷川義史=画	ブロンズ新社	♥	240
へいわってどんなこと？ ＊	浜田桂子=作	童心社	♥	68
平和の種をまく：ボスニアの少女エミナ ＊	大塚敦子=写真・文	岩崎書店	♣	35, 218
平和をかんがえる こども俳句の写真絵本 ＊		小学館	♣	104
平和を考える 戦争遺産図鑑	安島太佳由=写真・著　吉田裕=監修	岩崎書店	♠	88
ヘスースとフランシスコ：エル・サルバドルの内戦を生きぬいて	長倉洋海=写真・文	福音館書店	♠	229
ペドロの作文 ＊	アントニオ・スカルメタ=文　宇野和美=訳 アルフォンソ・ルアーノ=絵	アリス館	♣	101
ペリー・Dの日記	L. J. アドリントン=作 菊池由美=訳	ポプラ社	♠	54
ペリリュー：楽園のゲルニカ ♦	武田一義=著	白泉社		141
ペルセポリス　I　II ♦	マルジャン・サトラピ=著 園田恵子=訳	バジリコ		136
ベルリン1919	クラウス・コルドン=著　酒寄進一=訳	理論社		130
ベルリン1933	クラウス・コルドン=著　酒寄進一=訳	理論社		130
ベルリン1945	クラウス・コルドン=著　酒寄進一=訳	理論社		130
ぼくが5歳の子ども兵士だったとき：内戦のコンゴで ＊	ジェシカ・ディー・ハンフリーズ＋ミシェ ル・チクワニネ=作　クローディア・ダビ ラ=絵　渋谷弘子=訳	汐文社	♠	112
ぼくが見た太平洋戦争	宗田 理=著	PHP研究所		202
ぼくが見てきた戦争と平和	長倉洋海=著	バジリコ		229

ぼくがラーメンたべてるとき＊	長谷川義史=作	教育画劇	♥	13
ぼくたちに翼があったころ：コルチャック先生と107人の子どもたち	タミ・シェム=トヴ=著　樋口範子=訳	福音館書店		139
ぼくたちは戦場で育った：サラエボ1992-1995	ヤスミンコ・ハリノビッチ=著 角田光代=訳	集英社インターナショナル		135
ボクちゃんの戦場	奥田継夫=作	ポプラ社	♠	94
ぼくと弟はあるきつづける	小林 豊=作	岩崎書店	♥	43
ボクの穴、彼の穴。＊	デヴィッド・カリ+セルジュ・ブロック=著 松尾スズキ=訳	千倉書房	♣	17
ぼくの家から海がみえた	小林 豊=作	岩崎書店	♥	43
ぼくのこえがきこえますか＊	田島征三=作	童心社	♥	69
ぼくの見た戦争：2003年イラク＊	高橋邦典=写真・文	ポプラ社	♠	22
ぼくの村にサーカスがきた＊	小林 豊=作	ポプラ社	♥	145
ぼくは弟とあるいた＊	小林 豊=作	岩崎書店	♥	43
ぼくは戦争は大きらい	やなせたかし=著	小学館クリエイティブ		154
ぼくは、チューズデー：介助犬チューズデーのいちにち＊	ルイス・カルロス・モンタルバン他=文 ダン・ディオン=写真　おびかゆうこ=訳	ほるぷ出版	♥	78
ぼくらの太平洋戦争	宗田 理=著	角川つばさ文庫	♠	137
ボグ・チャイルド	シヴォーン・ダウド=著　千葉茂樹=訳	ゴブリン書房		131
星の牧場	庄野英二=著	理論社	♠	94
炎の秘密	ヘニング・マンケル=作 オスターグレン晴子=訳	講談社		60
炎の謎	ヘニング・マンケル=作 オスターグレン晴子=訳	講談社		60
ボノボとともに：密林の闇をこえて	エリオット・シュレーファー=作 ふなとよし子=訳	福音館書店		89
「ホロコーストの記憶」を歩く：過去を見つめ未来へ向かう旅ガイド	石岡史子＋岡裕人=著	子どもの未来社		205
ほろびた国の旅	三木 卓=著	講談社	♠	95
ほんとうにあった戦争と平和の話	野上 暁=監修	講談社青い鳥文庫	♣	137
本泥棒	マークース・ズーサック=著 入江真佐子=訳	早川書房		61
ぼんぼん	今江祥智=作	岩波少年文庫	♠	95
盆まねき	富安陽子=作　高橋和枝=絵	偕成社	♣	173
ま				
まちんと＊	松谷みよ子=文　司 修=絵	偕成社	♥	39
魔法の泉への道	リンダ・スー・パーク=著　金利光=訳	あすなろ書房	♠	55
マヤの一生	椋 鳩十=作	講談社文庫	♠	95
マララ：教育のために立ち上がり、世界を変えた少女	マララ・ユスフザイほか=著 道傳愛子=訳	岩崎書店	♠	224
マルカの長い旅	ミリヤム・プレスラー=作 松永美穂=訳	徳間書店	♠	118
漫画家たちの戦争　全6巻♦	中野晴行=監修	金の星社	♣	141
ミスターオレンジ	トゥルース・マティ=作　野坂悦子=訳 平澤朋子=絵	朔北社	♠	158
三つの願い：パレスチナとイスラエルの子どもたち	デボラ・エリス=著 もりうちすみこ=訳	さ・え・ら書房	♠	124
みどりのゆび	モーリス・ドリュオン=作 安東次男=訳	岩波少年文庫	♣	166
木槿の咲く庭	リンダ・スー・パーク=著 柳田由紀子=訳	新潮社	♠	119
むこうがわのあのこ＊	ジャクリーン・ウッドソン=文 E・B・ルイス=絵　さくまゆみこ=訳	光村教育図書	♥	245
むこう岸には＊	マルタ・カラスコ=作　宇野和美=訳	ほるぷ出版	♥	245
「無言館」にいらっしゃい	窪島誠一郎=著	ちくまプリマーブックス		232

娘と映画をみて話す：民族問題ってなに？	山中速人=著	現代企画室		233
モーツァルトはおことわり	マイケル・モーパーゴ=作 さくまゆみこ=訳	岩崎書店	♠	93
もっとおおきなたいほうを ＊	二見正直=作	福音館書店	♥	14
や				
やくそく ＊	ニコラ・デイビス=文 ローラ・カーリン=絵　さくまゆみこ=訳	BL出版	♣	242
靖国の子	山中 恒=著	大月書店		27
やなせたかし　おとうとものがたり ＊	やなせたかし=詩・画	フレーベル館	♣	154
屋根裏部屋の秘密	松谷みよ子=著	偕成社	♠	96
闇のダイヤモンド	キャロライン・B・クーニー=著 武富博子=訳	評論社		62
夕凪の街　桜の国 ♦	こうの史代=著	双葉社		200
幽霊少年シャン	高橋うらら=作　黒須高嶺=絵	新日本出版社	♠	162
夢へ翔けて：戦争孤児から世界的バレリーナへ	ミケーラ・デプリンス＋エレーン・デプリンス=著　田中奈津子=訳	ポプラ社	♠	225
夜が明けるまで	ヴォイチェホフフカ=作 清水真砂子=訳	岩波書店		164
弱虫でいいんだよ	辻 信一=著	ちくまプリマー新書		244
ら				
リスの目 ＊	ベロニカ・レオ=作　木村由利子=訳 奥田継夫=解説	ほるぷ出版	♣	74
りっぱな兵士になりたかった男の話	グイード・スガルドリ=著 杉本あり=訳	講談社	♠	23
リトル・ソルジャー	バーナード・アシュリー=作 さくまゆみこ=訳	ポプラ社		63
リフカの旅	カレン・ヘス=作 伊藤比呂美＋西 更=訳	理論社		35, 64
ルワンダの祈り：内戦を生きのびた家族の物語	後藤健二=著	汐文社	♠	185
六千人の命を救え! 外交官・杉原千畝	白石仁章=著	PHP研究所	♠	226
六号病室のなかまたち	ダニエラ・カルミ=作　樋口範子=訳	さ・え・ら書房	♠	120
六にんの男たち：なぜ戦争をするのか？ ＊	デイビッド・マッキー=作 中村浩三=訳	偕成社	♥	72
路上のストライカー	マイケル・ウィリアムズ=作 さくまゆみこ=訳	岩波書店		65
わ				
わたしが外人だったころ ＊	鶴見俊輔=文　佐々木マキ=絵	福音館書店	♣	203
わたしが子どものころ戦争があった：児童文学者が語る現代史	野上暁=編　神沢利子ほか=著	理論社	♠	202
わたしがちいさかったときに	長田新=編　岩崎ちひろ=画	童心社	♠	230
わたしたちのアジア・太平洋戦争　全3巻	古田足日＋米田佐代子＋西山利佳=編	童心社	♠	186
私たちはいま、イラクにいます ＊	シャーロット・アルデブロン=文 森住卓=写真	講談社	♠	220
私のアンネ=フランク	松谷みよ子=著	偕成社	♠	96
わたしの「やめて」：戦争と平和を見つめる絵本 ＊	自由と平和のための京大有志の会=文 塚本やすし=絵	朝日新聞出版	♥	16
私は「蟻の兵隊」だった：中国に残された日本兵	奥村和一＋酒井誠=著	岩波ジュニア新書		197
ワタネ・マン：わたしの国アフガニスタン	長倉洋海=写真・文	偕成社		213
ワニのお嫁さんとハチドリのお嫁さん ＊	清水たま子=文　竹田鎮三郎=絵	福音館書店	♣	80

編集委員プロフィール

羽鳥涼（はとり　りょう）
1992年山形県生まれ。慶應義塾大学哲学専攻所属。2016年8月15日までSEALDｓ選書班に所属、ブックレット「"今"を生き抜くための102冊」を編集。
★『もう軍備はいらない』
坂口安吾＝著　文藝春秋

ひこ・田中（ひこ　たなか）
1953年大阪府生まれ。児童文学者・批評家。作品に『なりたて中学生』、『お引越し』、『ロックなハート』、『ハルとカナ』他。評論書に『ふしぎなふしぎな子どもの物語』他。
★『ちっちゃいさん』
イソール＝作　宇野和美＝訳　講談社

ほそえさちよ（細江幸世）
1965年滋賀県生まれ。フリー編集者・ライター。大学非常勤講師。編著に『多文化に出会うブックガイド』など。翻訳に『きみのすきなどうぶつなあに？』。
★『いのる』
長倉洋海＝著　アリス館

増田喜昭（ますだ　よしあき）
1950年三重県生まれ。子どもの本専門店「メリーゴーランド」店主。著書に『子どもの本屋、全力投球！』『子どもの本屋はメリー・メリーゴーランド』。
★『はなのすきなうし』
マンロー・リーフ＝おはなし　ロバート・ローソン＝え
光吉夏弥＝訳　岩波書店

町田ひろみ（まちだ　ひろみ）
滋賀県生まれ。夫と娘二人と東京に暮らす。安保関連法に反対するママの会事務局メンバー、保育士。子どもたちの未来に「青い空は青いままで」残すことが信条。
★『どんなにきみがすきだかあててごらん』
サム・マクブラットニィ＝文　アニタ・ジェラーム＝絵
小川仁央＝訳　評論社

右田ユミ（みぎた　ゆみ）
大阪生まれ。学校図書館司書。大阪府箕面市の公立小学校、小中一貫校を経て、現在中学校に勤務。
★『なんだかうれしい』
谷川俊太郎＋だれかとだれか　福音館書店

三宅興子（みやけ　おきこ）
イギリス児童文学研究者。梅花女子大学名誉教授。主な著作に、『イギリス児童文学論』『イギリスの絵本の歴史』『評伝　ロバート・ウェストール』など。
★『ねこねてる』
田島征三＝作　福音館書店

宇野和美（うの　かずみ）
出版社勤務の後、スペイン語翻訳に携わる。日本子どもの本研究会理事。訳書に、『ちっちゃいさん』（講談社）、『むこう岸には』（ほるぷ出版）、『ポインセチアはまほうの花』（光村教育図書）、『ピトゥスの動物園』（あすなろ書房）、『フォスターさんの郵便配達』（偕成社）、『雨あがりのメデジン』（鈴木出版）、『日ざかり村に戦争がくる』（福音館書店）、『サラミスの兵士たち』（河出書房新社）など。

さくま ゆみこ
編集者、翻訳家。JBBY理事。「アフリカ子どもの本プロジェクト」代表。主な著書に『エンザロ村のかまど』（福音館書店）、『どうしてアフリカ？どうして図書館？』（あかね書房）。訳書は「ホーキング博士のスペースアドベンチャー」シリーズ（岩崎書店）、『シャーロットのおくりもの』「リンの谷のローワン」シリーズ（以上あすなろ書房）、『白いイルカの浜辺』「クロニクル千古の闇」シリーズ（以上評論社）、『バンブルアーディ』（偕成社）、『ローザ』（光村教育図書）など200点を超える。

土居安子（どい　やすこ）
児童文学研究者。一般財団法人 大阪国際児童文学振興財団 理事・総括専門員。JBBY理事。読書活動、日本児童文学史に関する研究、子ども向け図書検索システム開発研究（ほんナビきっず等）を行うと同時に、教員、司書、ボランティア等に対し、読書活動にかかわる研修や、国内外の児童文学作家の講演会、シンポジウムの企画等を行っている。共編著書に『子どもの本100問100答』（創元社）等がある。

西山利佳（にしやま　りか）
児童文学評論家。青山学院女子短期大学子ども学科准教授。日本児童文学者協会常任理事。「児童文学評論研究会」で活動。主な著書に『〈共感〉の現場検証』（くろしお出版）、『りかちゃんの国語科通信』（梨の木舎）。共編著に『児童文学批評・事始め』（児童文学評論研究会／編、てらいんく）、「わたしたちのアジア・太平洋戦争」シリーズ全3巻（童心社）、「おはなしのピースウォーク」「文学のピースウォーク」シリーズ各6巻（新日本出版社）など。

野上 暁（のがみ　あきら）
編集者、評論家。東京純心大学こども学科客員教授。日本ペンクラブ常務理事「こどもの本」委員長。主な著書に『おもちゃと遊び』（現代書館）『越境する児童文学』（長崎書店）、『子ども文化の現代史』、『子ども学　その源流へ』（以上、大月書店）、編著に『いま子どもに読ませたい本』（七つ森書館）、『わたしが子どものころ戦争があった　児童文学者が語る現代史』（理論社）、共編著に『子どもの本ハンドブック』（三省堂）、「考える絵本」シリーズ（大月書店）など多数。

執筆者プロフィール　★平和を伝える本、これが平和だと思う本

市川久美子（いちかわ　くみこ）

市立図書館、市立中学校図書館勤務ののち、ジュンク堂書店大宮ロフト店児童書担当に。2003年、池袋本店に異動。著書に『ねんねのうた』佼成出版がある。

★『ちっちゃいさん』
イソール=作　宇野和美=訳　講談社

井樋桂子（いび　けいこ）

秋田県生まれ。夫・息子と東京に暮らす。安保関連法に反対するママの会事務局。平和を未来に手渡す活動、信教の自由を守る活動他に関わるキリスト者。

★『せかいいちうつくしいぼくの村』
小林豊=作　ポプラ社

岡田まや（おかだ　まや）

1967年愛知県生まれ。2015年秋より安保関連法に反対するママの会@東京にて活動。平和について考え表現する企画「おえかきピース」を担当。

★『いないいないばあ』
松谷みよ子=文　瀬川康男=絵　童心社

奥山恵（おくやま　めぐみ）

1963年千葉県生まれ。児童文学評論家。大学非常勤講師。児童書専門店「Huckleberry Books」店主。著書に『〈物語〉のゆらぎ』など。

★『ニワシドリのひみつ　庭師鳥は芸術家』
鈴木まもる=文・絵　岩崎書店

落合恵子（おちあい　けいこ）

1945年栃木県生まれ。作家・子どもの本専門店クレヨンハウス主宰。翻訳絵本に『おやすみぼく』『ハグくまさん』他。

★『ルピナスさん』
バーバラ・クーニー=作　掛川恭子=訳　ほるぷ出版

兼森理恵（かねもり　りえ）

1976年東京都生まれ。丸善＆ジュンク堂書店児童書担当。1999年ジュンク堂書店入社。池袋本店、新宿店を経て、丸善・丸の内本店に勤務。

★『みずたまり』
森山京=作　松成真理子=絵　偕成社

是恒香琳（これつね　かりん）

1991年生まれ。日本女子大学大学院歴史学専攻。著書に『日本女子大生の世の中ウォッチ』（パド・ウィメンズ・オフィス）。SEALDs選書「"今"を生き抜くための102冊」を編集。

★『シャイローがきた夏』
フィリス・レイノルズ・ネイラー=著　さくまゆみこ=訳　あすなろ書房

近藤君子（こんどう　きみこ）

図書館司書。地域開放型学校図書館勤務。日本子どもの本研究会選定委員。親子読書地域文庫連絡会『子どもと読書』編集担当。科学読物研究会会員。

★『バスラの図書館員：イラクで本当にあった話』
ジャネット・ウィンター=文・絵　長田 弘=訳　晶文社

酒井晶代（さかい　まさよ）

1966年愛知県生まれ。愛知淑徳大学教員。共著に『はじめて学ぶ日本の戦争児童文学史』、『子どもの本100問100答』などがある。

★『ぐりとぐら』
中川李枝子=作　大村百合子=絵　福音館書店

佐川祐子（さがわ　さちこ）

杉並区職員。区立図書館での勤務経験を生かし、学校図書館支援担当として、学校司書のサポートを行っている。

★『あらしのあと』
ドラ・ド・ヨング=作　吉野源三郎=訳　岩波少年文庫

代田知子（しろた　ともこ）

1956年東京都生まれ。図書館司書。著作に『読み聞かせわくわくハンドブック』、ＤＶＤに『絵本・読み聞かせ　おうちで実践編Ⅰ～Ⅱ』がある。

★『ふしぎなボール』
フィリパ・ピアス=文　ヘレン・ガンリー=絵　岩波書店

菅原幸子（すがわら　ゆきこ）

児童書専門店に７年勤務したのち、私立中学校の司書、特別学級の介助員を経験。2001年より教文館に勤務する。おもに新刊情報メールマガジンを担当。

★『はなのすきなうし』
マンロー・リーフ=おはなし　ロバート・ローソン=え　光吉夏弥=訳　岩波書店

中島京子（なかじま　きょうこ）

東京都生まれ。小説家。作品に『小さいおうち』、『かたづの！』『妻が椎茸だったころ』『長いお別れ』他多数。児童文学に『ハブテトル　ハブテトラン』がある。

★『みんなの世界』
マンロー・リーフ=文・絵　光吉夏弥=訳　岩波書店

長尾詩子（ながお　うたこ）

茨城県出身。安保関連法に反対するママの会事務局メンバー。弁護士。憲法改悪反対の立場で憲法カフェ、憲法の講演をしている。小４の息子と夫との３人家族。

★「あなたこそたからもの」
いとうまこと=文 たるいしまこ=絵　大月書店

明日の平和をさがす本
戦争と平和を考える　絵本からYAまで300

2016年11月30日　第1刷発行

編著者　宇野和美　さくまゆみこ　土居安子　西山利佳　野上暁

発行者　岩崎夏海
発行所　株式会社岩崎書店
〒112-0005　東京都文京区水道1-9-2
電話　03(3812)9131(営業)　03(3813)5526(編集)
振替　00170-5-96822
デザイン　鷹觜麻衣子
編集協力　細江幸世
印刷・製本　株式会社光陽メディア

ISBN 978-4-265-80228-9　NDC019
272P　21cm×15cm
©2016 Kazumi Uno, Yumiko Sakuma, Yasuko Doi, Rika Nishiyama, Akira Nogami
Published by IWASAKI Publishing Co., Ltd.
Printed in Japan

落丁本・乱丁本は小社負担でお取り替えいたします。
E-mail：hiroba@iwasakishoten.co.jp
岩崎書店HP：http://www.iwasakishoten.co.jp

本書のコピー、スキャン、デジタル化等の無断複製は著作権法上での例外を除き禁じられています。本書を代行業者等の第三者に依頼してスキャンやデジタル化することは、たとえ個人や家庭内での利用であっても一切認められておりません。